歐陽禮編著

歐陽文忠公遺跡與祠祀

文史哲出版社印行

國家圖書館出版品預行編目資料

歐陽文忠公遺跡與祠祀 / 歐陽禮編著. -- 初版
. -- 臺北市 : 文史哲, 民 86
面 ; 公分
ISBN 957-549-069-X (平裝)

1. (宋) 歐陽修 - 傳記

782.8515 86004345

歐陽文忠公遺跡與祠祀

編著者：歐陽禮
出版者：文史哲出版社
登記證字號：行政院新聞局版臺業字五三三七號
發行人：彭正雄
發行所：文史哲出版社
印刷者：文史哲出版社
臺北市羅斯福路一段七十二巷四號
郵政劃撥帳戶一六一八〇一七五號
電話：八八六－二－三五一一〇二八

實價新台幣三八〇元

中華民國八十六年四月初版

ISBN 957-549-069-X

歐陽文忠公遺跡與祠祀目次

附錄

前言

莘耕忝爲歐陽文忠公卅二世裔孫，爲愼宗追遠溯祖尋根，自大陸開放探親後，曾六度訪問大陸，遍歷文忠公遺迹，並集資酬款修建河南新鄭市歐陽文忠公墓，輯修湖南平江歐陽氏族譜，編印歐陽修遺迹及祠祀記，以紀念北宋傑出的文學家、史學家、金石學家和政治學家。

本記歷經八載，寔地多方蒐集查證，始行付梓，付梓前參閱歐陽文忠公全集，四川綿陽、湖北宜昌、光化、隨縣、江蘇泰州、揚州、安徽滁州、阜陽、河南滑縣、新鄭、洛陽、開封、山東省青州、河北正定，江西吉安、永豐等地邑誌，并承以上各縣市政協文史委員會與吉安市井岡山日報周振清先生贊助提供資料，謹致謝意。

文忠公遺墨取自臺北故宮博物館及中央研究院傅斯年圖書館，與江西永豐沙溪西陽宮瀧岡阡表亭。

莘耕歐陽禮　謹誌

民國八十五年元月于臺北市

歐陽文忠公的生平簡介

歐陽文忠公是北宋傑出的文學家、史學家、金石學家和政治家，字永叔，號醉翁，晚年號「六一」居士，廬陵（今江西永豐）人，宋景德四年（西元一〇〇七年）六月二十一日寅時生於綿州（今四川綿陽市）；熙寧五年（西元一〇七二年）閏七月廿三日病逝於穎州（今安徽阜陽市）私邸，享年六十六歲，贈太子太師，追封兗國公，熙寧七年（一〇七四年）太常議謚，定曰「文忠」，熙寧八年（一〇七五年）九月廿六日賜葬於河南省新鄭縣旌賢鄉劉莊（今新鄭縣辛店鄉歐陽寺村）。

歐陽文忠公的一　生，使後人最爲懷念的是他的文學和史學成就，著有「歐陽文忠文集」一百五十三卷，附錄五卷，他的文章作品以平易曉暢，委婉多姿的獨特風格及較高的藝術造詣震驚當時文壇，在社會上產生了廣泛的影響，他被列爲「唐宋古文八大家」之一，他積極倡導古文運動，使日趨衰落的中唐古文運動，又得以振興發展，爲北宋文學革新運動做出了卓越貢獻，因而被譽爲北宋古文運動的領袖。他爲了反對「論卑氣弱」的時文和風靡宋初的「西昆體」，曾大力提拔和獎掖後學晚輩，著名的古文家蘇洵父子、曾鞏、王安石等，都出自他門下。

歐陽文忠公的詩、詞亦著稱於世，他的「六一詩話」開創了詩話新體裁，對後世詩歌理論的發展提供了一個新模式，他的「歸田錄」獨闢蹊徑，爲宋、元、明、清的筆記，隨筆，小品寫作產生了重大影響。

歐陽文忠公在史學上也有自己的建樹，他撰寫的「新唐書」、紀、志、表，增加了新的史料，有所創新。他自撰的「新五代史」七十四卷，各個部分體例嚴謹，文字簡潔，立意鮮明，在舊史中是一部有較高價值的史書。

歐陽文忠公收集金石銘文撰成的「集古錄」，對於我國金石學的產生，發展有開闢之功，爲我國現存著錄金石最早的專著，亦爲我國金石學之始。

歐陽文忠公不僅在學術上成就昭著，而且在政治上政績顯赫，他二十四歲考取進士，入朝爲館閣校勘，後累官至樞密副使，參知政事，爲政清廉。三十歲時所寫的「與高司諫書」，充分顯露了他政治上的遠見和膽識，曾轟動朝野。慶曆新政前後，他積極參與和鼓勵范仲淹的政治革新運動，大膽揭露時弊，並不避群邪切齒之禍，敢冒一人難犯之顏，勇敢地駁斥守舊勢力，充分體現他「任賢使能，節用愛農，均財省兵」的政治主張，他仕宦四十年，世路坎坷，幾上幾下，雖頓遭困躓，竄斥流離，但果敢之正氣，剛正之節操，仍顯現於世，他的高貴品質是值得我們及後人頌念的。

歐陽文忠公生平行踪圖

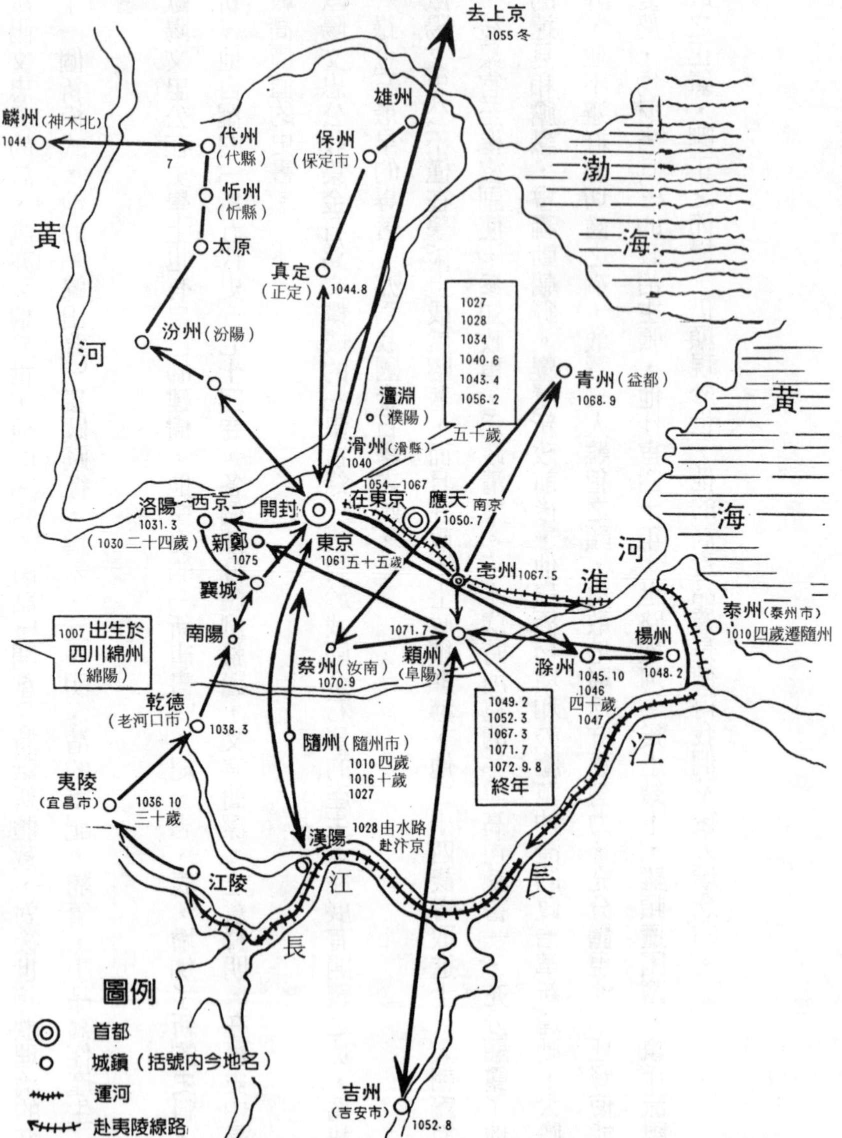

去上京
1055 冬
雄州
麟州（神木北）
1044
代州
（代縣）
7
保州
（保定市）
忻州
（忻縣）
黃
河
太原
真定
（正定）
1044.8
渤
海
1027
1028
1034
1040.6
1043.4
1056.2
汾州（汾陽）
青州（益都）
1068.9
澶淵
（濮陽）
黃
滑州（滑縣）
1040
五十歲
1054—1067
洛陽
西京
開封
在東京
應天
南京
1050.7
海
1031.3
（1030 二十四歲）
新鄭
1075
東京
1061 五十五歲
河
亳州 1067.5
淮
襄城
1007 出生於
四川綿州
（綿陽）
南陽
1071.7
泰州（泰州市）
1010 四歲遷隨州
楊州
1048.2
蔡州（汝南）
1070.9
穎州
（阜陽）
滁州
1045.10
1046
四十歲
1047
乾德
（老河口市）
1038.3
1049.2
1052.3
1067.3
1071.7
1072.9.8
終年
隨州（隨州市）
1010 四歲
1016 十歲
1027
江
夷陵
（宜昌市）
1036.10
三十歲
1028 由水路
赴汴京
漢陽
江陵
江
長
長
圖例
首都
城鎮（括號內今地名）
運河
赴夷陵線路
去向
吉州
（吉安市）
1052.8

圖一　四川省綿陽市　六一堂之遠景

圖二　綿陽市　六一堂之大門

圖三　綿陽市六一堂內文忠公塑像

圖四　綿陽市六一堂　敬荻精舍

圖五　洛陽牡丹（魏紫）

圖七　洛陽牡丹（二喬）

圖六　洛陽牡丹（姚黃）

圖八　至喜亭全景　至喜亭位于湖北宜昌市郊
三遊洞頂臨下牢溪口山峰上

圖十　峽州至喜亭記全文

圖九　至喜亭正面圖

圖十一　宜昌市三遊洞

圖十二　河南滑縣冰堂春酒

圖十三　河南滑縣新建歐陽中學校門

圖十四　河南滑縣歐陽中學校舍及文忠公塑像

圖十五　河北正定縣興隆寺全景

圖十六　興隆寺內有古碑五十餘通，其中價值最高者，首推龍藏寺碑，此碑爲隋代開皇六年（西元五八六）年刻立，現位於大悲閣月台東側，圖爲興隆寺大悲閣。

圖十七　涂州市醉翁亭

圖十八　醉翁亭岩刻

圖二十一　二賢堂內文忠公塑像

圖十九　醉翁亭附近岩刻

圖二十　二賢堂

圖二十二　寶宋齋

圖二十三　醉翁亭園內菱溪石

圖二十四　古梅亭

圖二十五　醉翁亭前玻璃沼南岸讓泉

圖二十六
滁州市豐樂亭（大門）

圖二十七
滁州市豐樂亭全貌

圖二十八
豐樂亭內文忠公塑像及
蘇軾豐樂亭記

圖二十九
滁州紫薇泉全貌

圖三十
醉翁亭園內六一亭

圖三十一
六一亭及陸鶴題
「六一亭」岩刻

圖三十二　揚州市平山堂

圖三十三　揚州市平山堂外門

圖三十四　揚州市大明寺全景

圖三十五　揚州市大明寺大門

圖三十六　揚州市平山堂內
歐陽文忠公祠

圖三十七　揚州市天下第五泉

圖三十八　揚州市蕃釐觀內
瓊花台

圖三十九　揚州瓊花
（揚州市花）

圖四十　山東青州市歐陽文忠祠大門

圖四十一　山東青州市歐陽文忠公祠內院

圖四十二
山東青州市歐陽文忠公祠

圖四十三
歐陽文忠公塑像

圖四十四
山東益州市雲門山全景，雲門山上留有歐陽文忠公題刻。

圖四十五　安徽阜陽市舊西湖
歐陽文忠公故居會老堂

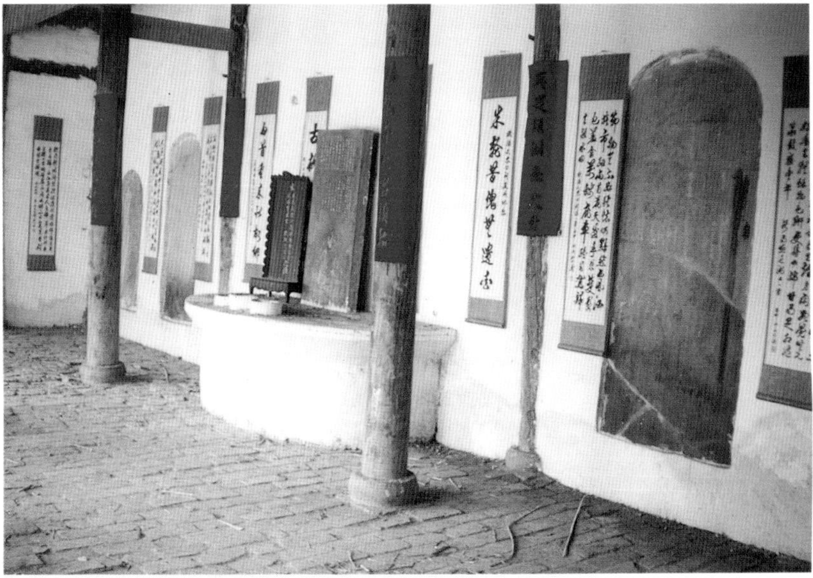

圖四十六　會老堂內部設施

圖四十七　安徽阜陽市新建西湖之隱賢堂

圖四十八　野仙亭

圖四十九 阜陽市新西湖碑林

圖五十 西湖碑林百龍亭石塔全貌

圖五十一 潁州西湖碑林十二生肖石刻像

圖五十二　河南新鄭市新建歐陽文忠公墓園大門及圍牆

圖五十三　河南新鄭市舊有歐陽文忠公墓正殿

圖五十六　重建文忠公墓園
贊助紀念碑　其一

圖五十四　文忠公墓園整建後
文忠公子孫墓

圖五十五　新鄭市文忠公墓園整建後實況

圖五十八　重建文忠公墓園
贊助紀念碑　其三

圖五十七　重建文忠公墓園
贊助紀念碑　其二

圖五十九　歐陽脩墓園正殿落成後全貌

圖六十
一九九四年九月十一日
正殿落成典禮

圖六十二
江西省吉安市永叔路全景

圖六十一
江西省吉安市白鷺州書院四賢祠的陳列館大廳，陳設有歐陽文忠公畫像及歷史事蹟

圖六十三 江西省吉安市永叔路永叔商業公司

圖六十四 江西永豐歐陽脩紀念館內部之陳設

江西永豐文忠公紀念館輯影

圖六十五　紀念館全景

圖六十六　正　門

圖六十七　中院內

圖六十八　台北市江西省同鄉會　萬壽宮

圖六十九　萬壽宮崇孝祠祀歐陽文忠公之神位

圖七十　江西文獻紀念文忠公專輯

圖七十一　西陽宮與瀧岡阡表碑亭西陽宮大門

圖七十二　舊日瀧岡阡表亭之概況

圖七十三　改建後瀧岡阡表亭之概況

圖七十四　江西永豐沙溪鳳凰山
歐陽文忠公父母親墓望碑

圖七十五　江西永豐沙溪鳳凰山
歐陽文忠公父母及胥楊二夫人墓

歐陽文忠公先祖墓園概況　安福縣歐陽萬公墓

圖七十七
萬公墓前破壞情形

圖七十六
萬公墓後形同小山坵

圖七十八　江西吉水縣葛山鄉
迴陂村鳳凰嶺歐陽文忠公祖
父偃公墓地破壞情形

歐陽文忠公遺迹與祠祀

歐陽禮

自北宋以來，人們爲贊揚與肯定歐陽文忠公歷史功績，除明代嘉靖九年（一五三〇年）從祀文廟外，在文忠公的故鄉，生前居住或宦仕經歷過的地方，墓葬地，相繼有人立祠建堂祭祀這位先賢，其中有的祠祀連年香火不衰，九百餘年，國家屢經戰禍，及中共文革十年浩劫，而綿州六一堂宜昌至喜亭滁州醉翁亭、揚州平山堂，仍是古迹名勝，觀光勝地，人們瞻仰這些歷史古迹，可以緬懷歐陽文忠公的風流餘韻，感受中華民族優秀傳統文化的薰陶。

一、綿州的「六一堂」

歐陽文忠公宋眞宗景德四年（一〇〇七年）六月廿一日寅時，生於綿州（四川綿陽市），斯時他父親（名觀字仲賓）適任綿州軍事推官，據民國廿一年綿陽縣誌卷一（古迹、六一堂）引宋人祝穆（方輿勝覽）云：「宋歐陽觀爲綿州推官生子修于此，後人作堂記之」。

又據唐庚撰「唐子西集，眉山詩集」卷二「六一堂」詩序云：綿州司戶廨舍，舊爲推官廳，歐陽文忠公生于此，近歲陵井譚望勉翁爲參軍，葺一室于廳事之東徧，號曰：「六一堂」予聞而嘉之，乃爲賦：

我思六一翁，羽化四十年，雖不及樞衣，每願爲摯鞭。
手彈醉翁操，目覩廬陵編，床頭五代史，屏間七交篇。
詩常諷思穎，曲每歌歸田，齋摹畫舫樣，酒法冰堂傳。
此志自弱冠，到今已華顛，嗟予又晚輩，讀書慕先賢。
即彼生處所，館之與周旋，時對文章姿，稍息簿領肩。
賢者果不死，瞻之猶在前，似非誅奸筆，如拏擊佛拳。
誰當嗣前觀，時爲易蠹椽，勿毀魯恭宅，中有夫子焉。

唐庚（一〇七〇—一一二〇）字子西，四川丹稜人，文采風流，人稱「小東坡」是蜀中有名才子，他在文忠公去世後四十年寫作此賦，稱「六一堂」爲譚望所建，較爲正確，他對文忠公敬重尊崇，表明四川人爲歐陽文忠公出身蜀地爲榮耀，這或許是四川人引爲驕傲的，「天下文人皆入蜀」的又一佐證。

宋楊萬里「綿州推官廳」詩云：

一代今文伯，三巴昔產賢：白珩光宇宙，藍水暗風煙，有客曾高枕，升堂見老仙，夢中五色筆，猶爲寫鳴蟬。

清直隸綿州知州屠用謙「六一堂」詩云：

未覺風流盡，重開六一堂，循聲傳父子，貢舉著文章，初度追綿左，崇風著潁陽，兩叨剖符地，終始一輝光。

民國十九年（一九三〇年）綿陽縣長袁朗如修葺六一堂，另製匾額，富順縣宋育仁題銘文曰：

翁宦其鄉，肯構以名堂。懿此文德，爲國之光。繄何人！繄何人！世稱廬陵歐陽。

袁朗如跋云：

堂以「六一居士」得名，考「歐陽公年譜」，宋景德丁未，崇國公觀爲綿州推官，是歲六月生公于斯、熙寧中，謝固爲推官時建堂，清雍正，嘉慶屠用謙，李在文兩司牧迭修理之，亦以公德業文章足資景仰。民國初，堂圮，名額亦隨之去，吁，可慨已夫！古人之論政典曰：有其舉之，莫敢度也，今承乏斯土，忍令古蹟銷沉乎！故既浼問琴閣主爲之銘，復記其顛末如此。

民國二十五年（一九三六年）黃炎培先生蒞綿陽，憑弔「六一堂」，即景而發，緬懷前賢之幽情，乃賦詩云：

六一堂留一宿緣，解裝日夕念前賢；忍從表墓文章裡，重憶呱呱墮地年。

民國十九年修建之「六一堂」（圖一、二），近年綿陽市因建設需要，乃遷建于市郊之南湖，琉璃屋頂，碧瓦與湖水共色，莊穆遺像，文光與藍天齊輝，殿堂規模之宏大，遠非昔日「六一堂」可比，潔白大理石雕塑之歐陽文忠公像（圖三），莊嚴肅穆，陳于殿堂中央，供人們憑弔瞻仰，六一堂附近，另建敬荻精舍（圖四）及醉翁亭，爲遊客休憩勝地。

近年總統府資政陳立夫先生題：「永爲人仰」。

黃少谷先生題：「文章繼業炳耀古今、巍峨堂構歷久彌新」。

據清嘉慶年常明等重修四川通志古蹟綿州建有思賢堂在州東內，繪揚雄、杜甫、李白、樊治述、蘇易簡、歐陽修、司馬光、蘇軾、唐庚九賢之像以祀之。（今燬）

方輿勝覽載：綿州建有十賢堂在州學東，繪龐統、蔣琬、杜徵、尹默、李白、陳該、蘇易簡、王仲華、歐陽修、黃庭堅十人之像以祀之。（今燬）

二、泰州的思賢堂

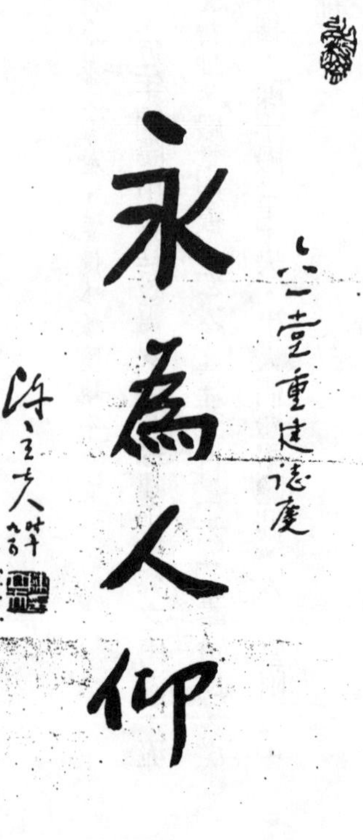
六一堂重建誌慶
永為人仰

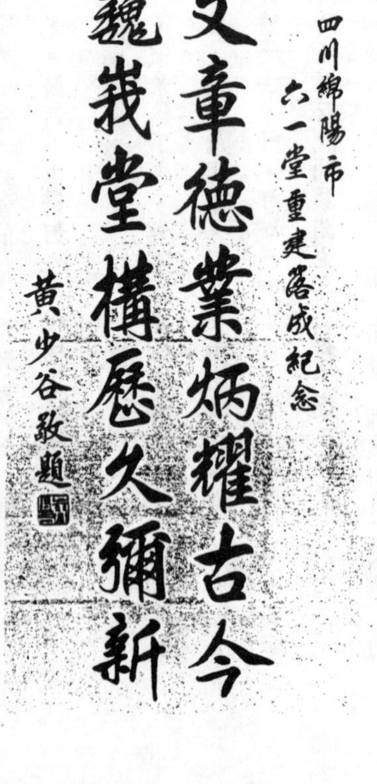
四川綿陽市
六一堂重建落成紀念
文章德業炳耀古今
巍峩堂構歷久彌新
黃少谷敬題

泰州是文忠公幼年短暫居住過的地方，據泰州舊志稱：歐陽觀于宋眞宗大中祥符三年（一〇一〇年）調職泰州，同年卒于州軍事判官任上，其後文忠公隨母投奔三叔歐陽曄徙居隨州，在泰州居住不足一年，而泰州自宋以來一直祭祀歐陽文忠公，據道光泰州志卷十二，祠祀：「四賢堂在儒學內，宋時建，祀韓琦、歐陽文忠公、劉敞、呂公著，後增祀陳瓘等爲七賢堂，繼又增祀王禹偁等，易名景賢堂，明清兩代不斷增祀，名日思賢堂」州學在抗戰時被毀，思賢堂遺迹，久已蕩然無存，現泰州市政府有關當局正將泰州市名勝古迹，次第修復。

三、隨州的「白雲樓」

隨州（今湖北隨縣）是歐陽文忠公少年時期長期寄居的地方，父親去世時，他的母親鄭夫人年二十九歲，立志守節撫孤，就帶著文忠公自泰州來隨州，依靠在隨州當推官的叔父曄生活，家境貧寒，缺資購買紙筆，母親用荻莖畫地教子，要求習慣于刻苦生活，他一生的爲人處事，得力于母教的影響甚深。

隨州城南，有一李姓望族，文忠公年小時，經常至李家遊玩，李家有一小孩名堯輔，喜讀書，與文忠公交情甚篤，十歲時，一日在李家壁間發現一堆舊書，翻閱一冊昌黎先生文集殘本，僅剩六卷，乃向李家借回閱讀，由于年紀小，還不能完全看懂，但已感到韓愈的文章「其言深厚而雄博」，「徒見其浩然無涯，若可愛」文忠公對於韓愈的推崇，種因於此時。

因爲家境貧寒，自己并無藏書，經常向鄰里讀書人家借書來讀，遇有重要語句便抄錄筆記，由於讀書非常用功，每每廢寢忘食，幼年所作詩賦文字，下筆有如成人。叔父歐陽曄看過他的文章後，曾對鄭夫人說：「嫂無以家貧子幼爲念，此奇兒也，不惟起家以大吾門，他日必名重當世。」

同治八年　本隨州志卷十四，古迹載白雲樓云：

明弘治中，知州李充嗣鑿城西地爲夜光池，于池南壘土爲基，高爲城等，復建是樓（白雲樓），下置「白雲書院」，以祀歐陽文忠公。

同卷「古迹，夜光池」，又云：池之前即「白雲書院」，故宋歐陽子祠堂也。

隨州人沒有忘懷歐陽文忠公，有的隨州人卻抱怨歐陽文忠公負情于隨州，清人相有度在「隨陽讀史篇序」，感嘆地說：「嗟呼！歐陽公寓隨讀書凡十七年，曾無片語益隨。」他抱怨文忠公生前沒有替隨州說過半句好話，實際上，文忠公「李秀才東園記」，雖然，議論到隨州的偏僻落後，但是對于長育之鄉的隨州，終歸還是有感情的。他說過：「隨雖陋，非予鄉，然予之長也，豈能忘情于隨州哉。」

四、仕宦洛陽話牡丹

天聖八年（一〇三〇年）正月，文忠公時年二十四歲，由于翰林學士胥偃的提拔，參加禮部貢舉，主考官是翰林學士晏殊，得中第一名，三月參加崇政殿御前殿試，得進士甲科第十四名，五月，授將仕郎，試秘書省校書郎，充西京（河南洛陽）留守推官。天聖九年（一〇三一年）至西京任職，當時西京留守是錢惟演，出身富貴家庭，喜讀書，其幕府中，延攬不少名士，如尹洙（字師魯）擅長古文、梅堯臣（字聖俞）工于詩歌、文忠公與其互相切磋，後來均成爲文學改革運動志同道合者，文忠公曾有詩回憶：「我昔初官便伊洛，當時意氣尤驕矜，主人樂士嘉文學，幕府最感多交朋。」

文忠公在西京（洛陽）工作三年，曾兩度遊覽嵩嶽，大部生活在詩酒宴樂之中，景佑元年（一〇三四年）作「洛陽牡丹記」，敘述洛陽因土壤氣候適于培植牡丹花，故洛花爲天下之最，次述牡丹品種，斯時計九十餘種，再次敘捍接培養澆水除害方法，記述甚詳盡，時至今日，洛陽牡丹花品種，經多年培植，已發展至二百餘種，計四十餘萬株，其中，姚黃（圖六）、魏紫（圖五）、二喬（圖七）、豆綠、趙粉、墨魁、夜光白、合歡嬌、、洛陽紅、　生黑、葛生紫、蘭田玉、白雪塔、煙城紫、露珠粉、和青龍臥墨池、火煉金丹、丹皀留金、嬌客三變、酒醉貴妃、赤龍換彩、櫻珞寶珠等最爲名貴，每年四月十五日至廿五日「牡丹花會」期間，滿城牡丹競相開放，姹紫嫣紅，五彩繽紛，美不勝收，中外遊客紛至沓來，人流如潮，穿行花間，猶如盛大節日。文忠公所作「洛陽牡丹記」及「洛陽牡丹圖」兩文，爲中國最早觀賞研究牡丹的專著，至今仍傳誦一時，北宋末年洛陽建有「九賢祠」，主要祭祀邵雍、朱熹等理學大師，歐陽文忠公也并祀其中。

五、廬陵事業起夷陵（今湖北省宜昌市）

宋景祐三年（一〇三六年）天章閣待制權知開封府范仲淹，與宰相呂夷簡發生衝突，呂夷簡當國二十年，其人有事務能力，應付手腕，而且考慮週密，爲北方人所擁戴，正因爲他善于守成，「以姑息爲安，」一直爲政府中南方新興勢力所不滿。范仲淹是當時南方人的代表，以天下爲己任，有抱負，直言敢進。景祐二年（一〇三五年）范仲淹陞任權知開封府，隔年，他上百官圖，指摘呂夷簡偏袒私人，復進帝王好尚論，選任賢能論，近名論，推委臣下論，譏評朝政，呂夷簡大怒，向仁宗控訴，指范仲淹離間君臣，引用朋黨，范仲淹落職，貶知饒州（江西鄱陽），范仲淹的貶官，余靖、尹洙、歐陽文忠公等人群起抗議，朝廷爲鎮壓言論，下令百官不許越職言事，文忠公因此「發于極憤」，又因司諫高若訥詆誚范仲淹，乃目標轉移到高的頭上，認爲諫官有權主持公道，而負有此項責任的高若訥，卻混淆是非，乃逕函高若訥，批評高不盡言責「不復知人間有羞恥事」，此函措詞激烈，侮慢，少有前例，震驚一時，由此足見文忠公年少氣盛及對官僚作風的不滿，高若訥被文忠公大罵，乃立即向朝廷控告，結果文忠公被貶，降爲峽州夷陵縣令（今湖北宜昌市），當時被貶的一共四人：范仲淹、余靖、尹洙、文忠公；蔡襄因此寫了一首四賢一不肖詩，不肖者就是高若訥。據李燾著續資治通鑑長編卷一三四載：這首詩「都人士相傳寫，鬻書者市之得厚利，契丹使適至，買以歸。」

景祐三年五月，文忠公件著慈母，自京師（河南開封）往夷陵，「臨行，臺史催苛百端，始謀陸行，以大暑，又無馬，乃沿汴絕淮，泛大江，凡五千里，」十月到達夷陵，文忠公曾撰寫于役志一書，備記此行的艱險，夷陵當時是個偏僻小縣，生活很苦，文忠公被貶到此地，慈母鄭太夫人并沒有責備他，還是談笑自若，對文忠公說：「汝家故貧賤也，吾處之有素矣，汝能安之，吾亦安矣。」

1. 至喜堂

至夷陵後，峽州太守朱慶基與文忠公昔日同寅，且憐其處境困窮，乃在縣舍之東，建至喜堂，藉以使文忠公母子兩人安身。文忠公全集三十九卷居士集，「夷陵縣至喜堂記」載：「……景祐二年，尙書駕部員外郎朱公治是州，始樹木，增城柵，甓南北之街，作市門市區，又教民爲瓦屋，別竈廩，異人畜，以變其俗，既又命夷陵令劉光裔治其縣，起勅書樓，錦廳事，新吏舍，三年夏，縣功畢。某有罪，來是邦，朱公于某有舊，且哀其以罪而來，爲至縣舍，擇其廳事之東以作斯堂，度爲疏絜高明而日居之，以休其心。堂成，又與賓客偕至而落之，夫罪戾之人，宜棄惡地，處窮險，使其憔悴憂思而知自悔咎，今賴朱公而得善地以偷宴安，頑然使忘其有罪之憂，是皆異其所以來之意……。」至喜堂明末清初幾經修葺，今燬。

2. 至喜亭

今湖北宜昌市三游洞頂臨下牢溪口山峰上，有一座重檐三疊碧瓦朱欄，由品字形組合的亭閣，這便是今日「至喜亭」的風貌（圖八九）。

至喜亭原爲宋朝峽州（今宜昌市）太守朱慶基修建，位于長江江邊，其功用，爲方便船夫和商旅休憩。宋景祐四年（一〇三七年）文忠公任夷陵縣令時，專爲此撰寫「峽州至喜亭記」內中曰：「……夷陵爲州，當峽口，江出峽，始漫爲平流，故舟人至此者，必瀝酒再拜相賀，以爲更生，尙書虞部郎中朱公再治是州之三月，作至喜亭于江津，以爲舟者之停留也，且誌夫天下之大險，至此而始平夷，以爲行人之喜幸。……。」使此亭爲宋代三大勝境之一，到了明代，至喜亭不復存在，清乾隆廿六年（一九六一年）東湖（宜昌）縣知縣林有席（江西分宜人）在西壩黃陵廟舊樓寫題「至喜亭」匾額（圖九），又于楹柱，掛上他撰寫的長聯：

急峽高崗盤蜀道，自黃牛佐夏，山至此陵，水至此夷，思明德而賽神功，試看天際風帆，片片落迺西一壩。

雄藩重鎮壓荊門，溯白起開秦，郡還改府、州還改縣，履昇平而懷往迹，遙指江頭雲樹，人人說至喜有亭。

一九八三年爲紀念歐陽文忠公，特在峽口三游洞風景勝區重建此亭，今日至喜亭既壯觀，又美麗，亭中立有文忠公塑像，蘇軾書「峽州至喜亭記」石碑（圖十），沿螺旋形扶梯，遊客還可登臨遠眺，既可看到壯麗的峽谷風光，又可看到宏偉的葛洲壩水利樞紐全貌。

歐陽文忠公全集中詩文，提到夷陵，峽州的有一四〇餘篇，二百餘處，文忠公自兩京遷謫一荊蠻小邑，時間僅一年半，雖無赫宦迹可紀述，「而爲政風流，發現于詩文者，則備載其江山，名迹之所以流傳，人情物理之所以散殊，土風習俗之所以僻陋，又時時禮接處士何參，以習知荊楚遺事，后之宦夷陵者，采摭故寔，皆得六一詩文，以資考據，」（東湖縣志原序）如果沒有文忠公「兩記」等豐厚的文化遺存，古夷陵的歷史將抽象空泛到難以考證的地步。

3. 三遊洞題刻

據華中師範大學出版「宜昌夷陵歐陽修」，劉保康撰，「歐陽修三游洞題刻價值及歐公在夷陵時間新說」：

歐陽修從北宋景祐三年（西元一〇三六年）到夷陵，寶元元年（西元一〇三八年）三月離去的一年半時間內，走遍了夷陵的山山水水，留下有關夷陵的詩文達一四〇篇以上，在歐陽修一生中，夷陵是他極關重要的一個地方，而夷陵這樣一個小地方，與這樣一位名人結下不解之緣，以致自這以後的一切文人在詩文或史誌中，一提到夷陵總離不開歐公，可見，歐陽修是夷陵的一個極爲重要的人物，但歐公當年在夷陵的遺迹，不論是至善堂、甘泉寺，還有至喜亭碑刻，早已片瓦無存，唯有三游洞（圖十一）中尚存歐公于景祐四年（西元一〇三七年）的題名刻石，迄今安然無恙，其字迹是：

景祐□□七月十日

夷陵歐陽永叔□

判官丁□□

□號表示有字而看不清。再查陸游（入蜀記）上有乾道六年（西元一一七〇年）所見情況：旁石壁上刻云：「景祐四年七月十日夷陵歐陽永叔」，下缺一字，又云：判官丁，下又缺數字，丁者，寶臣也，字元珍，今「丁」字下二字，亦彷彿可見，殊不類「元珍」字，由此知今天看不出的字，在距今八二一年前已經如此，陸游當時只能多看出「四年」二字，「丁」下二字，今天仍依稀似有字，確也不像是「元珍」二字，近得市文物局經過特殊處理的拓片，才看到全文是：

景祐四年七月十日
夷陵歐陽永叔和
判官丁同行刻石

眞可謂是八九百年來，它首次顯露出廬山眞面目，陸游的疑問，由此可得到解答。「丁」下二字是「同行」，確非「元珍」，但更感謝陸放翁，由他的記錄，我們今天可以確認這塊石刻，千眞萬確是歐公當年的原物，決非後人假托，也未曾受人爲的較大破壞。……

4. 六一書院

六一書院始建于明嘉靖九年前後（西元一五三〇年前後）主持修建的知州李一迪廣東茂名人，此後繼任者姚宗堯在任時方才完工，并在書院中立石以記此事，姚宗堯，字劍南，號得人，四川內江人。宜昌府志載，王篆撰「六一書院記」云：「……宋景祐初歐陽六一先生，由館閣出令夷陵，在東南數千里，顧安所得先生，先生仕于朝，假節于京東河北青兗之境，豈獨夷陵哉，惟先生之澤在夷陵，與夷陵之民，思先生者迄今如一日，嘉靖乙丑茂名李侯一迪來守是邦，稽考故實，知所以事先生未有專祠，憮然與郡士民謀之，而荊州守參政汝泉趙公，兵憲放年李公皆能以先生之政，嘉惠茲郡者也，于是贊李侯之議，建祠州城之東，榜之曰六一書院。……」

自明崇禎六年（西元一六三三年）起，夷陵境內戰亂連年，直到清康熙十九年（西元一六八〇年）止，先後有李自成、張獻忠、李來亨等叛亂及吳三桂明清官兵對抗戰爭多起發生，一時田園荒蕪，人民四處流離，處於夷陵城郊的六一書院，也同時被夷爲一片廢墟。

清代康熙五十二年（西元一七一三年），有順天（今河北省）大興（今北京市南大興縣）人宗思聖來夷陵州主政，宗字希孔，在夷陵時，比較重視地方公益事業，除發動本地人民修建萬善橋（即今萬壽橋）外，還主持六一書院的重建工作，此後，乾隆五十四年（西元一七八九年）有本城楊士英，嘉慶十七年（西元一八一二年）又有本城舉人楊振鵬，貢士王述勤，廩庠生楊振鷺，牟大燧等人相繼捐募，對六一書院繼續進行補修，於是一度衰落破敗的六一書院終于又重新興起了。

重建後的六一書院，位于當時東湖縣城東門外四賢街，四賢街因有四賢堂而得名，四賢堂是紀念歐陽修的另一建築，據「東湖縣志」記載：清代四賢堂內，供奉歐陽修、蘇軾、蘇轍、黃庭堅四位大賢，二蘇和黃在歐陽修貶夷陵後，曾先後經過夷陵，并在此地作過短暫時間的逗留，對本地的歷史發展有一定的影響，故將他們和歐陽修并列而一同來紀念。

宜昌六一書院圖

原載東湖縣志

重建後的六一書院，其「外垣周三十餘丈，中構講堂三楹，堂前隙地數十步，栽植嘉樹名花，垣內鑿方塘，水爲洗墨池，堂後丹墀，上建立樓閣，上祀先師孔子，配以六一居士，左右角門外，夾道鱗次架屋十餘間，爲栖士改讀之所。」爲進一步說明六一書院情狀，特抄錄「宜昌縣志副刊卷四，顧嘉蘅撰六一書院詩，（顧字湘波，本縣名詩儒，道光庚子科）（西元一八四〇年）進士，後連任南陽府知府，」其詞曰：

培成風化意欣欣，六一規模大雅群，
勢若騎龍乘地脈，才爭吐鳳蔚人文，
城樓橫抱東方拱，冠蓋旁通北道分，
摘艷鄉梓高屈宋，抽毫草閣妙淵雲，
心惟求放功加倍，學解凝神志不紛，
寺傍萬年兼養氣，徑開三益證多聞，
頻年科第同聯譜，幾輩同壇獨冠軍，
石勒門楣家法在，山房醉墨誦先芬。

東湖縣志首卷載：

六一書院者，景賢造士之區也，昔歐陽公以雄詞直節，謫居是邦，後人愛而慕之，建書院祀公，旦聚英髦，弦誦其中，歲久頹廢，蓋名存而寔亡矣。道光初東湖縣令王永言乃合捐資大加修治，邑中多士，講習有所，而令尹親詣校課焉，夫敷教以士林爲首，況茲地尤爲宗仰名賢，樂群敬業之所看哉！圖之以補舊志所無。

以上從詩文中可以看出，自乾隆至同治的七十餘年中，六一書院雖然經過重建，但由于宜昌地區時局動亂，書院也曾幾度瀕于毀棄狀態，據東湖縣志記述，其間主要影響是嘉慶年間的白蓮教叛亂，此外，咸豐四年（西元一八五四年）太平軍攻陷宜昌，咸豐六年（一八五六年）襄陽捻匪攻陷府城，都對六一書院的興盛和發展起了扼制作用，辛丑條約的簽訂和維新運動的影響，以科舉取士的封建文化，受到了衝擊和考驗，於是出現了六一書院的再一次重建。

這次重建改爲東湖縣官立高等小學堂（四年制），使書院的面貌有較大的改變，爲本縣官立小學堂之始，學堂光緒二十九年（西元一九〇三年）開始籌備，次年即已完成。經手籌辦知縣熊賓曾撰「創設東湖縣小學堂碑記」，文中云：「東湖本屬山區，民氣樸陋，舊有六一書院，在東門外，僅齋舍十餘間，其餘左右曠地，草木叢集，荒涼不堪，惟去城市稍遠，無囂塵氣，可備學舍之用，」「于是，就書院地擴充之。」並且以學堂擴建地址，「缺西北隅」爲理由，向本縣閩幫商人首戶簡清泉，簡植卿等人商洽，將書院西北側的一塊空地，捐贈給學堂，並立下了捐贈文書。」

熊賓所籌辦的官立小學，奉令籌建後的第二年，就已經作好了開學的工作，據熊賓在光緒三十年（西元一九〇四年）所寫的碑記記述：「……至常年經費，賴川鹽總局瑞安黃公之提倡，歲助制錢一千二百串，又鹽號、鹽店，榨房共捐一千二百串，又另提書院公款數百串，合計三千串有奇，堂內原定學額四十名，落成後，諸紳來觀看，咸謂茲堂規模宏敞，限于學額，未免可惜，請議附學二十名，添益屋宇，酌收學費，乃如所請，爲之傳稟立案。」可見，熊賓所籌辦的官立小學堂在當年就已萬事齊備，只等上峰批准，就可開堂授課。

清宣統三年八月十九日（公曆一九一一年十月十日）武昌首義成功，宜昌也在同年同月的二十八日（十月十九日）宣告光復，中華民國臨時政府教育部頒佈「普通教育暫行辦法」，規定從前各學堂均改爲學校，學制爲：小學初等四年，高等三年，根據此辦法，原東湖縣高等小學堂，于同時更名爲「宜昌縣立第一高等小學校」，次年（西元一九一三年），又改名爲「宜昌縣立模範高等小學校」設班級二班，至民國八年（西元一九一九年）民國十二年（西元一九二三年）間，又將小學校恢復爲「宜昌縣立第一高級小學校，內設高、初級小學共五班，至民國十九年（西元一九三○年），始正式發展成爲完全小學，民國十九年二月，湖北省立第一鄉村教師養成所正式在大東門外黃家祠堂街（即原四賢街，黃家祠堂是閩幫商人所建的家祠）的六一書院舊址成立，（附屬于湖北省立第四中學），自此以後，原來的小學校雖然繼續存在，但已成爲鄉師養成所的附屬實驗小學。」

民國二十年（西元一九三一年）十月，鄉師養成所奉令正式更名爲湖北省立（宜昌）第二鄉村師範學校，至此鄉師始正式脫離四中而成立爲一所獨立的師範學校，同時四中原在本校內附設師範專科班，同時撤銷，學生全部轉入二鄉師，在六一書院所創辦的鄉村師範是當時在湖北全省所開辦的五所鄉村師範學校中較好的一所。

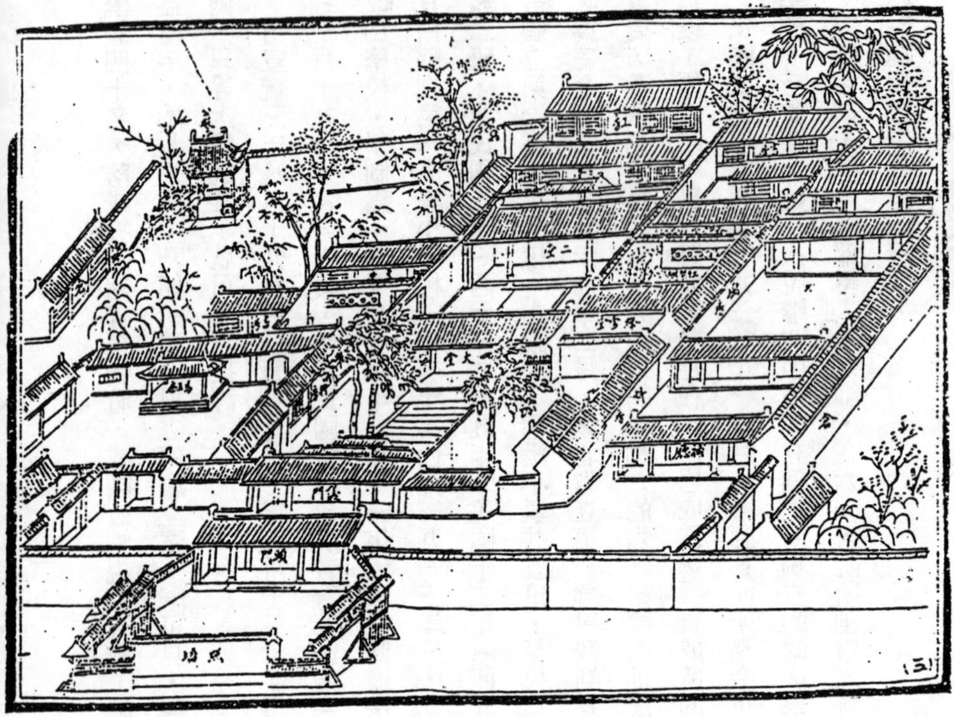

舊夷陵縣衙

絳雪堂位于大堂右側

堂後種有紅梨花

原載東湖縣志

一九三八年二月以後，日機開始在宜昌市城區進行狂轟濫炸、鄉師校園內數處中彈，所有房屋校舍，多有毀壞，學校一度遷往鄉師前坪教學實驗區的第二實驗小學臨時上課，同年秋，二鄉師正式宣佈停辦，并入湖北聯中，學生大部遷往利川聯中鄉師部學習。

5. **絳雪堂**

宜昌府誌載：「宋景祐初，六一先生由館閣出令兹土，不期年而風已易，俗已倡，案牘無煩，公餘多暇，先生于是建斯堂爲詩酒讌遊地，堂成，謀所以顏，諸時石欄畔，紅梨正花，先生觴酌其下，花霏霏迴旋似雪，而色紺香醉，絕勝杏粉桃脂，因以絳雪顏堂，則堂之得名于絳雪，良有以也。」清康熙年間，知縣鮑孜在縣署內重建絳雪堂，乾隆二十七年（西元一七〇二年）知縣林有席補種紅梨花。因連年戰禍，今燬。

6. **歐陽文忠公紀念館**

宜昌市爲弘揚民族文化，緬懷歐公文才風貌，提高市民文化素質，擬就現雲集山莊，改建爲歐陽修紀念館：

一、設展覽館，將「至喜堂記」雕刻於迎賓壁，館內設「夷陵縣衙」，展室塑蠟像三組，一爲歐公合家歡，二爲歐公與丁元珍侍從游東山，三爲歐公與何參，配合燈光佈景與音響，使歐公昔日之風貌，陳現于眼前。

二、將歐公贊頌夷陵詩文與往日遺留墨寶，精刻補入四壁供人觀賞。

三、按明洪武十二年城垣模式建夷陵城牆，并恢復關聖樓。四將東湖公園規劃，爾雅臺、月亮池、四賢堂置其間，并將往日夷陵州東湖縣兩景相連，形同宜昌方志立體藝術化。

夷陵人不忘歐陽文忠公，歐陽文忠公也難以忘懷夷陵，清袁枚論，「廬陵事業起夷陵，眼界原從閱歷增。」文忠公當年夷陵貶謫生活，在這段失意期間，他的政治觀念治學與生活態度都產生重大的轉變，他到夷陵後，發現「夷陵雖小縣，然諍訟甚多，而田契不明，僻遠之地，縣吏朴𩵋，官書無簿籍，吏曹不識文字，」「因取舊案，反覆觀之，見其枉直乖錯，不可勝數，于是仰天嘆曰：以荒遠小邑宜如此，天下固可知。」自爾遇事不敢忽也，學者求見，所與言，未嘗及文章，惟談吏事，謂文章止于潤身，政事可以及物，由于寔際負責地方行政，文忠公才深切感到高論宏旨，對于治道并沒有益處，所以後來參加慶曆變法時，不太重視政策的改革，而注意行政的改善。

六、在乾德縣

文忠公書院（今湖北省老河口市）

景祐四年（一〇三七年）十二月文忠公調光化軍乾德縣令（今湖北老河口市）。次年（一〇三八年）三月到達乾德，在乾德任職僅二年餘。

光化縣志，明何遷撰，「重建歐陽文忠公書院記」，「光化有書院自歐陽文忠公始，基圮，而易以城隅，則今鄭侯爲之云，文忠公去邑且數百年，鄭侯至，問民所思，既慨然念之，適障江堤成，取其地祠焉，而院遂因以復……。」

清乾隆甲辰年李正撰，「復文書院」載，「光故有文忠公書院在耿家河口祀宋乾德令歐陽文忠公，遭水圮，明嘉靖間，邑宰鄭曼遷于城隅，出諸陂租佐膏火，春秋謹祀，萬曆初知縣陳其範移建城內之迎暉街有記，至康熙四十九年，弗戒于人，知縣王悰改城南馬窟山登雲佛寺爲祠，而城內書院陂租，盡沒豪猾，至是華陰李公令，茲拜訪歐陽公及婁壽先生元儒故跡而有感焉，而謀及書院，留連久之，蓋欲專構一區而未逮也。越明年己巳政成，民樂建奎閣畢，乃大集紳士，徐申前議，衆皆樂爲捐首……是役也，事爲大同人情效順，創之而不疑其難，迫之而不覺其瘁，取百餘年來，未有之曠舉，悠然告成。……」

知光化縣事青海魏世鼐跋歐陽文忠公傳云：「光化爲周陰子國，至宋猶有陰城鎮之名，乾德二年建光化軍，復置乾德縣隸焉，後乃改乾德縣爲光化，文忠公于景祐三年貶夷陵，明年冬，以葉清臣之奏，近徒乾德，康定元年，范文正公爲陝西副招討，辟掌書記，辭不就，意此時已去乾德，是公之治茲邑幾及三年，雖世遠跡沉，政事無考，而祠宇屢建，厥後移于復文書院之東偏，且繪像而鐫諸石，豈非寬簡之德，入人者深，故歷久無替歟。公在當時議論風裁，不在韓范下，顧橫被讒謗，久沉郡縣間，而乾德以偏小之區，遂首蒙仁人之惠，然則公之拂鬱，寔邑之光榮也。公爲令時，嘗率諸生拜漢處士婁先生墓，其敬慕前賢如是，正所謂迹異心同者，余故修敞其祠，增婁先生像位，并祀於中，蓋亦遠體公之雅意云爾。」

書院幾經修葺，抗戰期間，燬于兵燹。

歐陽修的傳說（湖北省老河口市《水連天河漢》載）

歐陽修（西元一〇〇七—一〇七二年）字永叔，號醉翁，又號六一居士，江西永豐縣人，四歲喪父，家境寒微，母親曾以荻桿教其在沙地上寫字，二十四歲中進士，後成爲北宋時期著名的文學家和文壇領袖，歐陽修政治上主張革新，勇于直言進諫，爲此屢遭貶謫，曾被貶任湖北光化縣令（當時稱乾德），因同情人民，除暴安良，被稱爲好官，清官。

白龍名泉

歐陽修因直言進諫，被貶爲乾德縣令（今老河口市），經常微服私訪，體察民情，在他的治理下，案子日漸減少，老百姓安居樂業，他的心情也舒展了。

一天，他又微服私訪，信步來到馬窟山，登高而望，清清的漢水映入眼簾，不覺詩興大發，咏道：「山水明秀，風景殊異」第二句還未出口，一眨眼面前站立一位老人，這老者童顏鶴髮，身穿白布衫，下穿鐵青褲，黑鞋白底，手中持一根龍頭枴杖，笑容可掬地向歐陽修深施一禮，開口說道：「我等清官幾十年，今日能見尊面，實屬萬幸」。歐陽修謙和他說：「老先生過獎，學生當之有愧，敢問老先生不在家中享福，山高坡陡，來此作甚？」老者面有難色地說：「享福！我無兒無女單一人，連遮風擋雨的房子也沒有半間，哪裡有福可享？今天我來找你，不爲別事，就是請你給我蓋一所房子，以結東我風餐露宿的苦日子。」歐陽修看看精神抖擻，聲如洪鐘的老者，頓時產生一種不悅之感，心裡想：「我上任以來，正逢乾德地方乾旱。爲了賑濟災民，我下令減少賦稅，庫房空虛，那有銀兩爲你蓋房。」老者見他不出聲，就說：「你身爲父母官，不爲民排憂解難，何以上報朝廷，下安黎民。」一席話，說得歐陽修面紅耳赤，自覺理屈，只得說：「老先生，言之有理，待我籌備銀兩，定爲你起房蓋屋。」老者見說服了歐陽修，一時高興得手舞足蹈，只見他直奔山下，身後留下一道白光，霎時不見了。歐陽修追至山腰，只見一條白蛇盤圓而臥，見歐陽修來了，立刻走得無影無蹤，原先盤臥的地方留下一片清水。

歐陽修感到蹊蹺，命人前來開挖，泉水涓涓不斷湧出，他心內有點明白了。得泉水的消息，不脛而走，方圓幾里受乾旱之苦的百姓蜂踴而至，日夜挑水不止，泉水仍然滿盈，老百姓喝著甜絲絲的泉水，無不感謝歐陽縣令。

歐陽修看到，百姓喝了泉水，人人笑逐顏開，牲畜喝了泉水，膘肥體壯，莊稼喝了泉水，黃葉變青葉，那看到這一切的變化，那種被貶的惆悵情緒，全被歡欣之情所代替了，爲了紀念老者引來了清水，歐陽修請來了能工巧匠，爲老者蓋了一所房屋，立中塑了一尊老者塑像，並在泉邊立了一塊石碑，親筆題了「白龍名泉」四個大字。

歐陽修祈雨

宋朝年間，老河（那時叫乾德縣），那年久旱不雨，赤地千里，老百姓引古歌唱道：「赤日火火似火燒，田野禾稻半枯焦，農夫心內如湯煮，王子公孫把扇搖。」直到麥子收割前後，又是陰雨連天，長得稀稀拉拉的麥子，都是倒伏在地裡，稍有透亮天，把麥子強收回家，曬不成，打不成，又霉爛在稻場上。

進入六月以後，又是大旱不雨，幾十萬畝的農作物全枯死在地裡了，老百姓糧食早沒了，只好吃草根，啃樹皮。

歐陽修縣令爲此心焦似火，坐臥不安。他常常看到：七八個農民把廟裡的「雷公爺」抬上汗流夾背，雲游四方祈雨。也看到富豪人家飲酒作樂，惡霸財主們，趁大災發橫財。三老四少們鼓噪縣老爺設祭祈雨，歐陽修爲了順乎民意，佈告全縣官紳商賈三老四少與衆老百姓，定於六月十五日到五龍潭旁邊的五龍祠祭祀求神禱雨。祭日一到，數千人雲集五龍王祠，老百姓光頭赤背，頂烈日，流大汗跪了一片。歐陽修上臺焚華表，展開禱文，虔心朗讀，說也湊巧，祭祀罷，陰雲滿天響了兩聲炸雷，誰知下了幾滴雨，風過雲散，仍然是朗朗天空，萬里無雲。人們由喜轉悲。忽然，人群中站出一個人，但見他肥頭肥耳，大腹便便，手搖鵝毛扇。他是這一帶有名的富豪惡紳周子善，衆人見他張開厚嘴唇，扯開公雞嗓子說：「今天雷公爺把雨驅散，不是歐陽縣令祭雨不靈，而是不乾不淨之人參與祭雨，觸怒了天公才不下雨的。」歐陽修問是何人？周子善用手一指，人們順他手指的方向看去，是馬三娘子母女二人。原來馬三娘子早年喪夫，只有一女春香相依爲命。春香如花似玉，是三鄉五里有名的美女，周子善良田千畝，家財萬貫，娶了八房妻室，年過花甲，仍然無兒無女，他瞄上了馬春香姑娘，前些天托媒上門說親，被馬三娘子母女臭罵一頓趕出門外。周子善恨得咬牙切齒，就在歐陽修面前惡語誹謗他們。周子善回到府中，管家蕭猴子蹦上來獻上一計：明日是黃道吉日，明早四更乘其不備去搶婚，五更拜堂，天明大宴賓客，來他個生米煮成熟飯。誰知他主僕二人正如此這般的時候，被小姨太竊聽到了，當夜來到馬三娘子家，叫她母女早做提防。馬三娘子一聽，橫了心，咬著牙厲聲說：「迎親，叫他老鬼來吧！」隨即與女兒耳語一番，四更時分，果然一乘大轎，上十個勇夫跟隨，蕭猴子上門後，一邊打躬作揖，連道：「恭喜！」一邊遞上二百兩銀子，就要「接親」，馬三娘子說：「好！事已至此，我就認了這壺錢，你們外面侍候。」衆人退出等待，一時就緒，狐黨抬著花轎往周家飛奔，新人入洞房，老色鬼反手把門一插，不等扯下蓋頭布，就摟抱新娘子，只見新娘子從腰中拔剪刀就朝老色鬼喉咬刺去，原來轎子抬來的，不是春香姑娘，而是姑娘的母親，馬三娘子掙扎著撲向老色鬼，老色鬼隨手抓起獨凳用力打去，馬三娘子身單力弱，雖然扎傷了周子善，但並沒有致命，硬木獨凳倒砸在頭上，重傷而死。

再說馬家，人被搶走後，鄰人扶著馬春香趕到縣衙門，擊響了驚堂鼓。此時，歐陽修上堂問案，他聽了馬春香的哭訴，心中已經明白，因爲五龍祠祭雨以後，他就把周子善的爲人和他誣陷馬家的事，察訪得一清二楚。他即刻派一班衙役前去捉拿周子善，周子善來到大堂上，不跪不驚，強裝正經，對歐陽修說：「不知鄙人犯有何罪，黑夜闖入我府，鎖拿鄙人上堂！」歐陽修怒斥：「大膽刁徒，竟敢黑夜搶民女、打死馬三娘子，還不從寔招來？」周子善相信「有錢能使鬼推磨。」心想，捨下百兩黃金，最多判個「操辦，後事，撫養孤女，這樣正中下懷！」于是將事情來龍去脈說一遍，想一會再到後堂活動，誰知歐陽修立即下令將周子善與惡僕蕭猴一同斬首，沒收其全部家產，這周子善家財萬貫，歐陽修把沒收的糧食、衣物賑濟全縣窮苦百姓，黃金白銀收入國庫，其中一部份抵納農民應交的稅金，一部份交給學堂辦學，厚葬馬三娘子，為她樹「烈女碑」，那些殘酷剝削百姓，為富不仁的傢伙，一個都不敢伸頭了，雖是大旱之年，乾德境內，竟無一家賣田賣地，賣兒賣女，反而平安地度過災年。

百姓們為了感謝歐陽修這位好官、清官，引亢高歌：

赤日炎炎似火燒，田野稻禾半枯焦，
惡霸劣紳似湯煮，貧民百姓把扇搖。

引蛇出洞

宋朝時候老河口一帶流傳一首歌謠：「驢怕狼、馬怕虎、百姓們怕的是宋屠戶。」提起宋屠夫，人們都不寒而慄，這傢伙身強力壯，個子粗大黑臉，紅眼珠，長了一幅凶煞像，他仗著女兒貌美，嫁給前任知縣的公子，欺壓百姓，無惡不作，他仗著屠宰，大秤進，小秤出，發了橫財，在街上買了二十幾間舖子，屠宰生意他讓姪兒主事，家中養了七八個打手，除收租收利外，經常跟他闖燈節、鬧會、專在女人窩內撕纏，遇著貞節烈女，軟的不行，就來硬的，被他奸污的良家婦女不下十個，在他手下死于非命的也有三四個，這個罪大惡極的人，百姓們是告不倒的，原因是，每屆新行縣令一到，他都要大宴三天，送銀二百五十兩，美酒十缸，這樣一來，什麼朝廷王法，只要一到老河口，就變了味，百姓們告不倒他，只好躲著走。

歐陽修到任，不赴宴，不受賄，宋屠夫就怕三分，歐陽修發誓要嚴懲刁頑，大張百姓威風，宋屠夫又怕了三分，歐陽修斷案如神，世道日盛，宋屠夫又怕了三分，那些遭他殘害的人家，聽說來了清官，好官，眞正能爲民除害的官，膽子就壯了，就三五成群地串聯起來，要告他，宋屠夫就怕了十分。于是，這個不怕天，不怕地的宋屠夫爲躲避風頭，就潛藏起來，一時間，有人說他去了河南，有人說他去了巴蜀，衆說紛紜。那些不知底細的告狀人急忙詢問歐陽修，歐陽修說：「本縣已派人前往河南，巴蜀捉拿去了。」歐陽修心裡明白，宋屠夫使的是調虎離山計，十有八九就躲在本地什麼地方，因此，也就沒派人去捉拿，只是暗暗等待時機叫宋屠夫自己出來。

過了幾個月，民間傳說貶官歐陽修又犯了忤逆皇上的大罪，不久送往開封，又過了一段時間，人們看見歐陽修打點行裝，乘船南下襄陽府；臨行時，送行的父老鄉親悲悲戚戚，有個大娘號啕大哭，原來他的女兒張玉蓮被宋屠夫強奸後殺害了，張大娘靠歐陽修報仇，可歐陽修還未來得及報仇就走了，大娘怎能不哭呢？歐陽修灑淚無言，一直到船行得看不到的時候，人們還在翹望，不願散去。突然鑼鼓喧天，編炮齊鳴，宋屠夫被七八個嘍囉簇擁著，耀武揚威地站在人群中，又有幾個彪形大漢手執鋼鞭猛力向人群抽打，人群四散。宋屠夫高聲大喊：「從今往後，誰個再敢告我宋某，看我不剝了他的皮，剜了他的眼！哈哈哈。」一個老大娘一邊哭一邊喊：「歐陽大人啊！你快回來呀，快回來呀！」宋屠夫一聽氣炸了肺，嚎叫道：「把她給我丟到河裡去。」上來兩個打手不由分說，擰起老大娘就扔進河裡，老大娘一邊拚命掙扎，一邊高喊：「歐陽修大人，快回來呀，歐陽大人哪！」這時，擁來一隊官役，把宋屠夫和打手們圍住，跳下兩個去救河裡的老大娘，歐陽修又威嚴地出現了。原來，他根本沒去襄陽府，船到王府洲趕緊上岸，馳馬而回，歐陽修大喝一聲：「哈哈，姓宋的，你到底出來了哇，我還以爲你眞的到了河南呢！怎麼，見了本縣，還不跪下？」人群中爆發出一陣大笑，笑得宋屠戶心驚肉跳，他不由自主跪在地上，頭點得像搗蒜似的，啞著嗓子說：「大人饒命，小人知罪，你若饒了我的狗命，我送你黃金萬兩，我害死了張大娘的女兒，我披麻戴孝。」歐陽修說：「一不要你的黃金，二不要你披麻戴孝，本縣只要你一樣東西。」宋屠夫急忙問：「什麼東西，歐陽大人？」歐陽修說：「你的人頭！」說完就地擺設公堂，歷數了宋屠夫巧取豪奪，盤剝漁利，強奸民女，欺壓百姓，殺人不眨眼的罪狀，然後在午時三刻，驗明正身，綁赴漢江岸邊就地砍了頭。

一時間，群情激動，高呼青天老爺，爲黎民百姓除了一大禍害。

原來歐陽修根本沒犯什麼忤逆皇上的罪，而是採取將計就計，引蛇出洞的辦法捕殺了宋屠夫。

宋屠夫被砍頭的消息很快傳遍全縣，百姓們無不拍手稱快，民歌唱道：

天昏昏，地沉沉，
乾德來了歐陽令，殺了宋屠户，百姓得安寧，
衣呀衣呀喲，百姓得安寧，
連陰兩天變了晴，連陰兩天變了晴。

歐陽修與萬善寺

傳說，在古贊縣（今老河口）下仁義街原先有一座很小的廟宇，叫平安寺。據說，寺內主持也一度在朝爲官，只因時常抨擊朝政，被奸臣所害，才削髮爲僧的，後來，歐陽修來到此任縣令後，才知道和尙原來是自己的同窗好友，于是，他們二人經常在一起吟詩作畫，下棋談天，歐陽修對和尙的遭遇深感同情，他對老和尙說：「老弟啊，等我以後有力量了，一定幫助你重修廟宇。」

一年過去，歐陽修眞的榮升了，到京城作了大官，和尙也爲之感到高興，可是，歐陽修到京城作官後，由于公務繁忙，漸漸地把廟宇的事給忘了，和尙等了兩年不見回音，便到京城去找歐陽修，歐陽修熱情地接待他，住了一個多月，和尙見歐陽修還不提修廟宇的事，便起身回贊縣，歐陽修再三留他，可和尙還是要走。

歐陽修把和尙送了很遠很遠，臨別時，歐陽修給和尙一只袋子說：「裡邊裝的茶葉和一封信，回去以後代我向鄉親們表表寸心。」和尙接過袋子頭也不回就走了。

和尙回到寺廟後，讓小和尙燒了一鍋開水，每人泡了一碗茶、打開信一看，信上寫著：

寺內有金銀，何必來京城。

挖到兩腳深，廟宇定修成。

老和尙這才明白，于是使吩咐小和尙到寺院挖，果然在原來和尙和歐陽修下棋的地方，挖出了金子銀子。

寺內埋的金銀是怎麼回事呢？原來，歐陽修見和尚來京城，感到非常慚愧，一方面留老和尚到京城玩，一方面派人把金子和銀子埋在了原來他和老和尚下棋的地方。

第二天，老和尚就請了很多人重修廟宇，面積達一萬多平方米，廟宇修好後，爲了紀念歐陽修的慈善，改名叫「萬善寺」。

巧斷

這天，歐陽修正坐堂理事，門外有人擊鼓喊冤。傳進堂來，是條半粧漢子，他撲通一跪，眼淚梭梭直滴嗒，硬著嗓子說：「老爺救救小民。」

歐陽修見來人木木墩墩，一臉老實相，問道：「狀告何人？有甚麼冤屈之事？」

告狀人是河西客戶蔡久，他遞上狀紙，一把鼻涕一把淚地述說了他爺兒倆被欺辱捉弄一年多的詳情。

光化漢江西岸有座夕封山，山下有一主戶，人稱嚴大戶，他有萬餘畝土地，騎馬跑一天跑不出地界。嚴大戶家富心狠，百姓背地叫他嚴老虎，他壓榨窮人客戶比閻王爺還狠三分。人活著，他榨乾你的油，死了也不讓你安生，誰想立個碑，他非讓倒個頭不可。

去年春天，蔡久和他父親租了嚴大戶四十畝地，交了四百「頂看」錢，誰知先是天旱，後接飛蝗，到頭來收的沒有種的多，嚴大戶不管這些，天天派人逼租要債，一個子兒也不能少，蔡久爺被逼得眼睛淌血。忍不住大喊：「嚴老虎，你好狠毒啦！」

人要倒霉喝涼水也塞牙。蔡久爺說這句話時，偏偏趕上嚴老虎到蔡家來要債，嚴老虎當下脫掉鞋子，用鞋底把蔡久爺打得鼻子，嘴巴，眼睛一塊冒血，臨走時，嚴老虎說：「說老子狠，中！有你的好果子吃。」

惹翻了嚴老虎，蔡久父子知道是面少水多—活得稀。第二天，蔡久上嚴大戶家說：「主人家，地我們不種了，那四百頂首錢，二百交你租子，剩下的退給我們。」

嚴大戶見蔡久父子要走，心想戶一走，我上哪收租？夜貓子眼一轉，露個笑說：「有話好說，咋走呢？咋走呢？這樣吧，你們不想種租地，那就種分地，分地租少，不過，醜話說前頭，是我的燈盞棒，就得隨我撥，我讓你們咋干你們就咋干。」說罷，兩個家丁上來，捉著蔡久的手，劃了押。

冬播時，嚴大戶捎來話，四十畝地全種大麥，蔡久父子照辦了，九九八十一天，蔡久父子勤扒苦作，天天把太陽從東山背到西山，脫了幾身皮，四十畝稻谷黃了梢，蔡久父子倆把腰骨累斷，割倒了谷子。可嚴大戶傳來話，不忙捆，不忙上垛。

這天，黑壓壓的雲罩過來，白雨就在眉毛尖上。蔡久對嚴大戶說，不上垛稻谷要漚在田裡了，嚴大戶咕咕嚕嚕吸看水煙袋，吐出一個一個煙圈，等他玩夠了，大白雨把稻谷淋了個透，蔡久跌著腳說：「這那裡是叫我們種分地，明明是折騰窮人開心。」嚴大戶罵道：「饃饃比鍋大了？地是老子的，讓你咋種你咋種，你不也寫有字憑嗎？」

雨住天晴，四十畝稻穀生出齊刷刷的青芽子，嚴大戶騎毛驢到田裡看了哈哈大笑，說：「姓蔡的，你說老子狠，今天可給你狠勁嘗嘗，四十畝分地的租子，如數給老子交來。」蔡久父子悲憤難忍，來到衙門告狀。

歐陽修聽了來龍去脈，肚子氣得像堂前大鼓，本想馬上抓來嚴老虎，但一轉念，想出個懲治嚴老虎的花花點子。

歐陽修是文人當官，不像其他清官大老爺，案情一明，驚堂木一拍，輕則幾十大扳，重則鍘刀見紅，老是黑頭黑臉，歐陽修斷案有些像自己寫文章，有張有弛，有板有眼，該唱黑臉唱黑臉，該唱花臉時是個花臉，他問蔡久：「你會不會做小曲酒？」蔡久說會，歐陽修大腿一拍：「好，你回去，把出芽的稻子全數成酒，我自有治他嚴老虎妙法。」

幾日後，歐陽修到了嚴大戶家，對他說：「本官新到光化，聽說嚴兄是一方土地，特來拜訪。」嚴大戶一見縣太爺來訪，慌得像個兔子，又打躬，又作揖，結結巴巴說：「大人抬舉，寔不敢當，不知大人喜愛何物，小人力當孝奉。」歐陽修一笑說：「本縣不愛美女，不喜財寶，僅一嗜好，貪杯好酒，聽說貴地有人生有稻芽好酒，有心購回幾缸，也好平日受用。」

嚴老虎心中一怔，我怎麼不知道這兒有稻芽好酒，但又不願放過這巴結縣官的絕好機會，忙說：「不知大人如此偏愛稻芽酒，無需大人破費，鄙人馬上送到府上。」歐陽修笑笑，不置可否。

歐陽修走後，嚴大戶忙打問稻芽酒在何處，家丁回報說：「蔡久家有，用稻穀換，一手交糧，一手交酒。」嚴大戶眼一搶：「統統給老子抬回來。」

家丁奉了嚴大戶之命，打倒蔡久父子，搶走了稻芽酒、嚴大戶選了十缸好的，親自送往縣衙。歐陽修早在衙堂等著，見嚴大戶一到，厲聲喝道：「大膽嚴大戶，竟敢以本縣要酒之名，大天白日搶走他人之物，有人把你告了。」

蔡久上堂，把事情經過說一遍，歐陽修喝問嚴大戶：「你身爲富戶，爲何折磨老實巴腳的莊稼人？」嚴大戶說：「我有個脾氣，誰說我狠，我偏給他狠勁嘗，殺雞給猴看，讓那些窮客戶不敢不聽我的話。」歐陽修鼻子一哼：「這就巧了，本縣也有這樣的脾氣，誰有狠勁兒，我偏給他更狠的勁兒嘗，今天碰上你這個狠人了，讓你嘗嘗我的狠勁兒。」歐陽修召來衙役，放倒嚴大戶，釘上鎖銬，關進了南牢，又派人把蔡久蒸穀煮酒的糟糠放進去，對他說：「這糟糠是味好藥，專治惡人狠病，啥時你把這四十畝稻子的糟糠吃完了，啥時候放你回去。」

歐陽修治服一嚴大戶，在他倉裡給蔡久稱回四十畝地的稻穀，讓他父子回家賣起了稻芽酒，那一日，又到夕封山，坐在蔡久的小店裡，美美實實喝了個醉。

折 指

光化人說：歐陽修當縣令時，常常微服私訪到鄉下去，這一天，歐陽修身著布衣草鞋，一副行路人打扮，來到光化東的陳家山。

陳家山俗稱老東鄉，這裡丘陵橫臥，人煙稀少，滿山滿野盡是人把深的柴草，歐陽修走得口乾舌燥，想找戶人家歇歇腳，喝口水，抬頭見半山腰有間草房，就朝上走去。

走到草屋前，歐陽修聽見裡面傳出長長的嘆氣聲，伸頭看，一個老婆婆坐在床沿，愁眉苦臉的樣子，使多皺的臉象一個乾巴巴的核桃殼。老婆婆聽說來人討水喝，雙手捧一碗涼水說：「客家，本該燒開水你喝，可沒柴禾，只有得罪你了。」

歐陽修聽老婆婆說沒柴燒開水，感到奇怪，指了指屋前房後的山說：「老人家，你房子前後都是柴草，怎說沒有柴燒呢？」老婆婆搖搖頭說：「星星多在天上，金子多在河裡，柴草多在陳保堂的山上。」歐陽修又說：「那你上山砍些就是了。」老婆婆氣憤地說：「還說砍？用耙子哈一把碎草都不行，昨天我兒子王舉在山上扒了半背籠草，陳保堂看見了，罰十桌酒席，一萬編炮向他賠罪，要不就燒房子，我兒王舉一大早就借錢去了。」老婆婆說到這兒，老淚又淌下來。

歐陽修聽了老婆婆的話，心中很不是味兒，他沒想到山霸陳保堂刻毒到這般地步，他想了一會兒，拿過自己上山當楞杖的竹杆，找來菜刀，劈開故成一個五齒小耙子，寫上「歐陽修給王舉扒柴用。」對老婆婆說：「你兒子回來，就用這個耙子去扒柴，陳保堂再欺負你母子，就上縣衙告他。」說完轉身下了山。

第二天，王舉拿著歐陽修給的小耙子，怯生生去扒柴草，剛裝一背籠，陳保堂鬼一樣從草叢跳出，一個撲天罩，把王舉按在地上，奪過小耙子問：「這耙子哪來的。」王舉說：「一個叫歐陽的送我的。」陳保堂罵道：「啥他媽嘔羊嘔豬，吃了蘿蔔淡操心。」保堂正一折，反一折，小耙子五個齒全斷了。陳保堂還不解恨，對王舉說：「上次十桌不算，外加十桌，從山上到山下，磕頭給老子賠禮，敢說一個不字，折斷你十個指頭。」可憐王舉母子，連燒開水的柴都沒有，上哪兒弄錢辦二十桌酒席？別說是折了指頭，就是折了肋骨也辦不起呀！王舉媽急得想吊頸，讓王舉連夜上縣衙告狀。

歐陽修傳來保堂問道：「爲何不讓山裡人扒柴草？又爲何折了王舉的耙子？」陳保堂頸脖別說：「山是我家的，樹是我祖上栽的，扒我的柴草，就要折他耙子。」

歐陽修一拍驚堂木：「好一個刁民，就算山是你家的，樹是你祖上栽的，我問你，山上草也是你祖上栽的？你家可完過草稅？」陳保堂乾噎氣，說不出話來。歐陽修又說：「你這個地頭蛇，佔山爲霸，連草都不讓人扒，逼得不少人喝涼水吃生菜，還折斷了本縣的竹耙子，來人，把這歹人的手指頭給我折了。」

陳保堂一聽要折斷自己的手指，爬在地上直磕頭：「老爺饒命，小人不敢了，竹耙子一定加倍賠。」歐陽修說：「賠耙了事小，要向全陳家山百姓賠禮，你不是罰王舉二十桌酒席嗎？就由你自己辦了，請遍山上百姓，放兩萬編炮向王舉和山中窮人請罪。」

陳保堂乖乖照辦了，陳家山的百姓從此可以自由在山上扒柴草。

治豹

光化的財主對莊稼人刻薄得很，巧立名目盤剝佃戶子，爲了查清這事，歐陽修微服化裝下了鄉。歐陽修信馬游繮走著，不知不覺迷了路，肚子餓得咕咕叫，卻陷進前不挨村，後不挨店的山溝裡出不來了，這時，順風吹來一陣香味兒，他不覺咽了口唾沫，趕近一看，兩間爛草房前有個婦女正在煎魚炸肉。見歐陽修走來，忙說：「客家，你來的正好，晌午爲我們陪客吧。」歐陽修問：「今天接的啥貴賓？」那婦女嘆了一口氣說：「你不曉得，我家租的地到了滿年，想再種一年，東家曹豹說要先交六石糧作頂首，沒辦法，借了五吊錢：置座席，請東家抬抬貴手。」歐陽修又問：「種地交租就行了，啥叫頂首呢？」主人家說：「這是曹東家立的規矩，誰種他的地，先交幾石米。」歐陽修眯著眼說：「好手段呵！」

這時，曹豹來了，他頭戴瓦皮帽，身穿長大褂，挺著鴨脖子說：「哪來的野狗子？」歐陽修只當沒聽見，主人家端上飯菜，歐陽修說：「今天我當陪客。」

酒過三巡，歐陽修對曹豹說：「我遠道而來，今天咱們同桌飲酒，也算是八百年的修行，我爲主人家求個情，請你免了「頂首」的糧食。」曹豹一聽就火了，說：「楞傢伙，想多活幾年就少管閑事。」歐陽修耐著性子說：「不免就不免，減一些行吧？」曹豹說：「一顆也不減。」歐陽修話一轉：「不免不減，把減你的地買下來行不行？」曹豹哈哈一陣蕩笑，說：「窮光蛋，連「頂首」都交不起，還買地？好，一畝十兩銀，六畝六十兩，交來。」歐陽修說：「空口無憑，你寫個地契。」曹豹心想：「寫就寫，要是今兒個拿不出銀子，老子再把「頂首」糧加一倍，他滿不在乎寫了地契」，手一伸，「銀子快拿來。」歐陽修說：「不忙，我這個中人還沒簽章。」說罷，提筆寫了「驗訖」二字，撩開衣袍，拍，蓋上縣衙大印，把地契交給那婦女，說：「從現在起，這地是你家的了。」

曹豹給搞懵了，睁看三角眼問：「銀子呢？」歐陽修說：「跟我到縣衙去取。」曹豹急問：「你是……。」歐陽修答：「知縣歐陽修。」曹豹撲通跪在地上，連打自己臉：「我瞎了狗眼，瞎了狗眼。」

歐陽修回到衙署，立即貼出告示，一律取消了「頂首」交租的規定。

挨打

十冬臘月的一天，一幫菜販挑著蔬菜，沿著漢江岸，向老河口趕去。

歐陽修挎個竹籃，裝了二十斤蒜苗，混在行人中，正走看看小販們搭起腔，一個說：「聽說換了個新知縣，不知是清官貪官？」另一個接腔：「換來換去，烏龜換王八，還能把宋蝎子治了！」歐陽修身旁的何老漢，挑了一擔卷心白菜，一說咳一邊說：「聽說新來的歐陽修知縣是個清廉官，他要知道宋蝎子的壞勁兒，保不住眞敢治治他。」

歐陽修夾在人空裡，小販們裡一捶，外一榔頭，說得他臉上火辣辣的。不過，他越聽越想聽，他知道，如果在衙門裡，或者戴著烏紗帽下來，你給二百錢人家也不會說實話。

老河口北頭的伍員街，面對漢江，背靠官道，挨河沿五棟四合大院，黑漆大門，虎頭銅環，陰森森的，門外有隻狼狗，呲牙咧嘴瞪著過路人，一個三十多歲的男人站在兩隻狗中間，此人一肩高，一肩低，半截眉毛一半灰一半黃，三分人像七分鬼像。要不是兩個鼻窟窿在冒熱氣，還以爲撞上吊死鬼了。何老漢見歐陽修老瞅這人，悄悄對他說：「他就是河口有名的宋蝎子，咱繞開他走。」

不料宋蝎子先說話了，破罐子似的聲音：「老傢伙，把卷心白菜挑過來。」何老漢聽是喊他的，假裝沒聽見，想溜過來。宋蝎子跑來，一把揪住何老漢的衣領罵道：「老不死的，耳朵塞驢毛了！」何老漢抖著嗓子說：「宋爺，我這菜中看不中吃，不合你的口味。」宋蝎子嘴一歪，兩隻狼狗一口咬住何老漢的腳脖子。宋蝎子提出一杆大秤說：「過了。」

何老漢知道宋蝎子的蝎夾子毒，明明自己的白菜是五十大斤，只說五十斤。宋蝎子用自己的烏木秤一稱，罵道：「狗日的，想佔老子的光，四十斤還掛不住砣，敢要老子五十斤，來人，把他的秤砸了。」說罷一拳打去，何老漢倒地，幾個家丁把白菜拖進了黑漆大門。

歐陽修見何老漢秤被砸了，人給打了，上前要與宋蝎子論理，宋蝎子說：「野雜種，是給爺們送蒜苗來了！過秤！」不由分說，奪過歐陽修手中的蒜苗，烏木秤一橫：十六斤。歐陽修呆了，明明二十斤，咋一下變成十六斤？想上前看看是不是稱錯了，冷不防宋蝎子一巴掌搶過來，歐陽修鼻子一熱，兩股血湧出，眨眼胸前衣襟染紅了一片，宋蝎子大叫：「吃了豹子膽了，敢對老子的秤，小心你的黃鱔命。」

歐陽修被打得鼻青臉腫，又被罵了狗血淋頭，便揮揮手召來手下人，繳了烏木大秤，綁了宋蝎子。

歐陽修換了官服，擺上公案，就地審宋蝎子，老河口的百姓家家走空屋，圍了內三層，外三層，歐陽修拿著烏木秤對宋蝎子說：「你蝎子毒哩，市上的秤十六兩一斤，這的秤二十兩一斤，你害了許多人啦！」歐陽修當場砸了烏木秤，收了宋蝎子家產，把他釘上枷鎖，天天打掃老河口的街道。

救　婦

漢江西岸尖腳山的一溜坡上，稀稀拉拉住有二十戶人家，按當時的保甲制，剛剛夠一保，這個保長姓馮，長一隻人眼，一隻狗眼，誰給他送禮就對誰好，誰請他吃席就對誰親，對他狗扯羊拽的親戚，啥七大姑八大姨，娃子他舅的外甥女，啥子都偏心，對和他不沾親不帶故，又送不起社禮請不起客的七戶窮人家，又是蹬又是踢，老生著歪窟眼欺壓他們，這年，馮保長行私，免了他七姑八姨的皇糧，卻編框框加在七戶窮人家頭上。

村子內有個寡婦喻氏，男人才死，撇兩個娃，馮保長見喻氏還有幾分姿色，起了淫心，一天，他把喻氏逼到芭茅地裡想使壞，喻氏至死不依，後來有兩個過路人走近，喻氏才免了大難，打那後，馮保長處處跟喻寡婦過不去，有事無事整她。

八月十五這天，喻氏按地畝完了皇糧，舀了半碗米想給娃子煮頓稀飯。這時，馮保長帶催糧官來了，賊眉鼠眼的馮保長翻出帳本，說喻氏的糧稅沒交齊，限三天交來，不然派人扒房子，喻寡婦明知是馮保長玩的鬼花樣，把他七大姑八姨的糧款加在自己頭上了。但一個婦道人家，孤兒寡母，眼淚只朝肚裡流，她實在忍不下這冤屈日子，想橫了心，找來一根繩子，走到河邊一棵彎彎樹下。

老天爺有眼，喻寡婦還沒有把脖子伸進繩套，歐陽修查詢民情到了尖腳山，救下喻寡婦，問明了原由，在彎彎樹下設了公堂。

馮保長蒙在鼓裡，帶上七姑八姨去迎接歐陽修，歐陽修剪頭就問：「爲何遲遲不交皇糧？」馮保長惡人告狀：「因七戶窮鬼拖延，誤了糧期。」歐陽修問那七戶，馮保長說了，歐陽修一聽，果然是喻寡婦給他說的七戶窮人，這時，那七戶家小哭哭啼啼跑來，齊告馮保長調戲民女，轉嫁糧賦，盤剝窮人的罪行。

歐陽修痛打了馮保長，撤了他的職，免了喻寡婦和七家窮人三年的糧稅，當地百姓不忘歐陽修的恩德，傳下了幾句順口溜：

歐陽知縣來查訪，
彎彎樹下設公堂，
救了喻氏和窮戶，
治了保長免了糧。

修　城

老河口花城門到大東門的城牆腳基，全是用大石滾砌起來的，聽老輩子人講，這是歐陽修出的主意。

光化縣城圈一帶是漢江沖積平原，全是沙土地，土質雖好，城牆難修，費牛大的勁兒砌好了，雨水一淋，牆腳陷下多深，前幾任縣任都動過土木，歐陽修到任時，花城門大東門這段還是個大豁口。花城門通向漢水碼頭，又是城內最繁華的地方，各類店舖一街兩行，各種貨物琳琅滿目，每次土匪進城搶東西，都是從花城門那個豁口進來的。歐陽修一到任，各家店舖掌櫃和城中百姓再三請求重修花城門到大東門的城牆，其中有個姓甘的大商賈叫得最響，到處說只要歐陽修一句話，他願拿出千二八百銀子來。歐陽修順乎民意，貼了告示，號召全城父老有錢捐錢，無錢出力，準備修建城牆。

告示貼幾日：許多商號眞心支持修城牆，捐獻不少銀兩。歐陽修查到姓甘的商人名下，一看，只出了兩個皮窟窿錢，原來這姓甘的是個只說排場話，不幹排場事的奸商。

歐陽修請了全縣有名的砌匠、木匠、鐵匠，在一塊商量怎樣修才能讓城牆不倒，一個鐵匠說：「聽說襄陽老龍堤是用鐵築的基，我看咱也用這法兒。」歐陽修說：「小小縣城，上那兒弄那多鐵！」一個石匠站起說：「不用鐵用石頭填頭也行。」但是光化縣西臨漢江，南北一馬平川，東邊一座馬頭山，偏偏盡是白泥黃土，找個石頭對鋤頭都難，上那兒找上千上萬的大石頭呢？

歐陽修聽了石匠的話，腦袋瓜子一轉，說：「有了，石滾不是石頭打鑿的嗎？莊稼人推磨碾場幾千年，光化不愁沒這玩意。」匠人們說：「好倒是好，上那兒弄那多石滾？」歐陽修笑著說：「你們儘管做開工準備，我自有辦法。」

第二天，歐陽修在光化城四門貼出告示，收購廢舊石滾，十斤一兩銀，消息傳開，全縣人到處找開了石滾，後來谷城、襄陽、均縣和河南的知道了，都往光化送石滾，不幾天功夫，需要的石滾差不多就夠了。

那個姓甘的奸商，沒捐錢卻想撈錢，他見歐陽修肯出大價，串通幾個人到鄉下，連欺帶哄，連搶帶偷，搞了不少石滾，更可惡的是連剛打鑿出來的，還在穀場正用的石滾，他們也弄到手，想趁機抱個金疙瘩。歐陽修得到消息，心中罵道：可惡的奸商，修城牆你叫得最凶，捐錢你捐得少，見收石滾賺錢，你又來混打羊皮鼓，玩了莊稼人，還想發國難財。你來吧，非叫你把血本貼上不可，于是，歐陽修下令，其他地方不再收石滾了，花城門只留下「一人店」專等姓甘的來。

這天半晌，姓甘和幾個奸商累得汗馬水流，進「一人店」一看，乖乖，換了新秤，是用一根紫檀木房樑做的，足有兩丈多長，度把遠一個秤星，石滾上去一稱，一百斤剛好一斤，奸商們叫看不停，「一人店」掌秤的說：「歐陽大人有令，從今天起，收石滾一律用這杆秤，願賣就賣，不願賣就拉走。」姓甘的傻了眼，賣吧，是賤價，不賣吧，幾千上萬斤石頭，花牛大力弄來，再弄走有啥用呢？姓甘的氣得臉像豬血，作了幾十年生意，想不到栽在歐陽修手裡。

歐陽修把收到的石滾下到花城門到大東門這段城牆腳下，從此光化縣的城牆全修好了，光化人還編了一道歌：直唱到現在：

舊石滾，換大錢，
新石滾，不值錢。
修好新城牆，
全憑巧歐陽。

立碑

光化孟樓興隆山前，有一塊高大的石碑，上寫：「良民之墓」四個字，這是歐陽修爲當過「杆子」的劉家兩兄弟立的。

一個七品縣太爺爲啥給兩個當過土匪的人豎良民碑呢？

老東鄉的百姓這樣講：

孟樓是一腳踏兩省的小集鎮，一條街北頭歸南陽府管，南頭歸湖北襄陽府管，鎮街邊有家姓劉的兩兄弟，早年還好，這幾年專幹一些偷雞摸狗的事情，有時還綁架過路的商人，鬧得商販不敢經過孟樓到河口。

那天，劉家二兄弟又搶了從河南來河口的大行商，歐陽修派了捕快，繩綁索捆，逮來孟樓二劉，歐陽修十分高興，心想，可爲河口孟樓一帶除了禍害，誰知開堂一審，一向爲官清正的歐陽修卻不知到底該不該判劉家二兄弟的罪。

原來，劉氏二兄弟本是孟樓一家窮戶，和襄陽知府于大人家相鄰不遠。于知府四十大壽時，孟樓人送的禮把于家屋頂脹破了。劉家窮，送不起禮爲此得罪了于知府，說二劉父親勾結盜匪，打進了土牢，要用五十兩銀子保人，二劉苦拿不出銀子，無奈，爲救老父，二劉逼上梁山，劫了過路商人五十兩銀子，保出了父親，打那起，二劉幹上「杆子」營生。

歐陽修得知二人從「匪」的經過，像吃了口白礬，心裡又苦又澀，嘆著氣說：「你們不知道搶劫犯王法。」二劉說：「官家依仗權勢，明拿暗奪，搶走老百姓多少錢財？他們犯不犯王法？有一個定罪的嗎？官家貪無罪，民搶不犯法。何況我兄弟二人專劫豪門富戶和大商人的東西，歐陽大人，都說你是清官，就判判這個理吧！」

二劉這番有骨有肉的話，說得歐陽修無言可對，二劉接著說：「父親並不願我二人當「杆子」，臨死抓住我兄弟二人的手說：「要有良官，你們要當良民。」日下良官到了，歐陽大人，我兄弟二人願在你的牢中當良民。」歐陽修奇怪地問：「當良民就應回去種地，怎麼到牢中當良民？」二劉說：「孟樓是于知府的家鄉，手下有一幫貪官橫行孟樓，我們回家無法安身，再說，于知府若知我二人揭了他的老底，定不會饒了我們。」

歐陽修沉思半晌，憤憤說道：「堂堂趙氏天下，良民只能在牢裡當，眞正的惡人卻花天酒地，眞是荒唐！」歐陽修帶人到孟樓，懲辦了幾個作惡多端的貪官，讓二劉回到家鄉。

果然，歐陽修懲辦孟樓貪官，二劉棄惡從善，惹翻了襄陽知府于大人，派心腹暗地殺了劉氏二兄弟，歐陽修得到消息，趕到孟樓，用厚棺葬了劉家二兄弟，親筆在石碑上寫下「良民之墓」四個大字。

桃　案

李家灣女子李俏姑，倒插門招了個女婿，這個女婿外表看還過得去，但是個半音子，說他全啞還會說幾個字，說他不啞又說不全一句完整話，頭三年，小倆口還可以，半音子女婿憑一身好力氣，新掙了兩間房子，買下兩畝地，李俏姑也爭氣，養了個胖兒子。

這年初夏，李俏姑一個本家叔在外地領來個幫活，說是來爲俏姑打傢俱，這幫活一表人材，兩片嘴像在小磨油裡蘸過，說出話盡甜人，女人家聽了，心裡癢滋滋的，幫活剛來幾天，把整個李家灣老老少少哄得團團轉，俏姑本家叔四處說，俏姑要招個幫活這樣的女婿，李家本族都沾光。

李俏姑有了本家長輩撐腰，就生了邪念，那個痞子幫活更是臘月的蘿蔔—凍（動）了心，二人眉來眼去，幹些苟且之事，後來乾脆把半音子丈夫趕到幫活住的屋裡，公然作起夫妻來。

這日，歐陽修路經李家灣，開道大鑼一響，半音子攔住大轎，連比帶劃告了那幫活，歐陽修正要傳幫活，不料幫活也來告狀，他告半音子是幫活，想霸佔他妻子。

歐陽修見兩個男人互告，好生奇怪，傳來李俏姑，她和幫活一腔，告半音子想霸佔她，氣得半音子連半音也發不出了。

歐陽修想，辦了成百上千的案子，扎乎的少說有百把，可從沒這樣難不難，易不易，窩窩囊囊的案子，他眯眼看看半音子，脖子憋得像桶，滿臉委屈，再看李俏姑二人，男的得意，女的輕浮，李俏姑見歐陽修望她，趕緊用懷中孩子擋住臉，歐陽修一見小孩，心中一亮，狗男女，用不著再麻煩，一會兒就讓偷人的狗臉朝褲襠裡放。

歐陽修吩咐左右弄來一斤鮮桃，讓李俏姑抱著孩子坐在中間，兩個男人立二邊，歐陽修拿兩個大桃，輕輕對小孩說：「你把一個桃給你媽，一個桃給你爸，剩下的全是你的。」

小孩接過鮮桃，塞給李俏姑一個，跳下懷，往直向半音子走去，半音子抱著兒子，嗚嗚哭出聲來，李俏姑一見，恨不能一頭扎進地縫裡。那幫活抬腳想溜，歐陽修一揮手，役卒們棍棒齊下，結結實實揍了他一頓。

七、河南滑縣的畫舫齋

文忠公于宋康定元年（一〇〇四年）任武成軍節度判官，慶曆二年（一〇四二年）任滑州通判，兩次任職滑州，在第二次任通判時，抵滑之三月，即其署東偏之室，治爲燕私之居，而名曰：畫舫齋，由蔡襄書額，齋廣一室，其深七室，以戶相通，凡入于室如入乎舟中。畫舫齋之前，一泓澄碧，波明如鏡，名曰「文湖」，畫舫澄波，爲滑縣十二景之一，文忠公全集中撰有「畫舫齋記」。另建有歸雁亭，冰堂。冰堂嘗造酒，名冰堂春，文忠公孫歐陽憲任豐城（今滑縣妹村）主簿時，蘇軾曾爲之作詩送行，詩中有「使君已復冰堂酒」之句。今滑縣爲紀念先賢，特步文忠公後塵建滑縣冰堂春酒廠，生產系列美酒計有㈠冰堂春麯酒；㈡冰堂春老窖；㈢冰堂春特麯；㈣冰堂春糧液；㈤冰堂春酒，外銷中外，爲附圖：（圖十二）

明萬曆卅一年（一六〇三）知縣王廷諫在文忠公燕居遺址，建大廳三楹，額曰：畫舫齋，踵其舊也，建高樓三楹，額曰：秋聲樓，因其賦也，爽塏宏敞，爲一巨觀。

秋聲樓在畫舫齋後，石臺基，明柱，走廊欄杆，花格扇門窗，樓上奉祀當朝皇帝，樓下祀先師孔子，附祀文忠公，樓內藏書，樓下走廊東壁砌入刻石，樓前齋後，古槐蓊郁，秋風起兮，聲在樹間。清知縣秦敦厚辯證：歐陽公兩次蒞滑，均未經秋，秋聲賦不當作于此地，唯以秋聲賦，本屬寓言，未指何地，後人因此賦建以名樓，亦甘棠遺愛之意，未可厚非也。

大門前西側豎碑題曰：「宋歐陽子方夜讀書處」字大徑尺，明進士知滑縣事王廷諫立石，并開始在此建「秋聲書院」，坐北朝南，爾後知縣武圖功，張忻、張新詔、李岩等各有增修，後漸圮，清順治九年（一六五二）知縣王鼐重修，易名「畫舫書院」，日課多士於此，爲書院課士發軔之始。康熙廿三年（一六二四）知縣姚德聞重修，又易名「歐陽書院」。乾隆廿六年（一七六一）知縣呂文光以歲久漸就荒蕪又修葺之。嘉慶十六年（一八一三）白蓮教破城，毀于燹，十九年知縣陳筠重建。道光二年到七年（一八二二—一八二七）知縣胡天培捐廉重修。明清年間知縣，多有捐廉籌款，修葺擴建。咸豐年間，知縣徐士琦倡捐錢八百緡（一緡銅錢一千文）又勸紳商捐錢七千二百緡。光緒年間，知縣張鑒堂，兌收李化成案銀二百兩，知縣呂耀輔變租田價五百緡，均作爲基金，基金發當生息，利息作爲維建經費。

光緒廿九年廢科學，改學堂，書院遂名「歐陽學堂」，民國元年政體變更，又易名歐陽學校，滑縣縣立第一小學校校歌爲懷念文忠公，歌曰：「太行之東，衛水淙淙，白馬古都，歐陽秋聲……樂育群英。」歐陽學堂，畢業學生計三千，或升學深造，或服務桑梓，或抗日救國，對國家社會貢獻甚大。

抗戰發軔，滑縣淪陷，日軍燒殺，歐陽書院夷爲一片瓦礫，一片廢墟。一七七〇年以來，廢墟蓋爲民宅，昔日書院面目全非。目前滑縣城內青龍、興隆、新盛街，乃書院故址。

一九八五年，當地政府和群衆支持下，於原地建立歐陽中學（圖十三），整體分爲四部份：管理區、教學區、生活區和運動場，經過政府撥款和社會集資，已初具規模，大門，大門內小廣場，教學樓和實驗樓各一座，佔地二十四畝，採三軌制十二個教學班。

一九九五年爲歐陽中學建校十週年紀念，地方政府舉行隆重慶祝，將大門和管理區，模彷原歐陽修書院模式重建，并在大門內小廣場豎立歐陽文忠公塑像（圖十四）。以紀念歐陽先賢往日之德政。

八、河北都轉運按察使任內

公於慶曆四年（西元一〇四四年），四月，奉命出使河東，七月還京師，八月保州（河北保定）發生兵變，朝廷除公龍圖閣直學士，河北都轉運使，經河北，在轉運使任內，對保州兵變，力主招撫，阻止濫殺，（保州兵變叛亂平定後，有二千多名被脅從的人，宣撫使富弼誠恐日後生變，想把他們全部殺掉，公勸告富弼，「禍莫大于殺已降，況脅從乎？既非朝命，爲變不細。」富弼才中止他的計劃。）強調國家外患，「不在西戎，而在北虜。」力主加強河北邊備，再三彈劾李昭亮等不稱職將軍等，五年（西元一〇四五年）春，眞定帥田況移鎭秦州，公權知府事三個月，在此三個月主要事迹：

1.繼續站在革新派一面，與保守派進行堅決鬥爭，時范仲淹、韓琦、杜衍等，相繼以朋黨罷去，公亦被指斥爲朋黨，但仍犯顏直諫，上「論杜衍范仲淹等罷政事狀」，（文忠公全集奏議縣卷十一，河北轉運使）

2.在眞定（今河北省正定縣石家莊市）時，公雖患重病，但對集錄歷代全石遺文，仍孜孜以求，集錄眞定金石遺文多種，如著名的「隋龍藏寺碑」（見四十九頁、五十頁），（文忠公全集集古跋尾卷

隋龍藏寺碑全貌

龍藏寺碑碑額

龍藏寺碑拓片局部

五）至今仍保存於正定縣龍興寺（圖十五、十六）內，元人納新「河朔訪古記」載：「唐刺史陶云德政碑」，公任河北轉運使，至眞定府，見碑仆在府門外，半埋地中，命工掘出，立於廡下，可惜此碑今已無存，另「唐郎潁碑」、「隋郎茂碑」，在眞定府北大墓林中，公帶病前往集錄。（集古跋尾卷五）。

3.公在眞定時，首慶曆新政頓敗，本身患疾，復得知母妻臣臥病在床，心情極爲惡劣，爲抒發自己心志，撰有「病中代書奉寄聖俞二十五兄」、「鎭陽殘杏」、「暮春有感」、「鎭陽讀書」、「留題鎭陽潭圖」、「初伏日招王幾道小飲」，（文忠公全集居士集卷二）。「寄子山待制二絕」、「寄秦州田元均」、「過中渡二首」、「自勉」，（居士集卷第十一，律詩）。「春山獨居」、「後潭遊船見岸上看者有感」，（居士外集卷第六，律詩）等十二首，其詩篇爲眞定增色不少。（按眞定府爲今日河北石家莊市正定縣，藁城市）

眞定人對公具有特殊感情，除因公權知府事三個月的惠外，還因公與眞定籍王舉正友善，王舉正字伯申，宋慶曆元年（西元一〇四一年）由右諫議大夫升參知政事，王曾因年老請求辭職退養，宋仁宗不允，公曾代仁宗草「賜觀文殿大學士禮部尙書王舉正乞致仕不允詔」，（文忠公全集內制集卷第七）。王舉正曾贈公西京牡丹，公曾作「謝王尙書舉正惠西京牡丹（居士集卷七，古詩）。」回謝，王舉正卒，公睹王書法遺迹，而緬懷之，撰「跋觀文王尙書舉正書，作爲永久紀念。」（居士外集，卷二十二，雜題）

公在眞定時，因母妻皆病，遂於慶曆五年（西元一〇四五年）四月請假返家省視，斯時朝中仍追究朋黨，又恰値公外甥張氏犯法，小人素已憾公，藉機羅頌罪名，將公下開封鞠治，後雖辦明無罪，但終因參與慶曆新政，而罷去河北都轉運使職務，遷知滁州。

九、滁州的醉翁亭與豐樂亭

宋慶曆四年（一〇四四年）慶曆變法失敗，在范仲淹，富弼，杜衍等人，相繼貶出邠州（陝西邠縣），鄆州（山東東平）、袞州（山東滋陽）後，文忠公又上論杜衍范仲淹等罷政事狀論救，均無效果，反對派認文忠公過去「每議至厲聲，相攻不可解。」「論議多及于貴權，指目不勝于怨怒。」復逢「張甥案」，陷文忠公入罪，而于慶曆五年（一〇四五年）八月貶知滁州（安徽滁縣），斯時公才三十九歲，正當盛年，幾乎一蹶不振。

文忠公貶滁州後，滁州四週盡是山地，瑯琊山、豐山、張八嶺等，從四面環抱縣城，山高水清，使縣城一帶，宛如江南景色，文忠公在「醉翁亭記」一文中，描述「環滁皆山也」，常與好友僚屬至山上遊樂。

在滁縣衆多山巒中，以西南方山，林壑最美，故又述「其西南諸峰林壑尤美，望之蔚然而深秀者，瑯琊也。」瑯琊山就位在縣城西邊五公里處。

瑯琊山原稱摩陀嶺，因東晉元帝登位前封瑯琊王，曾在此間避亂，因此，山名又稱瑯琊山，山勢呈東西走向，山上樹林繁茂，青葱景色，構成文忠公所謂「蔚然深秀」，山上有瑯琊寺，規模雖不大，但終日香煙繚繞，加上四週濃鬱樹木，令人幽深莫測。

醉翁亭位于瑯琊山入口處，是宋慶曆六年（一〇四六年）瑯琊山開化律寺住持僧智仙爲滁州知州歐陽文忠公所建，文忠公在滁兩年又三個月任職，當時的滁州交通不便，處地偏僻，公事不多，時常率僚屬到瑯琊山開化律寺宴飲，因他自號「醉翁」，正如他在詩中所言：「我時四十猶強力，自號醉翁聊戲客」，「顏摧鬢改眞一翁，心以憂醉安知樂」，故自題亭名曰「醉翁亭」，并作「醉翁亭記」一文。

文忠公撰「醉翁亭記」，共用二十一個也字，創意法前所未有，秦少游謂：「醉翁亭記用賦體。」良然，文忠公初作記時，起首敘列東西南北諸山，凡數百言，後均删去，祇餘「環滁皆山也。」一語，于此，可悟作文翦裁之法，明人茅坤譽之爲「文中之畫。」又云：「昔人讀此文，謂如幽泉邃石，入一層見一層，路不窮，興亦不窮，讀已，令人神骨炵然長往矣！此是文章中洞天池也。」揭示了該文主要風格特點。

文忠公離滁後，滁人于慶曆八年三月巳未（一〇四八年五月六日）將他書寫的「醉翁亭記」刻石立於亭中，因文章書法均美，以至「拓者日衆，庫中儲氈爲空，時過關榷者，以碑相贈，免其征」，可惜此碑早已不存，由于該碑「字畫淺褊，滁人恐不能傳遠」，很想改刻大字。元祐六年（一〇九一年）蘇軾詩友，時任饒州酒務監的劉景文（字季孫）自高郵至潁州（今安徽阜陽市），路過滁州時，

宋蘇軾書醉翁亭記全文（草書）藏滁州寶宋齋內

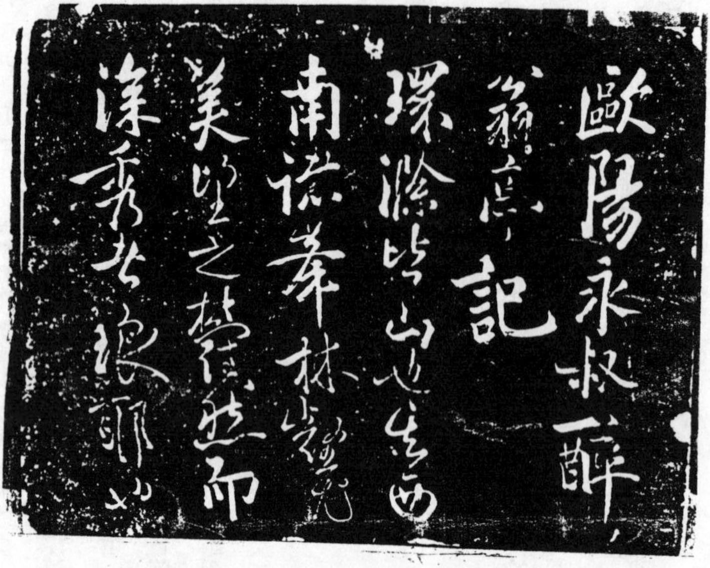
歐陽永叔醉
翁亭記
環滁皆山也其西
南諸峰林壑尤
美望之蔚然而
深秀者瑯琊也

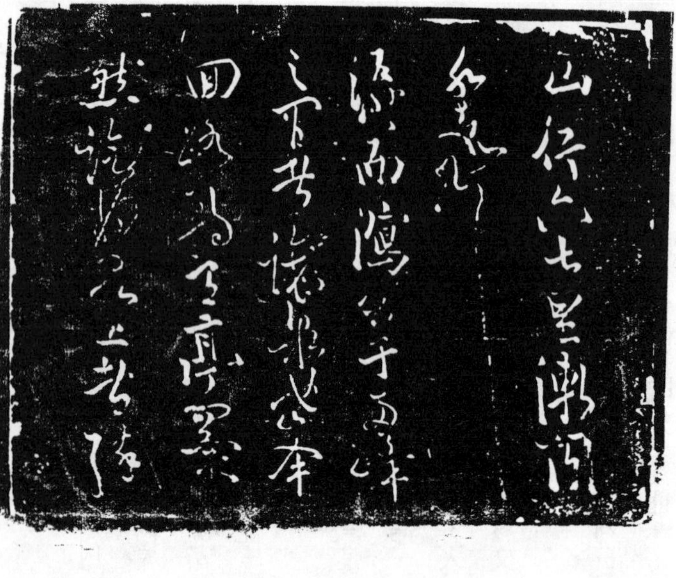

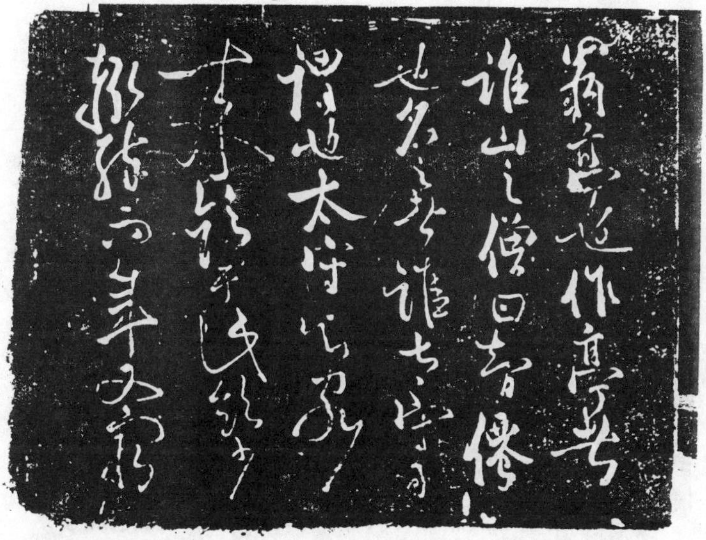

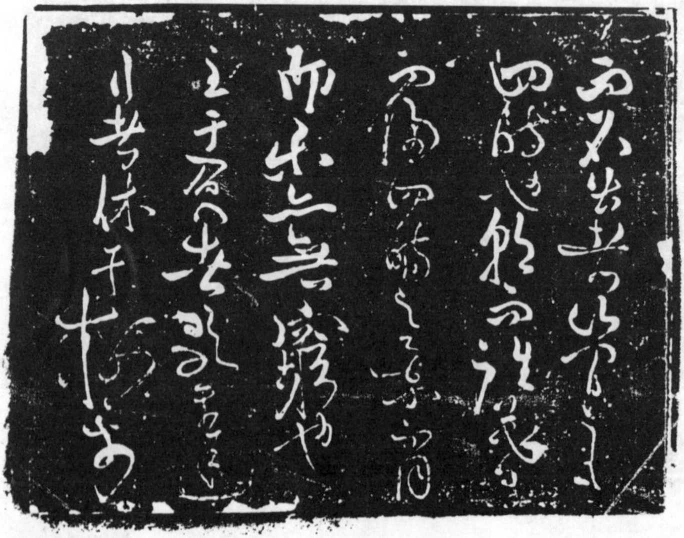

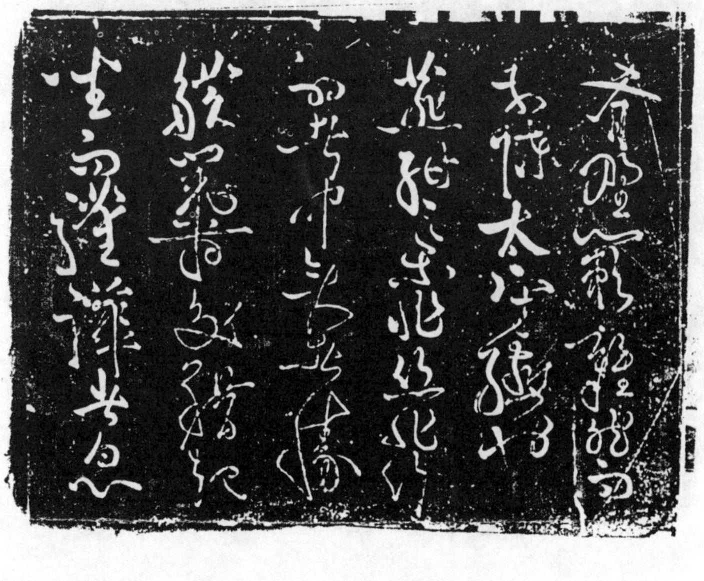

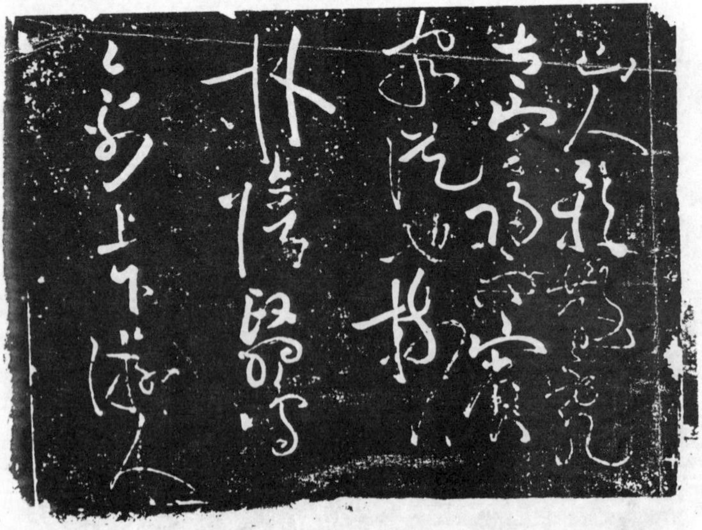

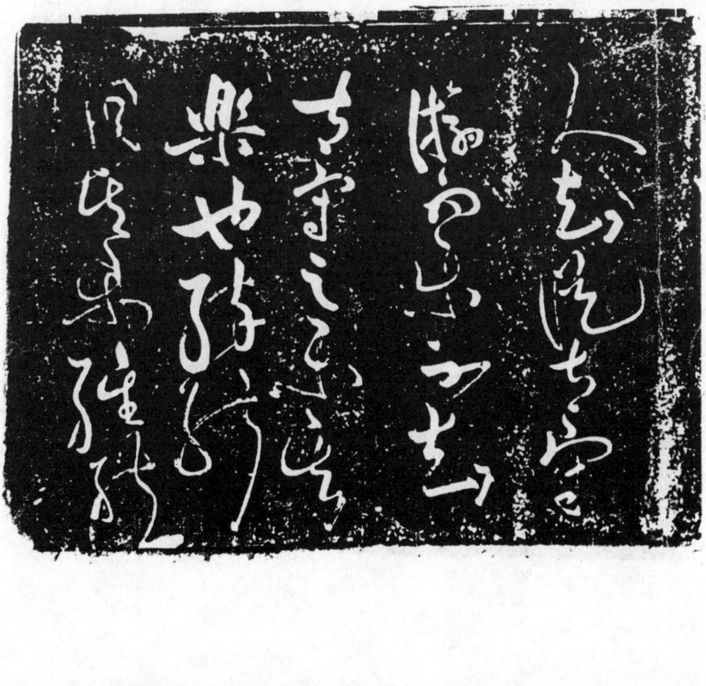

歐陽公也

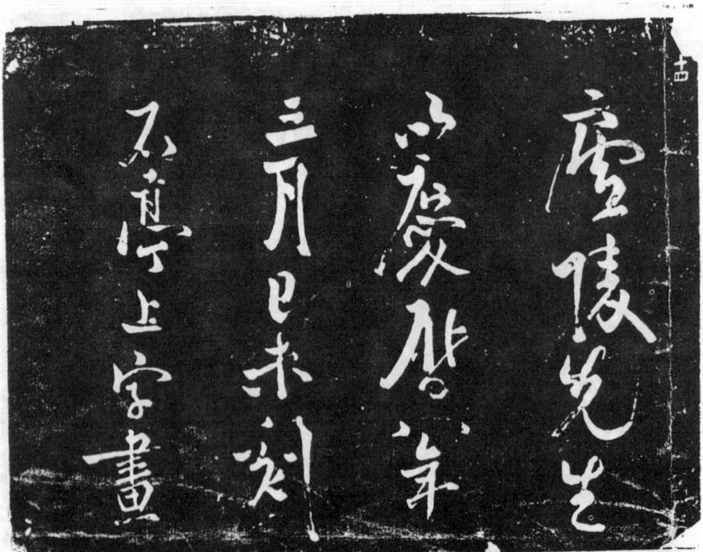
廬陵先生

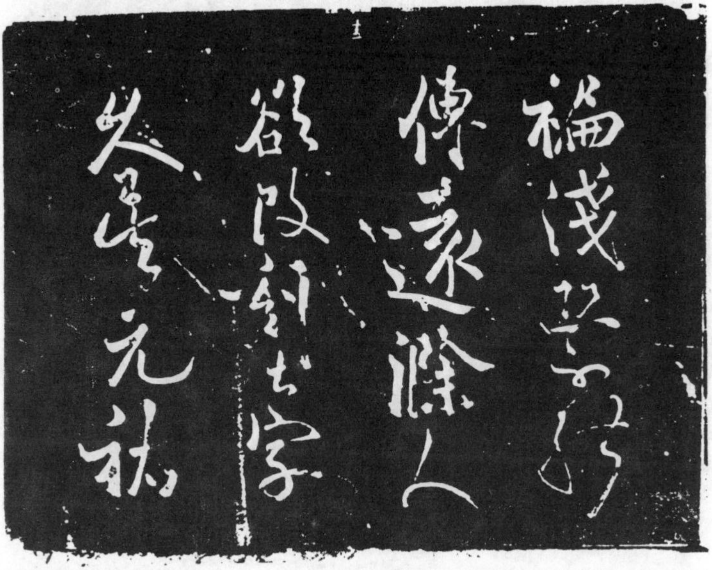

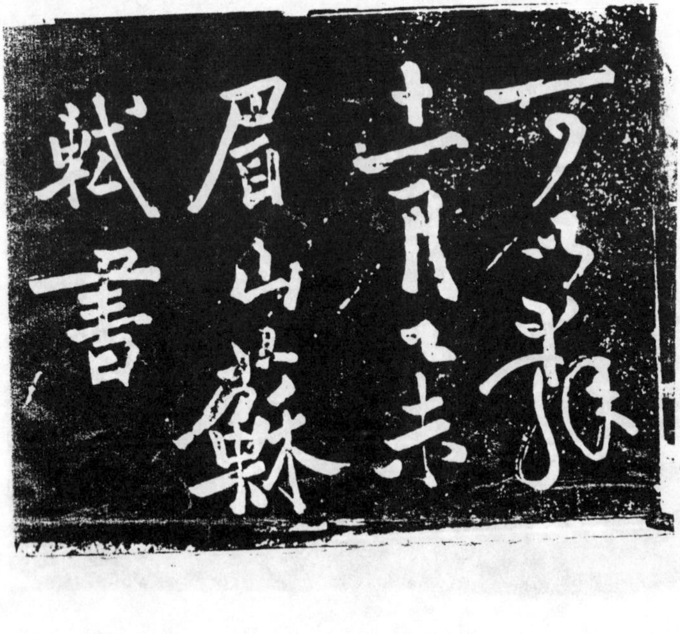

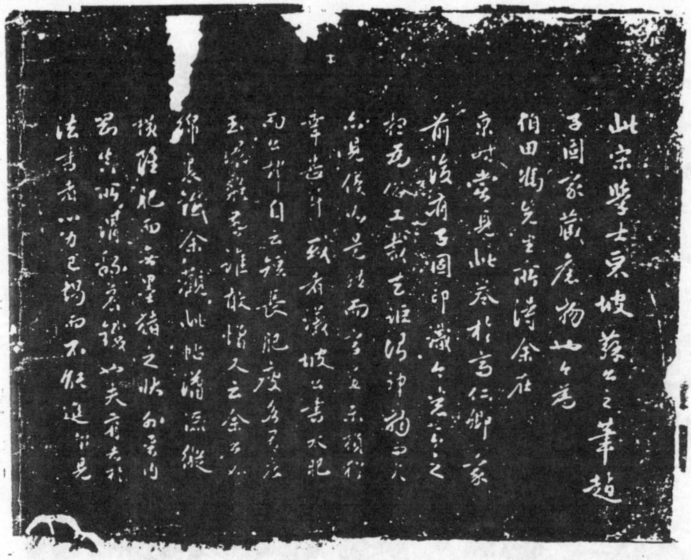
此宋學士東坡蘇公之筆迹

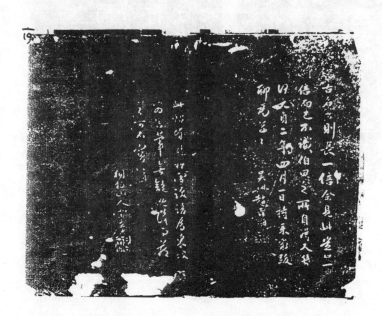

以大德二年四月一日持來求跋
吳興趙孟頫

宋蘇軾書醉翁亭記全文（楷書）藏滁州寶宋齋內

醉翁亭記
環滁皆山也其西南諸峰林壑尤美望之蔚然而深
秀者琅耶也山行六七里漸聞水聲潺潺而瀉出于
兩峰之間者讓泉也峰回路轉有亭翼然臨于泉上
者醉翁亭也作亭者誰山之僧曰智僊也名之者誰
太守自謂也太守與客來飲于此飲少輒醉而年又
最高故自號曰醉翁也醉翁之意不在酒在乎山水
之間也山水之樂得之心而寓之酒也若夫日出而
林霏開雲歸而巖穴暝晦明變化者山間之朝莫也
野芳發而幽香佳木秀而繁陰風霜高絜水清而石
出者山間之四時也朝而往莫而歸四時之景不同
而樂亦無窮也至於負者歌于塗行者休于樹前者
呼後者應傴僂提攜往來而不絕者滁人遊也臨谿
而漁谿深而魚肥釀泉為酒泉香而酒冽山肴野蔌

雜然而前陳者太守燕也燕酣之樂非絲非竹射者
中奕者勝觥籌交錯起坐而諠譁者衆賓懽也蒼顏
白髮頹然乎其間者太守醉也已而夕陽在山人影
散亂太守歸而賓客從也樹林陰翳鳴聲上下遊人
去而禽鳥樂也然而禽鳥知山林之樂而不知人之
樂人知從太守遊而樂不知太守之樂其樂也醉能
同其樂醒能述以文者太守也太守謂誰廬陵歐陽

脩也廬陵先生以慶曆八年三月己未刻石亭
上字畫淺褊恐不能傳遠滁人欲改刻太守久矣元
祐六年軾為潁州而開封劉君季孫自高郵來過滁
〻守河南王君詔請以滁人之意求書於軾〻於先
生為門下士不可以辭十一月乙巳眉山蘇軾書

明文徵明書醉翁亭記（楷書）藏臺北故宮博物院

醉翁亭記

環滁皆山也其西南諸峰林壑猶美望之蔚然而深秀者瑯琊也山行六七里漸聞水聲潺〻而瀉出於兩峰之間者釀泉也峰回路轉有亭翼然臨於泉上者醉翁亭也作亭者誰山之僧智仙也名之者誰太守自謂也太守與客來飲於此飲少輒醉而年又最高故自號曰醉翁也醉翁之意不在酒在乎山水之間也山水之樂得之心而寓之酒也若夫日出而林霏開雲歸而巖穴暝晦明變化者山間之朝暮也野芳發而幽香佳木秀而繁蔭風霜高潔水落而石出者山間之四時也朝而往暮而歸四時之景不同而樂亦無窮也至於負者歌於塗行者休於樹前者呼後者應傴僂提攜往來而不絕者滁人遊也臨溪而漁溪深而魚肥釀泉為酒泉香而酒洌山肴野蔌雜然而前陳者太守宴也宴酣之樂非絲非竹射者中奕者勝觥籌交錯坐起而諠譁者眾賓歡也蒼顏白髮頹乎其中者太守醉也已而夕陽在山人影散亂太守歸而賓客從也林樹陰翳鳴聲上下遊人去而禽鳥樂也然而禽鳥知山林之樂知人之樂人知從太守遊而樂而不知太守之樂其樂也醉能同其樂醒能述以文者太守也太守謂誰廬陵修也

嘉慶御覽之寶

余於梅韻堂展玩右軍黃庭經初刻見其筋骨內三者俱備後人得其一忘其一即唐初諸公覩視右軍墨跡尚不能得何況今日至其冰姿玉質宛如飛天仙人又如臨波仙子雖久為規撫而杳不能至近余且屏居梅韻齋中案頭日置黃庭經一本展玩踰時倦則啜茗數杯否亦握卷引卧再日類然如是者數月而右軍運筆之法多之愈出味之愈永然為執筆擬之終日不成一字近秋初氣爽偶檢閱歐陽公文集愛其婉逸流媚江傳歐陽公得昌黎遺稿于廢書簏中讀而心慕之若心探賾至忘寢食遂以文章名冠天下予輒有動于中因倣右軍作小楷數百餘字聊以寄意故云如鳳凰臺之於黃鶴樓也

皆

嘉靖三十年辛亥七月二十四日長洲文徵明書於玉磬山房時年八十有二

知州王詔（字景獻）轉請滁人之意于蘇軾，蘇軾此時任穎州知州，他是歐陽文忠公的學生，不便推辭，遂于十一月乙未（一〇九一年十二月二十三日）寫了草書，又于十一月乙巳（一〇九二年一月二日）寫了楷書，後者便是今天仍樹立在醉翁亭的刻石碑。

蘇軾，字子瞻，號「東坡居士」四川眉山人，生于仁崇景祐三年（一〇三六年），卒于宋徽宗建中靖國元年（一一〇一年），他的書法在當時與黃庭堅、米芾、蔡襄號稱四大家，并居首位，他書寫的「醉翁亭記」楷體碑，端莊淳厚，神韻飄逸，凝重厚實，豪氣奔放，是書法史上難得的佳品。

醉翁亭初建時，單獨一亭，北宋紹聖二年（一〇九五年）滁州人爲祭祀曾任滁州知州的王禹偁，歐陽修知州曾肇在醉翁亭北修建二賢堂，北宋宣和二年（一一二〇年）滁州知州唐恪在二賢堂西又建同醉亭（南宋嘉奉年間，滁州知州林標改名「漸入佳境亭」，南宋淳熙中滁州知州張商卿等題名于道旁勒岩，久廢。）到了明代，在醉翁亭周圍陸續增建了聽泉亭，意在亭、古梅亭、影香亭、寶宋齋，并整建菱溪石二賢堂等建築，逐步形成一個建築群。

由于醉翁亭是全國聞名勝迹，自建亭九百多年來，雖屢遭破壞，但從宋元豐七年（一〇八四年）開始，中經明代萬曆天啓年間，清代康熙光緒年間多次重建整修，保留了原建築風貌，并留有大批詩文碑刻，目前所見者，爲清光緒七年（一八八一年）全椒人薛時兩爲緬懷先人所重建，重建的醉翁亭，擴展成小型園林，內有「醉翁九景」佈局雖然雅綴，但情趣已不若當年，醉翁亭爲中國第四大亭，安徽滁州市遊憩勝地，吸引海內外觀光人士甚多。（附滁州瑯琊山醉翁亭豐樂亭位置圖）

醉翁亭建築群中，除醉翁亭外，僅菱溪石古梅亭兩處爲文忠公遺迹，寶宋齋陳設有醉翁亭重要碑記，二賢堂內立有文忠公塑像。

1. 醉翁亭

該亭位于醉翁亭院內右側，原建成于北宋慶曆六年（一〇四六年），現建築爲清光緒七年（一八八一年）全椒人薛時雨重建，并題書匾聯，其詞曰：

翁昔醉吟時，想溪山入畫，禽鳥親人，一官遷謫何妨，把酒臨風，只范希文素心可證。

我來憑眺處，悵琴操無聲，梅魂不返，十畝蒿萊重辟，捫碑剔蘚，幸蘇子瞻墨迹長存。

原聯毀，今人重書，民國時期及中共建國後，政府對該亭進行多次維修。

醉翁亭（圖十七）的結構，上頂爲歇山式，吻獸伏脊，飛檐翹角，十六立柱，周圍設置木欄，南北框門設有格花和浮刻花紋裝飾，亭內有晚清時期製作的「八仙過海」浮雕。檐下的「雀替」（古建築中彷上與柱相交處的托座）有八組古代故事的硬木透雕。亭旁山岩有南宋岩刻「醉翁亭」三個巨大篆字（圖十八），亭前，側旁有石刻多處，記載醉翁亭的興衰和贊詠該亭的詩文。（圖十九）

2. 二賢堂（圖二十）

在醉翁亭北側，宋代紹聖二年（一〇九五年）滁州人在此祭祀王禹偁和歐陽文忠公而建，滁州知州曾肇作文祭祀王歐二公，原堂已毀，今堂爲新建，上爲小瓦結頂，十六立柱三間通聯，格門格窗，堂內現立有歐陽文忠公塑像（圖二一），并陳列有歐陽文忠公全集，部份手迹照片和有關史料。堂外

滁州琅琊山醉翁亭豐樂亭位置圖

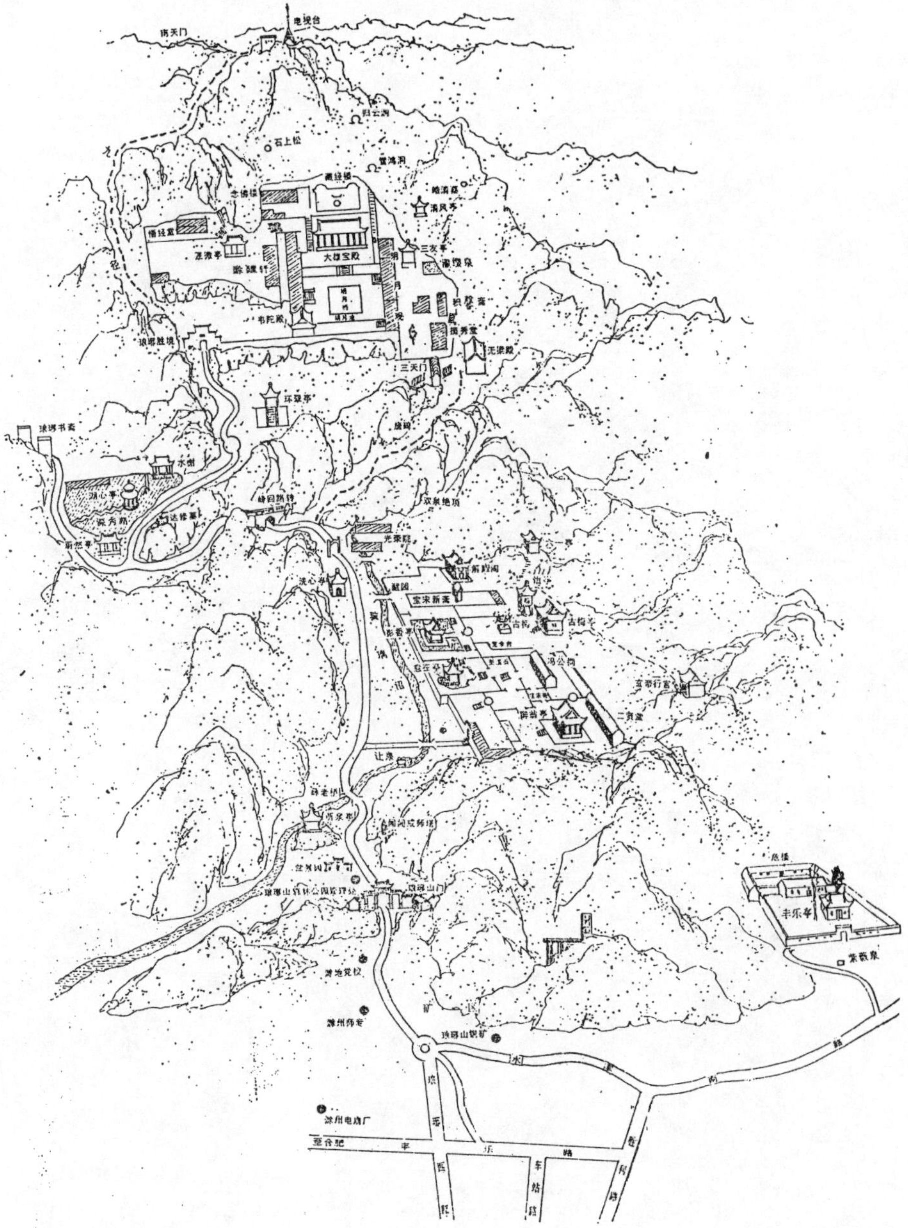

山岩有南宋岩刻「二賢堂」三個隸字，堂側石岩有古人題刻「雲根」二篆字。

3.寶宋齋（圖二二）

在醉翁亭西側，係明代天啓二年（一六二二年）南太僕寺少卿馮若愚所建，齋內立有蘇軾手書「醉翁亭」碑刻，另有明代尹夢壁的題贊刻碑及楊士奇重建醉翁亭記，明代葉向高重修醉翁，樂豐亭記，清代薛時雨重建醉翁亭碑記。

宋蘇軾手書「醉翁亭」碑刻，由于年代久遠，風雨剝蝕，字跡漫衍殘損，能認識者僅之二三，幸近年從古籍書店發現一本明代拓本，一九八一年，滁縣瑯琊山管理處以此本雙鈎勒石，複製四通新碑，在醉翁亭醒園內新建「寶宋新齋」，將複制碑陳列于齋內。

明楊士奇重建醉翁亭記

楊士奇（一三六五－一四四四年）字寓，江西泰和人，明仁宗時任禮部侍郎兼華蓋殿大學士。

永樂庚子冬，被召赴北京，過滁登瑯琊山，問醉翁亭，但見寒蕪荒址，惟「醉翁亭」「二賢堂」大字隱隱岩石間，嘆曰：此邦先賢之迹，棄不治如此，其政可知，太息。

去後六年，大僕寺卿天臺趙君次遷至，君素慕公賢，又知滁人思公不忘也，出俸倡寮，及滁人復作醉翁亭，而刻公所爲記置亭中，亭後作堂，祀公及王元之，元之文章，及立朝大節，與公相望，合而祀之，因滁之舊也，又疏六一泉，加石甃焉，于是滁人歲時謁拜二賢，退而歌咏公之文章，又徘徊泉上，如親見公之樂乎此也，而又以慰其不忘君子之心焉。

昔召公布政南國，後人思之，至不忍傷其所息之木，而況公嘗樂于此者乎。君子之感人心，固自有不能已者，而非有賢者倡率于上，則亦莫能遂所欲爲，此滁人所以有待于趙君也。趙群字孝禮，所至以賢能稱，相斯舉者，太僕少卿蘇實，龐塤，丞楊文達、孫暠、宋載、劉壁、簿舒伯、治及滁人褚士良等十人。

明葉向高重修醉翁豐樂亭記

葉向高（一五五九—一六二七年）字進卿，號臺山，福建福清人，明萬曆年間進士，官至吏部尚書兼東閣大學士。

醉翁，豐樂二亭，皆以歐陽文忠公故聞于天下，余三過滁陽，皆未成遊。甲辰之冬，以報滿道滁，則仲山林先生長僕寺聞余來甚喜，治具飲余于豐樂，詰朝遊醉翁，放于瑯琊觴焉。于是生平之所心艷神往，以爲不了之願者，至是而始償。顧其山童水涸，求所謂林壑之美，蔚然而深秀者，差不逮干。所聞亭之翼然者，寢以頹，釀泉之潺然者，寢以淹塞而不治也。心竊嘆之，州守盧君謀修葺而未竟。其明年，余復至留都，仲山先生則以書告余曰：吾頃者再遊醉翁矣，是非與子同遊之醉翁也。吾視其途徑甚殊，其若堂若閣若祠，無不飾者。其泉之翳郁者，浚而加香，且護以周垣，毋使滓穢矣。其梅之手植于文忠者，若增芳妍，其亭之爲見梅者，則以舊牆之障礙而鑿之，甬之門而樓之，其池之環亭者，疏泉注之，毋使虞涸。又周爲石欄，可倚而臨池且望梅也。其循池東折復南而爲皆春亭，業已久圮，則砌而新之，旁之曰：「山高水清」，又決池水環之，復注爲半池，如塊如鈎，疏而爲澗，可以流觴矣。其余力之及于豐樂者，輪奐奕然，可以覽息。凡此皆守君之畫也。其本石佣作之費爲金百，而醉翁居十之八。公帑民間，不費一錢，凡此皆守君之捐也。夫吾與子之遊，于今半載耳，而景象之異，至于如此。吾恨不得與子載酒其間，共賞今日之勝，願吾子記之。

余惟知自元祐以前，瑯琊之山川寂寥無聞，至文忠而始著。自文忠以後，瑯琊之山川雖著，久而漸以圮廢，至今日而始復。計其時世，皆當國家熙隆，久道化成之日，良爲不偶顧。方宋之盛，滁介江淮，舟車商賈之所不至，其民得安于甽畝衣食，以樂生送死，守土之臣得因民之樂，以流連名勝之區而脫然于鳳塵鞅掌之外，固亦其地使之然者，而今日之滁則南北冠蓋之所經，中使之所驛騷，其民困於征發，而失其本業，蕭條窮苦，無以爲生，爲長吏者亦日奔走逢迎，束帶于腰，經營廚傳之不暇，而暇及于山水之樂，又使其民從之遊而樂乎？蓋其時勢之不同，有如此者，守君日夜孜孜拊循其疲民而與之休息，故其民雖病而有起色，而勞頓困慼而常有寬然自裕之意。而守君因得以其暇隙，搜訪名賢之故迹而復其舊觀，使滁之人傴僂提攜而往遊者，幾若文忠之盛，以今程昔，其難易不十倍哉。而文忠爲守，雖日以蒼顏白髮頹然于兩亭之間，不聞其時有如林先生者，以一代名流從容覽眺，以共增山水之重，是尤守君之可自詫于文忠者也。獨余荒陋之辭，無能望文忠後塵，是爲愧守君矣，爰記其事，以復林先生，先生名烴，號仲山，閩縣人，守君名洪夏，浙東陽人，役在萬曆甲辰冬，不逾月而竣，董其事者，爲判官劉如湯，吏目方其儉。

清光緒七年薛時雨重建醉翁亭碑記

薛時雨（一八一八—一八八五年）字慰農，號澍生，安徽全椒人清咸豐四年（一八五四年）進士，官至杭州知府。光緒七年（一八八一年）來滁州遊瑯琊山時，集資重建醉翁亭，後又重修豐樂亭。

山水之氣象，歷數千載，賢人君子之氣象，則數十年耳。而宇內名勝之地，氣象映發，若有藉于賢人君子者焉。焦山以孝然名，栗里以元亮名，永嘉以靈遠名，柳州以子厚名。數君子以前，山川流峙而無聞焉者，待賢人君子而後傳，傳而後永。醉翁當宋全盛，治滁不三年，滁之山水遂托于醉翁，而氣象始發唐之書公，燕寢之盛集，煮石之遐寄，猶若讓美焉。

時雨幼讀東坡詩云：「醉翁行樂處，草木亦可敬。」桑根蔽廬，去滁山五十里而近，往來策蹇，憑歐梅之亭，拓子瞻之碑，悠然有懷當日賓客之遊，太守之醉，不知平山堂下，潁州西湖，又當如何？但覺衣冠談笑，若思亭所獨留，以予後人之尙友。

時雨忝冒纓紱，作吏廿年，浩然青山，仰企醉翁歸田之錄，重尋舊遊，而醉翁亭已鞠爲茂草。大兵之後，宇內名勝蕪廢十七八。時雨滁人言滁，惄焉傷之，拙宦退耕，莫慰其修復之志。盱眙吳勤惠公時任蜀帥，方將移家爲滁寓公，時雨雅故，以書干之，慨于同心。使相曾文正公，學歐公之學者也，題名首倡，于是鄂帥李公喆第節相繼之。皖大府英果敏公，今浙閩制府何小宋方伯，皖人督師劉省三軍門以下，各分秦界，時雨樂觀厥成，顧斯亭舊觀未盡還也。

時雨養疴石城講院，蓄此耿耿又七年矣。今年復布書問當路巨公，得裕壽山中丞，廬藝圃方伯，胡履平廉訪提挈群賢，再畀兼金，時雨繕完之志，至是而始遂，其所以孳孳十餘年，不惜以退廢之身，數數于當軸公卿，若干以身家之私者，而諸公之應之者先後如響，豈徒以山林寂寥中增此流連觴咏之區，付諸丹青，發以詩歌之爾，亦願宰治良吏皆觀感歐公之流風善政，而疆域平安，民物殷盛，天下之太平，長若醉翁之世，于是乎酒甘泉冽，嘯咏名山氣象如斯，不亦美乎？

時雨老矣，撫滁山之草木，有生敬于昔賢，且生敬于諸公之好古樂善，曷敢輕言尙友也哉。聚資并依漢人碑陰之例，具題名于貞石焉。

清光緒七年龍集辛巳十一月

4. 菱溪石

位於醉翁亭園馮公祠南，意在亭北側，這塊大石爲宋慶曆六年（一〇四六年）歐陽文忠公從滁州東鄉菱溪塘邊用三牛曳之，立于豐樂亭旁，供滁人歲時嬉遊，後人將此區石移至醉翁亭院內，文忠公曾作「菱溪石記」與「菱溪大石」（圖二三）詩文爲記。

菱溪石記

菱溪之石有六，其四爲人取去，其一差小而尤奇，亦藏民家，其最大者偃然僵臥于溪側，以其難徙，故得獨存，每歲寒霜落，水涸而石出，溪傍人見其可怪，往往祀以爲神。

菱谿，按圖與經，皆不載，唐會昌中，刺史李漬爲「荇谿記」，云水出永陽嶺，西經皇道山下，以地求之，今無所謂荇谿者，詢于滁州人，曰：此谿是也，楊行密作淮南，淮人爲諱其嫌名，以荇爲菱，理或然也。

溪傍有遺址，云故將劉金之宅，石既劉氏之物也，金爲吳時貴將，與行密俱起合肥，號三十六英雄，金其一也，金本武夫驍卒，而乃能知愛賞奇異。爲兒女之所好，豈非遭逢亂世，功成志得，驕矜富貴之佚欲而然耶？想其陂池臺榭，奇木異草，與此石稱，亦一時之盛哉。

今劉氏之後，散爲編氓，尙有居溪旁者，予感夫人物之廢興，惜其可愛而棄也，乃以三牛曳置幽谷，又索其小者，得于白塔民朱氏，遂立于亭之南北，亭負城而近，以爲滁人歲時嬉遊之好。

夫物之奇者，棄沒于幽遠則可惜，置之耳目，則愛者不免取之而去。嗟夫！劉金者雖不足道，然亦可謂勇悍之士，其生平志意，豈不偉哉！及其後世，荒堙零落，至于子孫氓沒而無聞，況欲長有此石乎？可爲富貴者之戒，而好奇之士，聞石而來，可以一覽而足，何必取而去也哉。

菱溪大石

新霜夜落秋水淺，有石露出寒溪垠。
苔昏土蝕禽鳥啄，出沒溪水秋復春。
溪邊老翁生長見，疑我來視何殷勤。
愛之遠徙向幽谷，曳以三犢載兩輪。
行穿城中罷市看，但驚可怪誰復珍。
荒煙野草埋沒久，洗以石竇冷清泉。

朱欄綠竹相掩映，選致佳處當南軒。
南軒旁列千萬峰，曾未有此奇嶙峋。
乃知異物世所少，萬金爭實傳幾人。
山河百戰變陵谷，何爲落彼荒溪濆。
山經地志不可究，遂令異說爭紛紜。
皆云女媧初鍛煉，融結一氣凝精純。
仰視蒼蒼補其缺，染此紺碧瑩且溫。
或疑古者燧人氏，鑽以出火爲炮燔。
茍非神聖親手迹，不爾孔竅誰雕剜？
又云漢使把漢節，西北萬里窮崑崙。
行經于闐得寶玉，流入中國隨河源。
沙磨水激自穿穴，所以鐫鑿無瑕痕。
嗟予有口莫能辨，嘆息但以兩手捫。
盧仝韓愈不在世，彈壓百怪無雄文。
爭奇鬥異名取勝，遂至荒誕無根原。
天高地厚靡不有，醜好萬狀奚足論。

惟當掃雪席其側，日與嘉客陳清樽。

5. 古梅亭及古梅

位于影香亭北側，明代嘉靖十四年（一五三五年）滁州判官張明道爲觀賞古梅花，在古梅北側建四角廳堂一座，命名「古梅亭」（圖二七），民國十七年（一九二八年）州人書法家黃藝五在堂後岩壁題「古梅亭」篆刻一方，將此建築改稱爲古梅亭，亭內有碑六塊，係清代張鵬翮、張榕端題詩，堂前梅花相傳爲歐陽文忠公親手所植，原梅已枯萎，此株爲明代嘉靖年間後人補植，梅臺壁嵌有清順治九年（一六五二年）李嵩陽題篆的「花中巢許」四字石碑，古梅亭現爲遊客休息飲茶之處。

張鵬翮詩，詠歐梅二首。

張鵬翮（一六四九—一七二五）字遠清，四川遂寧人，清康熙年間進士，官至河道總督，武英殿大學士，著有「忠武志」「敦行錄」等。

其一

醉翁亭畔古梅開，正值衡文使節來。
自昔廬陵留勝迹，於今絲管樂銜杯。
峰回路轉蒼煙合，鳥語花香落日催。
大雅遺音猶未墜，天培老幹傲凡才。

其二

孤芳先向百花開，拂檻西風匝地來。
影照讓泉留夜月，香浮曲水點霞懷。
成蔭結寔調羹用，鐵骨冰心淑氣催。
千古歐陽手澤在，北枝彷彿歲寒材。

張榕端詠古梅二首

張榕端生卒年不詳，字子大，號補園，河南滋州人，清康熙年間進士，授編修，視學江南，官至内閣學士。

其一

峰圍四面古亭遺，六一風流宛在茲。
曲登殘碑留此日，夕陽啼鳥憶當時。
冰姿秀挺古梅幹，石罅根盤老樹枝。
但得醉翁山外客，低回今昔總相宜。

其二

絳紗擕向讓泉開，為訪名賢手植來。
疏影夜橫僧寺檻，暗香春滿醉翁懷。
筆花竟拂苔濺吐，岭蕊還憑藻句催。

心賞忝隨冰雪後，會看調鼎軼群材。

6. **讓泉**

在醉翁亭前玻璃沼南岸，泉水潺潺，清澈可鑒毛髮，泉周圍用石缺砌成方池，約四平方米，水出池後匯入玻璃沼中，池旁有清康熙二十三年（一六八四年）滁州知州王賜魁立的「讓泉」（圖二八）二字碑刻，泉水溫度終年變化不大，保持在攝氏十七、八度，泉水注入杯中，雖滿而不外溢，甘甜適口。

7. **醴泉**

在醉翁亭東南，已湮沒，據「滁州志」載：「……歐陽修至滁得醴泉于醉翁亭東南，一日宴僚佐，有獻新茗者，公敕汲泉瀹之，汲者道仆覆水，僞汲他泉以代。」

8. **豐樂亭**（圖二六、二七）

豐樂亭位于豐山，緊靠滁州城西郊，豐山海拔二四米，其名傳說不一，一說東晉時豐沛之人南遷，故有豐山和僑置的沛縣之稱，一說此山「體豐」并「歲倚以豐」，故名豐山。古代民諺「豐山看帽，豐年之兆。」歐陽文忠公建亭取名「豐樂」，也接近此義。豐樂亭在豐山東北麓，宋慶曆六年（一〇四六年）歐陽文忠公建，當時，文忠公飲茶，品嘗水味甘甜，詢侍從取自何處，并親往察看，見泉「上則豐山，聳然而特立，下則幽谷，窈然而深藏，中有清泉，滃然而仰出。俯仰左右，顧而樂之。」于是，「疏泉鑿石，辟地以爲亭。」因地處豐山腳下，又因當年五谷豐登，萬民歡樂，乃將此亭命名「

宋豐樂亭記　安徽通志　金石古物考稿

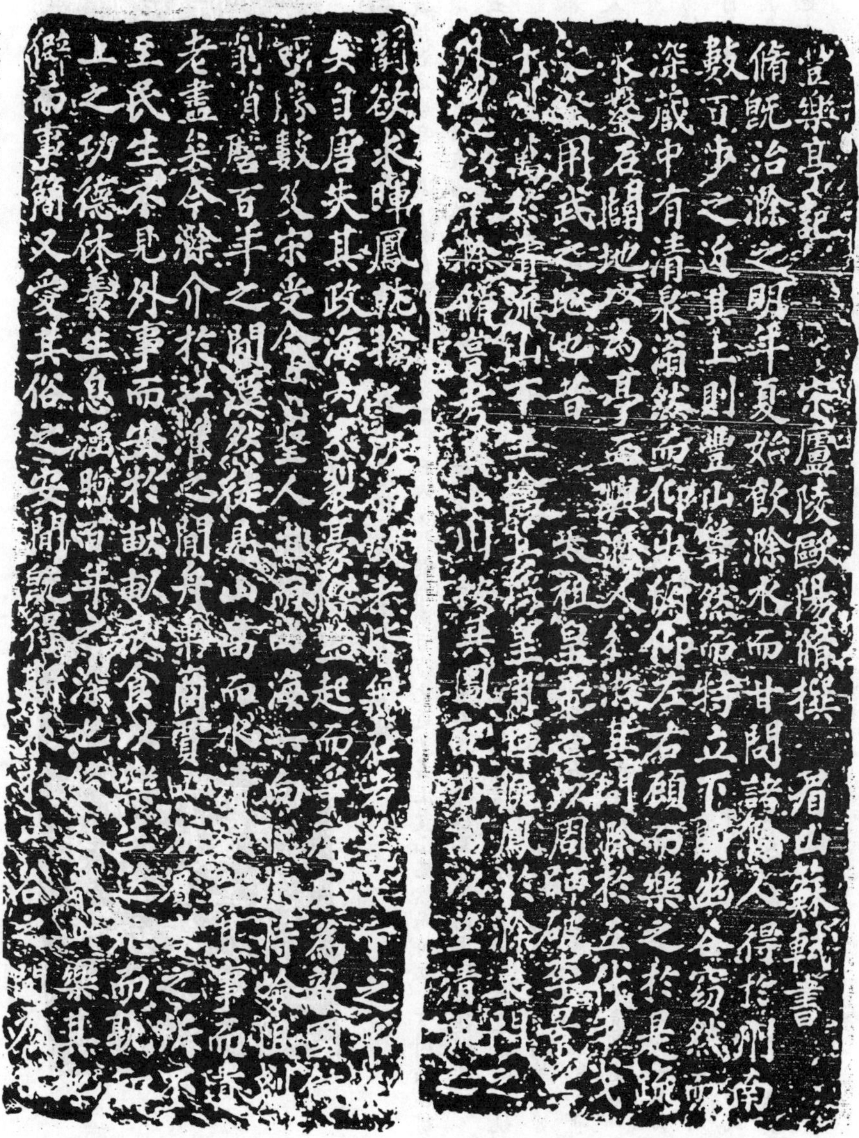

豐樂亭記

宋廬陵歐陽修撰　眉山蘇軾書安徽通志　金石古物考稿

脩既治滁之明年，夏，始飲滁水而甘，問諸滁人，得於州南百步之近，其上豐山聳然而特立，下則幽谷窈然而深藏，中有清泉滃然而仰出，俯仰左右，顧而樂之，於是疏泉鑿石，闢地以爲亭，而與滁人往遊其間。滁於五代干戈之際，用武之地也。昔太祖皇帝，嘗以周師破李景兵十五萬於清流山下，生擒其將皇甫暉、姚鳳於滁東門之外，遂以平滁，修嘗考其山川，按其圖記，升高以望清流之關，欲求暉鳳就擒之所，而故老皆無在者，蓋天下之平久矣。自唐失其政，海內分裂，豪傑并起而爭，所在爲敵國者，何可勝數，及宋受天命，聖人出而四海一，向之憑恃險阻，剗削消磨，百年之間，漠然徒見山高而水清，欲問其事，而遺老盡矣，今滁介於江淮之間，舟車商賈，四方賓客之所不至，民生不見外事，而安於畎畝衣食，以樂生送死，而孰知上之功德，休養生息，涵煦百年之深也。修之來此，樂其地僻而事簡，又愛其俗之安閒，既得斯泉於山谷之間，乃日與滁人仰而望山，俯而聽泉，幽芳而蔭喬木，風霜冰雪，刻露清秀，四時之景，無不可愛，又幸其民，樂其歲物之豐成，而喜與予游也，因爲本其山川，道其風俗之美，使民知所以安此豐年之樂者，幸生無事之時也，夫宣上恩德，以與民共樂，刺史之事也，遂書以名其亭云。

豐樂亭」，并作「豐樂亭記」以敘其事。（圖二八）

豐樂亭爲十六立柱挑檐翹角的四方亭，亭壁鑲有文忠公作蘇軾手書的「豐樂亭記」及吳道子繪「觀自在菩薩像石刻」，九百多年，歷經毀重修，一九六三年滁縣文教局曾派人對其中各項建築古迹加以維修，供人民遊覽，文化大革命中，古迹碑刻損毀，目前中共軍方在風景區新建油庫，列爲禁區，不能開放遊覽，地方政府正在積極籌劃恢復昔日舊觀，開放觀光。

9. 紫薇泉

在豐樂亭幽谷東南山坡，宋慶曆六年（一〇四六年）歐陽文忠公鑿疏，取名幽谷泉，宋元祐二年（一〇八七年）滁州知州陳知新重修此景，改名紫薇泉（圖二九），明代嘉靖年間閏人佺修葺，里人章元玠爲泉題書，并立碑于泉上，清代光緒九年（一八八三年）薛時雨再次重修，目前，紫薇泉尙保存完好，而石碑卻毀于「十年動亂」中，此泉泉水甘甜，常年湧流不絕。

有關紫薇泉發現經過記述：

歐陽文忠公平生有三大嗜好：作文、飲酒、品山泉，任滁州知州時，喝醉翁亭旁的讓泉喝對了味，總愛叫人從山上提些泉水回去，留著烹茶待客。他逢人更誇說：「滁州山青水秀，魚米豐盛，民風淳厚，山泉甘美，是個好地方。」

一天，文忠公一位好友從江西來滁州拜訪，還特意獻給「雲霧山茶」一包，文忠公說：「讓泉水泡雲霧茶，味道一定很美。」他留下客人後，急令侍從往讓泉取水烹茶。

取水侍從在讓泉取水，忙著往州衙內趕，走至半路，忽然天色大變，大風捲起烏雲，眼看要下大雨，急忙回跑。一不小心，腳被絆倒，所取之水，全部潑光，心急如焚，且時候不早，再往讓泉取水，往返不及，空手返衙，恐被責罵，忽然想起，此山腳下有片翠竹林，竹林園邊有一個泉水洼子，小時到山上打棗子時，常喝此泉水，又甜又涼，怪好喝的，侍從三步二步跑去，「咕嘟嘟」灌滿一罐泉水，提回衙內烹茶。

茶煮好了，端了上來，歐陽文忠公陪著客人喝茶，他喝了一口，品品味，又喝了一口，用嘴咂咂，連聲說：「好！好！」

客人也說：「用這讓泉水泡茶的確妙不可言。」

文忠公說：「這水不是讓泉水，可比讓泉水好上三分。」

「翁公，何以見得此水是別處山泉？」客人很奇怪。

「你若不信，待我問個明白。」文忠公說完，叫來侍從問道：「這是那裡的水。」

侍從心中一驚，但仍假裝鎮靜地答道：「是從讓泉汲的。」

文忠公說：「你不要騙我，我已經品出這水與讓泉不同，還不寔告與我！」

侍從這才「撲通」一聲跪倒，說出實話，文忠公說：「明日引我去看看這眼山泉。」

第二天侍從在前引路，文忠公來到山泉邊，見一眼泉水水色碧澄，水面不停地日著水泡，圓圓的水珠像珍珠一樣好看，文忠公舀起泉水連連呷了幾口說：「好泉，好泉。」

回到府中，文忠公命人沿著泉砌了一個方池，又研墨舖 揮筆寫了「幽谷泉」三字，命人刻石立在泉旁，爾後，又在泉旁建一座亭子，取名叫「豐樂亭」并作「豐樂亭記」。

宋慶曆七年（一〇四七年）文忠公至梅聖俞的信說到造亭的始末：「……去年夏中，因飲滁水，甚甘，問之，有一土泉在城東百步許，遂往訪之，乃一山谷中，山勢一面高峰，三面竹嶺，回抱泉上，舊有佳木一二十株，乃天生一好景也，遂到其泉爲石池，甚清甘，作亭其上，號豐樂，亭亦宏麗，又於州東五里許菱溪上，有二怪石，乃馮延魯家舊物，因移在亭前，廣陵韓公聞之，以細芍藥十株見遺，亦植于其側，其他花竹，不可勝紀，山下一徑，穿入竹篠蒙密中，豁然路盡，遂得幽谷，已作一記，未曾刻石。……」可見從前豐樂亭是怎樣的名勝，與文忠公同時代的人像蔡君謨，蘇子美，梅聖俞，都有詩記述，他們在此地飲泉聽泉，一種悠閑的風度，今日遊覽此間的人，想像起來，是「眇然爲何」了。從前這裡的幽谷泉景象，已不可見，只有文忠公一首「幽谷泉」詩，尙保存，其詩日：「踏石弄泉流，尋源入幽谷，泉傍野人家，四面深篁竹，溉稻滿春疇，鳴渠遶茅屋，生長飲泉甘，蔭泉栽美木，潺潺無春冬，日夜響山曲，自言今白首，未慣逢朱轂，顧我應可恠，每來聽不足。」

10. 醒心亭

在豐樂亭東南數百步山坡上，爲宋慶曆六年（一〇四六年）文忠公所建，宋代曾鞏曾撰「醒心亭記」，亭久廢。

11. 危 樓

曾名九賢祠，原爲樓，上下各三間，青磚小瓦結構，立王禹偁畫像于內壁，文忠公作「書王元之畫像側詩」，其詞曰：

偶然來繼前賢迹，信矣皆如昔日言；
諸縣豐登少公事，一家飽暖荷君恩；
想公風采常如在，顧我文章不足論；
名姓已光青史上，壁間容貌任塵昏。

以表達對王禹偁的敬仰，宋紹聖年間改稱「九賢祠」，祭祀滁州刺史李幼卿、書應物、李德裕、李紳、韓思復和宋代滁州知州王禹偁，歐陽修、張方平及曾肇等九人。此樓毀于清代嘉慶年間，道光二十四年（一八四四年）滁州知州李藝圃重修。光緒二十二年（一八九六年）滁州知州熊祖詒又行重修，將「危樓」改爲平房。

12. 六一亭

在醉翁亭園內怡亭西北山坡上，宋代末年，滁州人爲紀念文忠公而建，文忠公晚年更號「六一居士」，故名「六一亭」（圖三〇），亭爲六柱六角，原亭毀于民國初年，現亭爲一九八三年重建，亭旁山岩有陸鶴題書隸字「六一亭」岩刻（圖三一）。

十、文章太守在揚州

慶曆八年（一〇四六年）閏正月，歐陽文忠公自滁州徙知揚州（江蘇江都）今爲揚州市。

揚州在文忠公生前，曾建生祠，歲久祠廢，改祀于平山堂，揚州府志雍正十一年刻本，卷十四祠祀載：「歐陽文忠公祠」云：「宋慶曆中，歐陽文忠公知揚州，民感其德，爲立祠，歲久圮廢，改祀于平山堂後樓。」

1. **平山堂**（圖三二、三三）

平山堂位于揚州蜀岡中峰大明寺（圖三四、三五）內，建于宋仁宗慶曆八年（一〇四八年）時，文忠公任揚州太守，極欣賞此池清幽古樸，于是建堂于此，堂落成後，親自佈置花木，有詩云：

深白淺紅宜相間，疏密還須仔細栽。

我思四時攜酒往，不叫一時不花開。

文忠公另在堂前植垂柳一株，後人稱爲「歐公柳」，據碑記載：「平山堂在蜀岡上，宋歐陽修建，以南徐諸山拱立環向望與檻平，因名平山堂。」當時梅堯臣、劉攽、王安石、蘇軾、蘇轍、秦觀諸人，皆有唱和之篇，山堂于元代一度荒廢，明代萬曆年間重新修葺，清代咸豐年間，山堂毀于兵燹，復于同治九年（一八七〇年）重建。

據葉夢得著「避暑錄話」卷一記載：「歐陽文忠公在揚州作平山堂，壯麗爲淮南第一堂，上據蜀岡，下臨江南數百里，眞、潤、金陵三洲，隱隱若可見。公每暑時，輒凌晨攜客往遊，遣人走邵伯取荷花千餘株，分畫盆分插百許盆，與客相間，酒行，即遣妓取一花待客，以次摘其葉，盡處則飲酒，往往侵夜載月而歸。」如今堂上的「風流宛在」，「坐花載月」的匾額，正是對文忠公軼事的追懷。

文忠公自皇祐元年（一〇四九年）調離揚州，一直懷念，嘉祐八年（一〇六三年）劉貢父出知揚州，文忠公有「朝中措，平山堂。」詞相送，詞曰：

平山欄檻倚晴空，山色有無中，手植堂前垂柳，別來幾度春風，文章太守，揮毫萬字，一飲千鐘，行樂直須年少，樽前看取衰翁。這首詞石刻，至今還嵌在山堂前廊壁上。

文忠公曾于平山堂前植柳一株，人稱「歐公柳」，今已不存，補植瓊花及紫藤，目前堂前紫藤架，生長茂盛。公守揚州時，年剛過四十，塡此詞詩，已年近五十，故詞稱衰翁，可惜的是由壯而衰，文忠公未能再到揚州。

平山堂宏宇五楹，面闊五間，前有卷廊，後有短廊與「谷林堂」相接，堂內中懸「平山堂」匾額，并有歷代名人的書畫和碑文，徐仁山集范仲淹「岳陽樓記」，歐陽修「醉翁亭記」，王禹偁（黃岡竹樓記），蘇軾（放鶴亭記），宋代四大散文家四個名篇的句子而成的名聯：

銜遠山，呑長江，其西南諸峰林壑尤美；

送夕陽，迎素月，當春夏之交草木際天。

此聯以巧妙集句手法，貼切地表現出山堂迷人景色，讀後令人心曠神怡。可惜今已不存，今遊「平山堂」見到的是：

「曉起憑欄六朝青山都到眼，晚來對酒二分明月正當頭。」的楹聯，堂前的抱柱更有楹聯：「山色湖光歸一覽，歐公坡老時千秋。」古往今來，多少墨客騷人陶情于此。

宋熙寧七年文忠公學生蘇軾由徐州改知湖州路過揚州時，老師已逝世，舊地重遊，回首往事感慨萬千。曾在平山堂寫下一首「西江月」悼念其師云：

「三過平山堂下，半生彈指聲中，十年不見老仙翁，壁上龍蛇飛動，欲予文章太守，仍歌楊柳春風，休言萬事轉頭空，未轉頭時皆夢。」如今也嵌在大堂牆望間，遊人佇立碑前，朗誦詩文，感嘆不已！

宋末以後，揚州幾經動亂，平山堂一度荒蕪，元代陳孚平山堂詩云：

堂上醉翁仙去，蘆花雪滿汀洲，二十四橋煙水，爲誰流下揚州。

秦少游遊平山堂後，曾作詩云：「棟宇高開古寺間，盡收佳處入雕檻，山浮海上青螺遠，天轉江南碧玉寬，雨檻出花滋淺淚，風後清酒漲微瀾，遊人若論登臨美，須作淮東第一觀」，而今人們都將平山堂稱之爲「淮東第一觀」。

康熙南巡時，賜「平山堂」、「賢守清風」、「怡情」、「澄曠」四額，并制「平山堂」詩二首。乾隆三次南巡，第一次咏「平山堂作」詩中有「蜀崗可是希吳苑，永叔何曾遜謝安」句，第二次咏「游平山堂」詩中有「畫舫輕移邗水濱，人思六一重游巡」句。第三次所咏「平山堂一律」詩中有「西寺西頭松竹深，歐陽舊迹試遊尋」句。可見康熙、乾隆對開一代新風逾四世不朽的文學大師歐陽文忠公景慕之情。

康熙、乾隆詩刻現置于「御苑」御碑亭內（亦稱西園、芳園）。

平山堂後廊直通谷林堂，谷林堂之後，爲文忠公祠。

2. 谷林堂

宋元祐七年（一〇九二年），蘇軾自潁州徙知揚州，自春正月至秋七月，僅半載時光，公餘常至「平山堂」詩酒流連，爲紀念其恩師歐陽文忠公，于佛殿後建堂，秋初堂成，蘇爲題名曰：「谷林堂」，并作「谷林堂」詩一首：

深谷下窈窕，高林合扶疏，美哉新堂成，及此秋風初，我來適過雨，物至如娛予，穉竹眞可人，霧節已專車，老槐苦無賴，鳳花欲塡渠，山鴉爭呼號，溪蟬獨清虛，寄懷勞生外，得句幽夢余，古今正自同，幾月何必書。

谷林堂幾經興廢，目前尚保存完整，堂上木刻匾聯與勒石詩詞甚多。

3. 歐陽文忠公祠

文忠公祠，位于揚州平山堂，谷林堂後，宋慶曆年間建，歲久圮廢，清光緒五年鹽運使歐陽正墉重建，費白金五千餘，有石刻平江李元度所撰碑文，嵌于祠外西偏壁上，祠五楹，以楠木造成，規模宏大，中楹供石刻文忠公畫像（見圖），此像係恭摹清內府藏本，並

歐陽文忠公祠石刻像

附祀蘇文忠公，上懸「六一宗風」，運使歐陽正墉題，并題聯云：「歌吹有遺音，溯坡老重來，此地宜賡楊柳曲；宦游留勝迹，訪先人手植，幾時開到木蘭花。」歐陽利見聯曰：「山與堂平，千古高風傳太守；我生公後，二分明月夢揚州。」徐轉運文達聯云：「酒酌碧筒杯，到此山翁仍一醉；文成青史筆，允宜坡老定千秋。」

清平江李元度撰平山堂重建歐陽文忠公祠記（見圖）

李元度字次青，湖南平江人，自號天岳山樵，晚又號超然老人，道光舉人，咸豐間轉戰皖浙，

卓然儒將，爲曾文正公國藩所重，以功累官雲南按察使，終貴州布政使，工文辭，諗掌故地理，著有「國朝先正事略」，「天岳山文鈔」等著作。

三代下兼三不朽而詣其極者，宋歐陽文忠公一人而已。公之學，自韓子以達於孟子孔子，著仁義禮樂之實，折之於至理以服人心，自言學道三十年，所得者惟平心無怨惡耳。故雖其怨家讐人，嘗出死力擠陷公者，遇之無纖毫芥蒂，至其天資勁直，言人所不敢言，雖機穽在前，觸發之不顧也。尤偉者，在政府與韓魏公協謀定大計，贊立英宗，復開悟皇太后，俾釋嫌衅，則誠社稷勳焉。公於文章直接韓子之傳，蘇文忠稱其論大道似韓愈，論事似陸贄，記事似司馬遷，詩賦似李白，世以爲知言不但已也。眉山蘇明允父子，挾策走京師，時無知者，公上其書於朝，拔其二子軾轍爲舉首，曾文定王荊公皆公所賞識，宋之文極盛矣。然微公莫能宏奬而鎔冶之，是諸家之文，皆公文也。且以餘事論之，公修唐書及五代史，即與龍門頡頏，著詩本義，能折衷毛鄭二家，著易童子問，能糾王輔嗣之失，作集古錄，即爲後世金石之宗，作四六文，即能一洗崑體，偶作小詞，亦無愧唐人花間集，公蓋得文章之全者，宜其名滿天下，爲諫官則稱歐、余、王、蔡，爲宰相則稱韓、范、富、歐陽，詩稱歐、梅，文稱韓、柳、歐、蘇、曾、王。又獨以公配韓稱韓、歐，兼立德立功立言，而各極九等之最，公之外豈復有二哉。慶曆八年，公自滁州轉起居舍人徙知揚州，年四十二矣，明年即移知潁州，公嘗記眞州東園、杭州有美堂，而平山堂獨無記，僅和劉貢父平山堂詩一首存集中，平山故有公祠，不知所自始，然公子發撰先公事蹟，即云滁揚二州皆有生祠，則繇來久矣。公在前明已從祀孔子廟，國朝康熙三十四年，聖祖南巡，賜御書祠額曰：「賢守風清」，聖賢相契，直如臣主之同時，宜其曠百世而相感也。

咸豐中，粵寇陸梁，揚最當兵衝，祠毀於燹，事平，當事重葺平山堂，而祠未興復也。光緒三年，二品銜兩淮都轉鹽運使歐陽崇如既蒞任，出政誠民，壹以公爲法，閒登平山堂，求拜公祠不可得，因喟曰：「先賢過化地，俎豆餘七百年，重以天題，祠不可不復，況某，廬陵之族裔也，幸承乏茲土，敢數典而忘諸。」乃議割俸復公祠，檄提舉銜候補鹽場大使周鵬董其役，時記名提督衡州歐陽君利見方典水軍，按察使銜江蘇候補道平江歐陽君炳，方客淮南，皆曰，某等族望同出渤海，願各斥五百金佽役，工始於四年秋九月，落成於五年十月，於是都轉走書趣元度爲之記，烏虖！文忠公之德業文章，與日星河嶽并垂，無俟贅稱矣，後世祀公與都轉之重新斯廟，豈僅留意於山川文物之美哉，凡欲使百世下聞風而興起也，蘇子謂自公出，天下爭自濯磨，以通經學古爲高，以救時行道爲賢，以犯顏納諫爲忠、公之不朽在是矣，揚爲公舊治，固宜爲公之神所憑依哉，然則都轉之爲治，與其志之所存，即此舉皆可以推見，而其人仰自此遠矣，都轉名正墉，崇如其字，湘鄉人。

有關文忠公光緒年間鐫石刻像一段記述，據蔡起撰大明寺與平山堂，平山堂前話歐蘇篇內：「……

……堂的後檐牆中部嵌一方光緒年間重鐫的歐陽文忠公石像，其刻技嫻熟，細緻，生動，由于鐫刻時，用刀巧妙，造成光線的折射，遠看白鬚，近看黑鬚，贏得無數遊人流連。」

大明寺僧侶們世代相傳，光緒初年，文忠公裔孫平江歐陽炳在京城做官時，花了一千兩紋銀，通過太監的關係按清宮內府藏本，臨摹了一幅歐陽文忠公像，臨摹水準極高，已到達以假亂眞地步，歐陽炳視之爲珍寶，光緒五年時歐陽炳以江蘇候補道身份參與歐陽正墉復建「歐陽文忠公祠」的活動，他在揚州重金延聘了當時最著名石工朱靜齋，按照他收藏的那幅畫像勒石，雙方議定，工錢爲四百兩紋銀，朱靜齋年事已高，幾十年間，雖馳名大江南北，但并未在他的家鄉揚州留下得意之作，所以他決心要將文忠公像刻成「神品」，而留名後世。……可惜「神品」中的鬍鬚現已失去了當年的風采。「文革」中，揚州的部分紅衛兵揚言要上「平山堂」砸爛中國歷史上特大的臭老九，和尚知道了，偷偷地用石灰粉平了這塊石刻像，才使它幸存了下來，若干年後，石刻像重見天日，但那纖細入微的鬍鬚已連成一片了，這眞是千古的憾事。」

4. 天下第五泉（圖三七）

宋慶曆八年文忠公撰「大明水記」，并建「美泉亭」贊揚揚州大明寺泉水爲「天下第五泉」（圖三八）。又曰：「此泉爲水之美者也。」五泉位于平山西園山塘清池之中，水質清透明澈，加之揚州氣候溫和，雨量充沛，爲泉水味甘而冽提供良好條件，在西苑設有「五泉茶社」，門首懸一匾曰：「大明寺泉水美哉也」歐陽修贊」，以五泉水、平山茶、紫砂壺三件珍物爲號召，供應遊客。平山茶產于鄰近大明寺的平山茶場，葉色嫩柔，條索纖細，是揚州綠茶中的佼佼者，五泉水泡平山茶，茶湯碧澈，清香風雅，濃郁甘醇，回味綿長，觀其色，聞其味，思飲之意，油然而生，宜興紫砂壺，始于明初，名器名陶，天下無類，被譽爲「世間茶具之首」。

5. 瓊花觀內無雙亭（圖三八、三九）

揚州瓊花，相傳始于漢代，最早的一株瓊花發現于揚州后土祠，據王禹偁記載云：「揚州后土廟有花一株，潔白可愛，且其樹大而花繁，不知是何木也，俗謂之瓊花。」此座建于漢代的后土廟，亦稱后土祠，後改名「蕃厘觀」，即揚州人通稱的「瓊花觀」，舊址即今日揚州市瓊花街市立第一中學內，歐陽文忠公在瓊花觀建無雙亭并作詩曰：「瓊花芍藥世無倫，偶不題詩便怨人，曾向無雙亭下醉，自知不負廣陵春。」這詩篇不僅對瓊花大加讚美，還特別強調瓊花是天下獨一無二的奇花。今亭燬，瓊花臺尚在，上植瓊花，目前生長茂盛。

一九九四年揚州文教部門決定修復蕃厘觀，并新建瓊花園和無雙亭。規模宏偉的大殿，山門殿和接連廿三間的廊房均已完成，并對外開放。

揚州自古以來，以山川秀麗，群才薈萃而著稱，歐陽文忠公更以「文章太守」的美名，垂于青史，正是有了文忠公這樣的人物，才留下了「揚州太守例能文」的佳話，其與「杭州太守倒能詩」對舉，表達了人們對歐陽文忠公這類歷史文化名人的崇敬與頌揚。

十一、開封「二賢祠」與青州「三賢堂」

嘉祐三年（一〇五八年）六月，文忠公繼包拯之後，權知開封府，包拯以威嚴爲治，名震京師。而文忠公爲治循理不事風采，有人對公曰：「前政威名，震動部下，眞得古京兆尹之風采，公未有動人者奈何？」公曰：「人材性各有短長，豈可捨己所長，勉強其所短，以徇俗求譽？但當盡我所爲，不能則止。」文忠公的治政方法與包拯不同，但把首都治理得很好。當時開封爲京畿，多近戚寵貴，干令犯禁，文忠公上言論各項事情應按常規由政府辦理，不應該循外戚，宮人，宦官之干求不已，而從內降出手諭，并且這些干求的人，應該給予處罰。

清代嘉慶年間，開封建有「二賢祠」，并祀包拯和歐陽文忠公，包嚴歐寬，樹立起歷史循吏兩種風範。

治平四年（一〇六七年）文忠公因濮議之爭與長媳案的誣衊及健康關係，再三表示倦勤，堅切求去，朝廷讓其出知亳州（安徽亳縣）。一年以後，熙寧元年（一〇六八年）改知青州（山東益都），充京東路東路安撫使。

明嘉靖四十四年青州志卷十二「名臣」載：

歐陽修字永叔，廬陵人，熙寧元年（一〇六八年）秋，遷兵部尚書知青州事，充京東東路安撫使，時諸路散青苗錢法，初行，衆議皆言不便，朝廷既申告誡，公猶請除去二分之息，令民止納本錢，以示不爲利。又請先罷提舉管勾官，然可以責州縣，不得抑配，聽民以願，請本處災傷民無立業者并免。遂爲王安石所詆，求歸愈切。熙寧四年（一〇七一年）以太子少師致仕。公嘗語人曰：凡治人者，不問吏才能否，設施何如，但民稱便，即是良吏，故公爲郡，不見治迹，不求聲譽，以寬簡不擾爲意，故所致，民便，既去，民思。如青，揚皆大郡，公至三五日間，事已十減五六，一兩月後，官府如僧舍，或問：「公爲政寬簡，而事不弛廢者，何也。」曰：「以縱爲寬，以略爲簡，則弛廢，而民受其弊，吾所謂寬者，不事苛急，簡者，不為繁碎耳。識者以為知言。」

在青州（今山東益都），明代成化年間建有「遺愛堂」，清初建有「三賢堂」祭祀歐陽文忠公等人。據康熙十一年刻本（益都縣志卷二古迹）載：

遺愛堂，在府治西林書院，祀宋范（仲淹）、富（弼）、歐陽（修）諸公，明成化年間知府李昂建。

又載：「范公井亭，在縣西門外，范仲淹知青州，有惠政，陽溪側出澧泉，公構亭泉上，郡民感慕，俱以范公名之。」明末祠宇頹廢，順治十七年知府夏一鳳捐俸修亭，匾曰：「一片冰心」，左右二祠，祀富（弼），歐陽（修）二公，更名「三賢堂」。目前青州已于一九八六年由益都縣撤縣改稱青州市，在青州城西范公亭左修建歐陽祠（圖四〇、四一、四二），并塑其全身生像一尊（圖四三），青州雲門山（圖四四）亦留有公遺迹題刻。

十二、潁州的「西湖書院」及「會老堂」

早在宋皇祐元年（一〇四九年）正月，揚州任期未超一年，文忠公鑑于「知難當之衆怒，尚未甘心，思苟免之善謀，惟宜退迹。」所以「遽求小郡」，就呈請調潁州（今安徽阜陽），潁州乃文忠公精心選擇退居養老之地，被視為第二故鄉，在重過汝陰詩中吟道：「朱輪昔愧無遺愛，白首重來似故鄉。」道出他對潁州特殊懸情，他的卅首思潁詩，更道出喜愛潁州，迨後須改調應天府（河南商邱），留京參知政事，嘉祐二年（一〇五八年）繼包拯之後，權知開封府，繼出知亳州、青州。在蔡州因個人健康關係，前後二十七次呈表笞辭職告老。于熙寧四年（一〇七一年）六月十一日，以觀文殿學士太子少師致仕，七月歸隱于穎州。

河南汝南縣重修縣志民國二十七年版大事記載：

宋神完熙寧四年（一〇七一年）六月知蔡州歐陽修致仕。

修由青州徙知蔡州，帝欲復召執政，王安石力詆之，至是求歸益切，馮京請留之，安石曰：修附麗韓琦，以琦爲社稷臣，如此人在一郡，在朝廷則壞朝廷，留之安用，乃以太子少師致仕。

文忠公愛穎州，民淳訟簡而物產美，土厚水甘而風氣和，其故宅，位于穎州之西北約五六里，其地平川，名曰西湖，西湖因受西南山坡之水，灌聚千頃，南有清河來注，同會于東南，流至穎城，北及穎水交合，下達于淮水者，然西湖之中，有四賢祠，祀宋晏殊、呂公著、文忠公、蘇軾四公之神位，祠前建有會老堂，祠後爲勝絕亭，別諸亭舍及楊柳荷花，或造某橋修理閘堤，仍然舊觀。攷郡志于諸牌石碑碣并載，西湖自唐以來，始于許渾公玩詩作記，由得其名，至宋最盛興，治爲名勝之地，昔知穎事晏公殊手植雙柳，建有去思堂，文忠公守穎，因樂其風土，將卜居穎上，建六一堂，雙柳亭，竹澗亭及飛佳等橋，以蓄水成湖十頃，外築堤埂，不害民田，又買田百頃，塞白龍溝水，共湖廣十里，袤三里，湖內某亭某橋，各種花木，美景不可勝記。

文忠公歸隱後，作採桑子詞十闋，歌詠西湖景色美好，居此，飲酒賦詩，整理舊作，悠然自得，

「疑是神仙」。熙寧五年（一〇七二年），退隱後次年春天，好友趙概以八十高齡遠自睢陽（河南商邱）來訪，呂公著時任潁州知州接待會飲，建會老堂，文忠公作會老堂致語曰：「金馬玉堂三學士，清風明月兩閑人，紅芳已盡鶯猶囀，青杏初嘗酒正醇。」同時給其親家樞密使吳充詩云：「春寒擁被三竿日，宴坐忘言一炷香。」由此，可見他歸隱生活，從容愉快。是年閏七月廿三日因久病，體力衰弱，病逝，享年六十六歲，朝廷追念其勛勞，贈太子太師，熙寧七年（一〇七四年），太常議謚，定曰「文忠」。

蘇軾任潁州知州時，令萬夫引黃河水入西湖未成，先後四公蓄水西湖，灌田以爲民利，獨文忠公之力也，潁人所思者，文忠公也，因建文忠公祠于湖上，明正統年間祠廢，御史彭勖移修城南文廟西旁，至嘉靖十六年知州呂景蒙復建四賢祠于西湖上，萬曆中，知州謝詔重修。

「西湖書院」，明清兩代不斷重修，成爲潁州培育人才重要場所，明嘉靖年間知州呂景蒙「重修西湖書院記」云：「此西湖書院，爲歐公所建，不可不復也。」清乾隆年間潘遇莘「清潁州書院碑記」也稱：「潁書院之著，起于歐陽公西湖書院。」

潁州西湖，宋代經文忠公，呂公著，蘇東坡先後修葺浚理，已達鼎盛時期，邇後惜歷年兵燹黃泛，西湖面積，逐漸縮小，漸失昔日風光，尤以一九三八年花園決口，一連九年黃泛，潁州西湖今日被淤爲平地，原西湖舊址，早已無存，今在原址西南方，即名卅里河地方（離阜陽市區西行約卅里），重新開發潁州西湖新址（原址在河北，新址在河南。）此處水面寬闊，南北計十數里，且常湖水豐盈，中建一橋，可連接阜陽市至臨泉縣公路。如附圖：

文忠公故居會老堂，據「安徽阜陽市文物管理所稱」：會老堂是古潁州西湖至今唯一幸存的古建築，磚木結構，開間明三暗五（現西頭一間已不存）重樑起架，雕樑畫棟，磚刻圖案，形式古樸大方，內 有東西月門，門額分別有磚雕「景賢」，「尚友」題字，一九八二年地方政府撥款維修，目前尚存明清建湖，祠記四塊，一、明英宗正統四年（西元一四三九年）潁州重建歐陽文忠公祠記，二、明世宗嘉靖廿六年，（西元一五四七年重修西湖祠記），三、清康熙三十年（西元一六九一年）重修潁州西湖亭記，四、清乾隆五年（西元一七四〇年重建西湖書院碑記），文忠公四子辨居此後代，以會老堂作為宗祠，壁上立有歐陽文忠公石刻畫像碑，碑上刻有清帝乾隆題詩和宋晁悅之李端叔像贊（此碑為清道光二

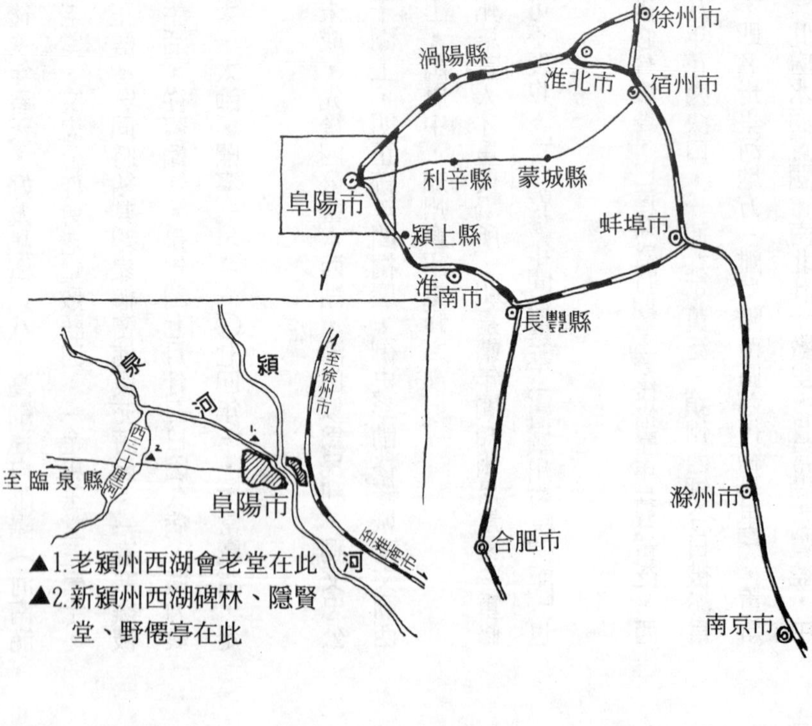

▲1. 老潁州西湖會老堂在此
▲2. 新潁州西湖碑林、隱賢堂、野僊亭在此

十九年（西元一八四九年）摹刻）一九五九年四月十八日公佈爲阜陽市重點文物保護單位。（如附圖）

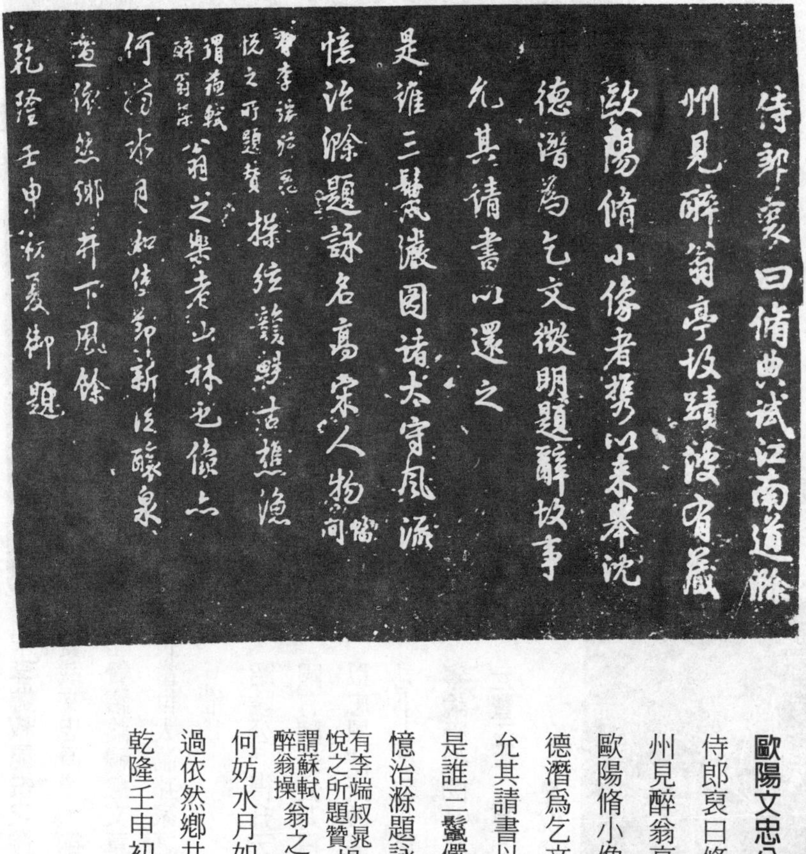

歐陽文忠公石刻係　清帝乾隆題詞

侍郎裒曰脩典試江南道滁
州見醉翁亭故蹟彼有藏
歐陽脩小像者攜以來舉沈
德濳爲乞文徵明題辭故事
允其請書以還之
是誰三鬛儼圖諸太守風流
憶治滁題詠名高宋人物像間
有李端叔晁悅之所題贊操絃韻軼古樵漁
謂蘇軾醉翁操翁之樂者山林也像亦
何妨水月如使節新從釀泉
過依然鄉井下風餘
乾隆壬申初夏御題

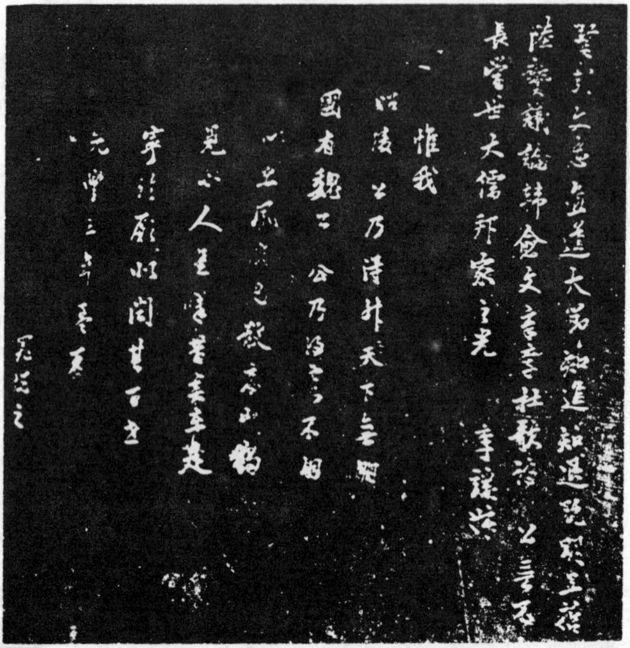

宋李端叔晁悅之像贊

賢哉文忠直道大節知進知退既明且哲
陸贄議論韓愈文章李杜詩歌公無不
長當世大儒邦家之光　李端叔

惟我
昭陵公乃得升天下無朋
國有魏公公乃得容不朋
以忠風波既散高山獨
見小人是歎昔賢在是
寧論厥似聞其百世
元豐三年　夏
晁悅之

歐陽文忠公
石刻像

會老堂（圖四五、四六）周圍所居，多爲歐陽文忠公四子辨公後裔，務農，雖然經濟不甚富裕，近年乃自籌資金對會老堂作了維修，在文革時期，誠恐祖宗遭到破壞，特將歐陽文忠公石刻像，沉入河中，免遭破壞，迄今整修陳設于會老堂內。（註：文忠公潁州逝世後，墓葬河南新鄭四子辨公留潁州西湖守業，自宋代以後各朝代，對文忠公尊敬，賜潁州西湖歐陽世家一代「奉祠郎」鄉人稱「鐵頭秀才」直至辛亥民國成立後爲止，北宋後期，由于金、元、明、清歷代戰爭頻繁，加之匪患、水患、瘟疫，至清康熙年間，居住潁州西湖辨公後裔祇剩下一個男丁—歐陽義，義因孤苦貧困，帶著家譜，契約和祖上遺物至白龍寺出家爲僧，後被知州馬之驊訪知，勸說義公還俗，爲撫卹歐陽文忠公後裔成家立業，馬知州按契約爲歐陽世家追回十頃零六十畝水旱地，由此生息繁衍，至今潁州西湖有人丁一千四百餘人，按世系已至文忠公卅三代世孫。）

老西湖早已堙廢，阜陽地方政府，在城西三十里河寬闊水面開闢新西湖，其布局如圖：

歐陽文忠公遺迹與祠祀

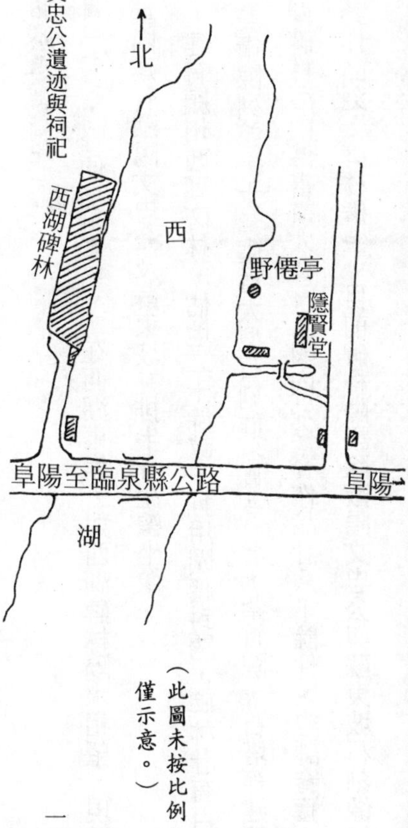

（此圖未按比例，僅示意。）

隱賢堂（圖四七），野仙亭（圖四八）在西湖東岸，與西湖碑林隔水相望，現隱賢堂與野仙亭爲一建築群，隱賢堂內建有歐陽文忠公及蘇東坡并排半身泥塑坐像。

西湖西岸，建有潁州西湖碑林，佔地二十餘畝，且用圍牆封閉，碑林計有百米碑廊，百龍亭（圖四九、五〇），美術陳列館，十二生肖大型石刻群（圖五一），紫竹院，石塔等建築，一九九〇年，曾舉行「潁州西湖碑林海內外書畫大賽」，國內外參賽作品計八千餘件，經評審獲一至三等獎者，共六十七名，擬將其作品刻于碑林碑上，目前碑林陳設除歐陽文忠公與蘇東坡石刻像外，另有歷代有關西湖建設碑記。

十三、歐墳煙雨滄桑史

歐陽文忠公一生半文半官生涯，坎坎坷坷，雖然五十多歲，做了副宰相，最後退隱到安徽阜陽西湖之濱，六十六歲歿於此，沒有葬回老家江西廬陵（今永豐縣沙溪鎮），而客葬他所眷戀的阜陽，按宋制，朝中文武官員，死後必葬于京師開封附近五百里內，閱文忠公生前屢疏乞請還鄉而不得，所以遷葬於河南新鄭，并非他生前的意願。

歐陽文忠公墓，敕葬河南省新鄭縣西十三公里旌賢鄉劉村，後改稱歐陽寺村，宋代賜田兩千一百畝，墓地北依崗阜，南臨溝壑，墓園肅穆，碑石林立，古柏參天，一片鬱鬱葱葱，雨後初晴，陽光普照，霧氣升騰，如煙如雨，景色壯觀，當地有「歐墳煙雨」之美稱，往昔每年陰曆七月二十三日，爲歐陽文忠公逝世紀念日，當地地方首長，寺廟中族人有隆重紀念活動，陰曆十月初十日爲「歐墳煙雨會」，附近居民及散居河南南召、襄城、項城、沈邱、禹縣、密縣、新鄭及安徽阜陽、江蘇蕭縣等地後裔子孫，前來參加。另有各種戲劇民間藝術表演，熱鬧異常，上項活動，據歐陽寺村居民稱，明末因兵燹曾有間斷，道光七年，官府相助，重修墓祠，香火一直延續至民國卅七年，民國七十九年（一九九〇年），拜殿中香煙復盛。

註：（元天順元年，正月廿三日，文忠公長子發裔孫歐陽瑛，奉母命自江西吉州來河南新鄭，祀守文忠公墓，明季李自成之亂，盜賊蠭起，乃避居密縣城內，賊犯密，其家率衆捍賊，矢石交下，賊被傷者衆，爲之切齒，及城破，文忠公後裔遭戮尤慘，幾無噍類，稍有存者，皆鋒鏑之餘也。至前清中朝，皆茫然不知也，僅傳新鄭密縣兩處，共有五家，分爲六門，今日河南新鄭祀守文忠公墓及密縣沈邱項城南召等地之歐陽氏者，皆文忠公長子發公之後裔也。）

屢修屢圮的歐陽文忠公墓園

墓園自宋熙寧八年（西元一〇七五年），文忠公遷葬此地以來，陸續有他的祖母李氏，繼配第三夫人薛氏，長子發及夫人吳氏葬他的墓左下，次子奕，葬他的墓左，與發墓併列，另有三子棐、四子辨、孫愬、愬及元天順元年自江西吉安遷新鄭以例祀守墓裔孫瑛，與新鄭，密縣等地裔孫等，均安葬此地，墓塚原高約五米，周長約十五米，并排右側有薛太夫人墓，墓園坐北向南，在南北中軸線上建外照壁，大門（圖五二），內照壁，東西廂房，大殿（圖五三），直通陵墓，四週建有圍牆包圍，外照壁高五米，長六米，厚〇．七米，大門三間，門前左右，修有臺階，階旁各有一街環，石獅，內照壁與垣牆同高，將庭院分為前後兩部分，左右兩側各有便門，庭院中間，修有南北甬道，直通大殿，甬道兩旁之有石豬石羊等石刻，對稱排列，間距五米，石刻高約一米，甬道兩側，各建有廂房三間。

大殿有稱拜殿計三間，內設暖閣一座，位牌一座，神幔一掛，供桌一張，錫香爐一個，錫燭臺一對，殿前築有祭臺，長一〇．七五米，寬五．三米，高一米，祭臺前左右兩方，各侍立有一石刻，文官造像，高約二米，此外，另有金元以來，石碑四十多通，其中有宋蘇轍所撰神道碑及薛夫人墓誌銘，石碑兩傍，植有古柏，蒼勁挺拔，四季長青，沿大殿東西兩山，各建有欄馬牆。

穿越大殿即為歐陽文忠公及夫人薛氏之墓，兩墓東西排列，文忠公墓居西，薛夫人居東，陵園有瓦屋八間，為族人看守墓園者居住。

自大陸變色後一九五七年，在墓園建小煤窰，將園內古柏悉數砍伐當做坑木，一九六六年，文革破四舊，造反派勒令四類分子平墳，古柏盡燬，碑碣盡失，一片蕪零亂，荒煙野蔓，荊棘縱橫現象，目前僅存山門三間，東西配殿各三間，祭殿三間，細尋墓園遺迹，僅在山門房內，找到兩塊殘碑，一塊是道光二年立的，記載這墓園計田畝半，七間房子，房內有暖閣、位牌、神幔、供桌、桌裙、錫香爐、錫燭臺等，規定不得典賣。另一塊是宣統三年的小牌，奇怪的是竟有人惡作劇，把歐陽文忠公，改為白丈文光公，據新鄭文物管理所所長薛文燦稱：在歐陽寺村，人丁計二千餘人，有姓歐陽、姓白、姓趙、姓周、姓賈的，但歐陽文忠公後代子孫僅二百餘人，在舊社會姓歐陽的與姓白的，族姓矛盾激烈，為寺產幾經訴訟，所以才出現這種不應該出現的怪事。

民國七十九年（一九九〇年）十一月河南沈邱縣歐陽氏譜載：清道光十六年三月上旬裔孫允恭撰「歐陽墳寺興訟判決」碑文：

事莫不有其漸防，則當于其早履霜而戒堅冰之至，羸豕而知躑躅之孚，蓋言予也。查宋氏例制，大臣賜畿內并賜祭田，子孫仍處原籍，未能即赴墓所者，皆設寺募僧，以仿廬墓之意，恩莫厚焉，法莫良焉。宋太師我祖文忠公墓之西南隅敕修享堂一座，命僧守之，前明神宗三十二年，戶部員外郎方瑜爲公重修享堂，原在寺內，故其碑即立于寺中，迨明末而享堂廢，乾隆壬寅曹縣主學詩始移建于墓前，寺僧香火之資，計地一十八畝，即自祀田中散而給焉者也。祠田地仍歸墳祠，載之縣志，傳以家乘，由宋迄明以至我朝，七百餘年，未之或易。不意有白姓者，據寺中八棱墓碣，注皇佑字樣，謂皇佑在熙寧之前，寺不應名歐陽，且文忠後治平而卒，歐陽何以得有寺，遂改寺名，霸佔寺地，祀生歐陽純與歐陽誨控訴數次，而肺石之達，究莫獲嘉石之平，道光壬寅秋，歐陽允恭考石碣立于治平之年。而入寺則在道光二年，心知其誤，但未有據，及得邑志所載原文，始知此碣，固劉公墓前之物，絕非寺中之碑，以先人之鴻庥，何忍坐視他人之蠶食，不得已，詣府上控，太守鄒立發朱批剴切詳明，未及提訓，尋以河決離任，後雖屢經呈懇，終多延宕，歲丙午始蒙藩憲張，委鄭州牧崔，會同本縣尹錫勘訓斷結更正如初，錫君撰文勒石，以志不朽，業經昭雪，夫復何言。顧鄒君之盛德未著，即後人之炯鑒不明，與其堅冰豕壯爭之于已，然訟之端始得而息何，如正本清源，防之于未然，訟之漸無自而生也。謹將府批開列于左，後之覽者，庶幾有感于斯批，而禮賢崇德，歷萬世如一日也，是爲幸。

開封府鄒批：

自古名臣大儒，功業顯著，德範昭垂者，奕世均當崇奉，即其歿之窀穸爲神所憑依，亦宜時加封殖，故錢武肅墓，趙忭疏修之，柳下季壟，五十步外，永禁采樵，所以禮先賢，崇明德，不忍其淹沒無存也。歐陽文忠公爲宋名儒，忠義滿朝廷，事業光史冊，故其祠墓，歷代大吏，及我朝楊中丞節次興修立碣，置田募僧以守，縣志家乘班班可考，乃監生白某某等，妄思侵蝕，改寺旌賢，擅立僞碑，逐僧占地，實屬不知禮法，仰新鄭縣查巡明確，立毀僞碑，更正寺額，究斷具詳縣志家乘，碑記墳圖并發。

民國十六年十月仲浣裔孫景賢撰：「先祖文忠公墓祠節次興修紀事記」。

宋熙寧五年閏七月廿三日先祖文忠公薨于汝陰（即今潁州府阜陽縣）之私地，贈太子太師謚文忠，以其子追封兗國公，以熙寧八年九月廿六日賜葬于河南省開封府新鄭縣西旌賢鄉之劉村，即今歐陽寺村，韓魏公撰墓志銘，崇熙九年蘇文定公作神道碑，胥楊二夫人早卒，附葬于江西吉安府永豐縣沙溪瀧岡于先祖母鄭氏韓國太夫人墓之右，先祖後夫人薛氏追封岐國太夫人附葬于先祖文忠公墓之右，蘇文定公作墓志銘，生四子，發、奕、棐、辨，俱附于先祖文忠公之左右次下，其長子諱發，字伯和，張文潛撰墓志銘，四子墓前均有墓碑，就仆既久，（今皆立墓前碑記），其墳山地，東至山岡，西至山岡，南至大路，北至山岡，封高冢爲記，作爲風冢，此冢西北隅一里許，亦封高冢，以作乾方鳳冢，墳山周圍賜護塋祀田拾頃，捐除正供蠲免徭役，敕修享堂東西爲廡，頭門各三間，建立寺院享堂，寺院舊址地點原在先祖墓之西南百步餘，即先祖祖母吳國李太夫人之墓之東寺，名曰歐墳寺，亦曰歐陽寺，寺內享堂其中香火地一十八畝，乃先祖墓祠之祀田，散而給焉者也。宋制大臣賜葬畿內，墓留京師，恐其子孫仍處故籍，或遷徙旁處者，祀典淹沒，因敕建寺，以守墓者也。募僧歲時致祭，以仿廬墓之意，每歲二仲縣令致祭，永遠不絕。熙寧以來，其中各處祠宇，或修或補，年深時久，未可考稽，明季正統三年河南等處提刑按察司僉事族孫泰和哲重修先祖望石碑記，至宏治中巡撫徐公恪修之，既而就圮，方伯楊公子器復修之，嘉靖三十二年戶部員外郎方瑜又重修之，碑記現在寺中，知鈞州事劉魁于祠內立有碑記，又縣西南約二十里許魯義姑店建修先祖祠堂一處，贈置祀田二十畝，（今僅存十六畝），每歲佃戶仍舊納租，以備墓祠春秋祀典之資，祠堂舊迹，現在魯義姑店西北半里許祖師廟東山外，約有一畝餘，并每歲收租，縣西郊外舊又有先祖祠堂一座，縣志家乘均載，已廢，地址失攷，先祖神牌未識何時移在西關外文昌宮中，每歲縣令二仲致祭，縣北關外一里許，御路西旁舊有知鈞州事劉魁立石，宋太師歐陽文忠公之墓，以表往來人觀瞻之意，俾衆周知。先祖文忠公賜葬新鄭之原碑陰有詩亦劉魁作，至于祠內享堂，至明季大亂，幾于就圮。清乾隆壬寅歲曹縣令學詩始移建祠堂于先祖文忠公墓前，內修拜殿三楹，外修山門，周圍垣牆，取其儉而固也。至道光七年巡撫程公祖洛中丞楊公國楨學臺朱公襄等并重修，內有大殿三間，官廳三間，山門三間，表彰望石碑記，周圍垣牆外修閃牆兩堵，照壁一座，舊有蘇文定公所撰神道碑倒圮已久，字迹剝落，中丞楊公復爲摹刊，泐石于祠墓，東南隅又修小瓦屋八間，令其族人居此看守墳祠，均有碑文可稽，復捐白金三百兩寄于城內倉房，每年抽息設立文忠公祠內義學，令文忠公後裔赤貧無能讀書者，入之肄業，僅辦三載，當洪楊之亂，縣令李公將此款消滅，義學隨廢。光緒三十年江西泰和蕭員外郎敷政昆仲等敬謁先祖祠墓，捐資贈置祀田二十畝，族衆聚議，于民國九年創修追遠齋三間，又創修先祖祖母李太夫人墓前享堂三間，門樓一間，周圍垣牆俱全，內修暖閣一龕，敬設先祖文忠公之祖諱偃，父諱觀，及明代十六世孫諱瑛神牌四位，合族春秋致祭，以表追遠報本之意也。委因先祖祠墓歷時已久，興廢屢次，族衆茫昧皆知，我族中老幼等命予統記作文，予愧才淺學疏，文詞荒蕪，未克措詞，然如勢強辭因就譜牒前後詳察，略爲觀縷統記，以便後裔易覽便曉云爾。

由以上記述，歐陽寺村文忠公墓園，由于族姓矛盾激烈，屢次訴訟，自宋以來，屢經修繕，而屢修屢圮，亦爲重要原因。

重修歐陽文忠公墓園經費尚無著落

一九八二年元月中共公布爲河南新鄭縣重點文物保護單位。

一九八九年十二月九日河南日報記者康群撰「歐陽修身後的寂寞」，詳述文忠公墓損毀慘狀，認唐宋八大家韓愈，歐陽修、蘇洵、蘇軾、蘇轍五位長眠于河南，并曾經一一憑弔，最闊氣的是孟縣韓愈墓，雖然比之廣東潮州之韓祠，略遜一籌，最悲哀的是新鄭歐陽修墓，促使當地政府予以重視。

一九九〇年五月新鄭政協委員會，在公墓祠前重豎石碑座，上書「宋太師歐陽文忠公之墓」，碑陰重刻蘇文定公撰神道碑文，文後另書「歐陽修墓祠，歷經滄桑，歷經損壞，爲銘記一代文宗，弘揚民族文化，今復刻此碑，以勵後人。」

禮忝爲文忠公裔孫，民國七十九年溯祖尋根（一九九〇年），九月訪問大陸，首往河南新鄭謁祖，巡視新鄭文物保管所先祖墓園殘斷碑碣，拜祭墓地後，環顧四週，殘破荒蕪，觸目驚心，悲憤感慨，爲拋磚引玉捐助美金伍佰元，作爲祭祀奠儀，當衆交與歐陽寺村村長歐陽永乾，希望先將殘斷碑碣整建，并首先於墓園內種植樹木，民國八十年二月（一九九一年），新鄭縣已採取民辦公助辦法，撥出專款，成立墓園修復委員會，由新鄭地方首長主持，擬定修復方案，進行修復工程，河南沈邱縣大歐營族人集資輯修族譜，并捐贈柏樹八百株，種植墓園中，由歐陽寺村族人負責澆護管理。民國八十年三月并將文忠公兒孫墓，按舊址封塚立碑（圖五四、五五），新鄭地方地府又重申六十米以內，不准起土，種植莊稼，俟立石建碑，裔孫護理墳塋盡職，不許侵佔，否則告發，深究處治。

墓園修復計劃，全部復元，預計需人民幣壹佰陸拾萬元。以四年時間，依經費籌募狀況，分五期施工，由于大陸人民所得偏低，且年來河南安徽兩省，水旱瀕仍，捐助不多，經向國內外族人籌募，臺北市金門縣兩地宗親會響應，募得美金伍仟餘元，僅完成墓園四週圍牆修建工程，其餘設施整建，經費尚無著落。（圖五六、五七、五八）

民國八十一年（一九九二年）六月爲修復文忠公墓園事，禮先後致函河南省長及鄭州市長。復致函北京國家文物事業管理局，并附歐陽文忠公墓之概況。

民國八十二年（一九九三年）八月，由河南省文物局撥專款翻修墓園正殿，另有新鄭地方政府贊助與族人集資，九月二十四日奠基興工（圖六〇），八十三年（一九九四年）九月十一日配合新鄭縣撤縣改市慶典活動揭幕，（圖五九、六〇）至于東西廂房及山門，因資金較大，尤望族人及社會人士捐資興建完成。

正殿建築面積三二六・三七米，外形爲彷宋建築，斗拱歇山花形，吻呑尾離地平一〇・一五米高，主要構件系鋼筋凝土彷木結構，門窗採宮殿式花木櫺，房脊四坡檐邊施用綠色琉璃瓦，房坡心用灰色板瓦，砌瓦一壠一帶，牆外皮朱紅色，內粉白色，五合板吊頂，全部彩繪。

正殿後牆前，塑有二・二五米高文忠公宦服坐像，另牆壁四週繪有「荻畫學書」「自學成才」「仕途顚沛」「六一居士」等壁畫。

十四、江西故里

吉安市

文忠公故里，江西廬陵及永豐兩地，亦有祠祀，廬陵郡治（今江西吉安市）歐陽文忠公祠，是南宋高宗建炎元年（一一二七年）吉州知州方時可，在公薨六十年，在州治府右街興建「六一祠」，郡人郭孝友「六一祠記」有云：「歐陽公之所以異于邦人者厚矣，邦人所以報公者，豈可後滁、揚之人耶？今刺史福唐方公時可之來也……建堂以爲公之祠，歲時率生徒祭享之。」

六十三年後，宋光宗紹熙元年（一一九〇年）時「六一祠」已圮，吉州知州方崧卿感嘆「是邦六一先生故鄉也，而郡治寂無祀焉。」于是捐資建造「六一堂」，堂中繪歐陽文忠公遺像，刻歐陽公遺墨，供人們憑予瞻仰，楊萬里受命作「吉州新建六一堂記」，其中有云：「六一堂昔在潁，今在廬陵，是非先生之志也乎？然在潁之華屋，今爲荒煙野草，在廬陵之荒煙野草，今爲華屋，物之廢興，天乎？亦人乎？先生之賢，天下敬之，而其鄉里不敬之，可乎？不可也。當時敬之，而後世不敬之，可乎？不可也。……」

宋寧宗嘉泰三年（一二〇三年），胡元衡出任吉州知州，他在府治內重修「六一祠」，楊萬里「六一先生祠堂碑」有云：「嘉泰三年夏四月，上庠名儒武寧胡公元衡以廷尉正膺常懋簡，作牧廬陵，幕府初開，延見士民，顧而嘆曰：此邦六一先生之故里也，……前日開府之言，其有合哉，是足以對越堂則又仰而嘆曰：古者必祭，有道德者，爲樂之祖，此禮經明訓也，今居六一之故國，撫喬木之蒼然，誦秋聲鳴蟬之賦，覽唐書五代史之稿，峨如之冠，睟如之容，忽乎瞻之在前也，因欲折白鷺之芰荷，酌青原之石泉，社而稷之，乃無一精舍，以妥屛攝，以爲邦人考德問業之地，不日室邇而人遠乎，面堂之南，得一虛亭，增築一室，繪先生像而祠焉。……」

此外，據吉安府志記載，南宋末年，吉州知州李芾在郡南興建「忠節祠」，祭祀歐陽文忠公，楊邦義，胡銓，周必大，楊萬里等廬陵五賢。明宣德年間重修，增祀文天祥，此後，不斷修葺，不斷增祀，至清康熙五十四年（一七一五年）共祭祀歐陽公以下四十四位鄉賢。

另廬陵吉水兩縣治，南宋以來，先後建有「九賢祠」「三忠祠」「七忠祠」「四先生祠」，歐陽文忠公始終在祭祀之列。

歷年戰禍及中共文革時期以上祠祀，均已圮毀。

目前吉安市白鷺洲書院，建有四賢祠，祀歐陽文忠公，周必太、胡銓、楊幫義四位先賢，祠內陳設文忠公畫像及歷史事迹。（圖六一）

吉安市爲紀念歐陽文忠公在繁華商業區，建有永叔路，長達十華里。（圖六二、六三）

吉安市興橋鎮鈞源村歐陽脩後裔聚居地歐陽文忠公祠古建築風韻猶存

（上海文匯報一九九五年十二月二十七日一九九三號載）：

钓源村古建筑风韵犹存

欧阳修后裔聚居地

本报吉安专讯 江西吉安市西郊发现一处由北宋著名政治家、文学家欧阳修后裔聚居的、保存150多处明清建筑的古村落。

于北宋末年迁徙至吉安市兴桥镇钓源村开基的欧阳氏族，曾使这里成为拥有居民近万人的乡村闹市“小南京”。至今，该村仍有基本保存完好的明清时期祠宇5座，石桥2座，民宅120余幢。村中巨型青石铺砌的长街短巷，纵横连接的粉墙黛瓦，错落有致的照壁、门巷、牌楼，处处飘逸着古朴典雅的风韵。

据专家考证，钓源村荟萃了我国南方古代民间建筑的主要基本类型。既有常见的单檐屋面，又有罕见的重檐瓦顶；既有遍及南方民宅中的马头墙，又有建在前后瓦檐上的骑瓦风火墙；既有一进两厢、二进四厢式厅房，又有庭园式、院墙式等风格迥异的居屋。为祭祀欧阳修而建的“文忠公祠”，布局严谨，气势恢宏。一些幸存下来的彩绘精品，表现了古代艺术家非凡的绘画技艺。如两幅面积分别为2.7平方米的鎏金画“求富贵亦寿考”、“访贤才于渭滨”，历数百年沧桑仍金碧辉煌，丝毫毕现。该村还保存了一些重要的历史文物，如北宋大书法家米芾手书的欧阳修名篇“昼锦堂记”，仍保留镌有米芾手迹159字的两通碑刻。 （邹晓明　康信忠）

永豐縣

永豐縣祀文忠公，據曾煥記「歐陽六一先生，歿百有餘年，縣學雖以時祭祀，而祠宇獨缺，淳熙丙午（一一八六年）陳懋簡始建於瀧岡阡之側，嘉定丙子（一二一六年）今大參宣公守是邦，復建於郡治之南，壬午（一二二二年）知縣事陳候，又建於縣學之北。……」

明嘉靖年鄒守益「永豐六一書院記」載：「六一橋在永豐縣治兩百五十步，以文忠名，文信國過縣書三大字懸諸楣，其後好義者，於橋置店一十二間，建石橋菴于側，以塑公像，而召僧收租守之，僧徒日繁，改菴爲寺，而公之嫡派遠居于潁，遂無復奉蒸嘗者，嘉靖初季，雙江聶子豹以柱史按潁，求公裔孫歐陽雲給文回籍，爲之授田置室，督學少湖助其義，取橋店租給雲，以供春秋之祀，而寺尚屬諸僧，僧徒混雜市井，不遵清規，爲諸庠生所呈，撫按符縣覈實，歸僧于龍迴寺，而以寺址入官，衆牒文佃，當道靡適從，而僧乘隙以復業爲訟，龍田張子言自臨桂涖邑，博咨父老，窮稽故實，慨曰，寺之興也，肇于六一橋，寺之廢也，改爲六一祠。……請得改寺爲書院，奉安歐陽文忠公牌位，率諸生歲時俎豆之。……」

吉安永豐兩地祠祀，因年代久遠，尤以中共文革後，大多頹圮，一九八七年四月，江西省政府，爲發揚祖國光輝文化遺產，紀念歷史名人，特于永豐縣治恩江大橋附近，闢地五萬平方米，建設歐陽文忠公紀念館（圖六四—六七），全館由北京市古建園林設計室精心設計，區分宰相府，明道廳，致用廳、畫荻樓、六一亭、醉翁亭等仿古建築組成，全部採用木造，（永豐盛產木材，取材容易），俾與永豐縣治狀元樓報恩寺塔，恩江大橋等古建築輝映相照，融爲一體，風景秀麗。

第一期建築，宰相府工程已于一九八七年竣工，開放供人參觀，其餘工程，正陸續完成中。館內陳設文忠公著述及墨寶複印資料及近代名人書畫，資料貧乏，民國七十九年（一九九〇年）九月訪問永豐，曾與紀念館館長游東先生交換意見，希望能廣集國內外有關文忠公著述，及後人研究資料，如能蒐集文忠公散居各地後裔之族譜，更具紀念之意義，且爲中華民族文化之重要史料。

十五、臺北市江西省同鄉會祠祀

臺北市江西同鄉會，位于臺北市文山區興隆路二段一一六號，同鄉會內建有萬壽宮（圖六八）祀許眞君及江西省反共殉難烈士之神位，另設有崇孝祠，祀江西省先賢歐陽文忠公（圖六九），文天祥、陸象山先生神位。

民國六十年八月大法官興國歐陽經宇撰聯曰：

避秦來寶島，此地有崇山峻嶺，茂林修竹，眾志協同心，廟貌巍峨欽締造。

除暴仗威靈，當年秉歐治千將，忠肝義膽，群妖齊授首，神恩浩蕩仰栟幪。

江西文獻社爲紀念先賢歐陽文忠公，于八十一年（一九九二年）十月出版專輯（圖七〇），載有：

鄉先賢歐陽修生平略述，　易烈相。

祭歐陽文忠公文　宋王安石著，朱學瓊評。

祭歐陽文忠公文　宋蘇軾。

太子太師文忠歐陽公墓誌銘并序　宋韓琦。

文忠公神道碑　宋蘇轍。

歐陽文忠公墓園今昔概況　歐陽禮。

歐陽文忠公太夫人傳略　朱學瓊。

歐陽文忠公二三事　周仲超。

在北宋中期的文壇與政壇上，歐陽文忠公的成就，爲後世開啓了許多新觀念和門徑，對于經學、史學、文學、政治等各方面發展，佔有關鍵性的地位，是一位具有開創性的人物。

文忠公從宋仁宗天聖八年（一〇三〇年），得中甲科進士後，初任西京（洛陽）留守推官，至神宗熙寧四年（一〇七一年）致仕歸潁，在政壇上活動時間，長達四十年，在從政期間，由于公本性伉直，守正不阿，得罪不少政敵，因此，幾度貶官，有「十年困風波，九死出檻穽。」之嘆，但公有守有爲，可謂「有君子之勇」。公行政理論，非常平實，平生務以鎭靜，不求聲譽，曾曰：「或問爲政寬簡，而事不弛廢何也？曰：以縱爲寬，以略爲簡，則政事弛廢，而民受其弊，吾所謂寬者不爲苛意，簡者不爲繁碎耳。」故任官各地，至今追思不已。今日散佈在大江南北，不可勝數的祠祀及勝迹，證明後人緬懷和敬仰，也是文忠公卓越學術的成就，顯要政治地位，高尙道德情操，深遠歷史影響生動的見證。

十六、歐陽文忠公的墨寶

1. 歐陽氏譜圖序、夜宿中書東閣詩合卷

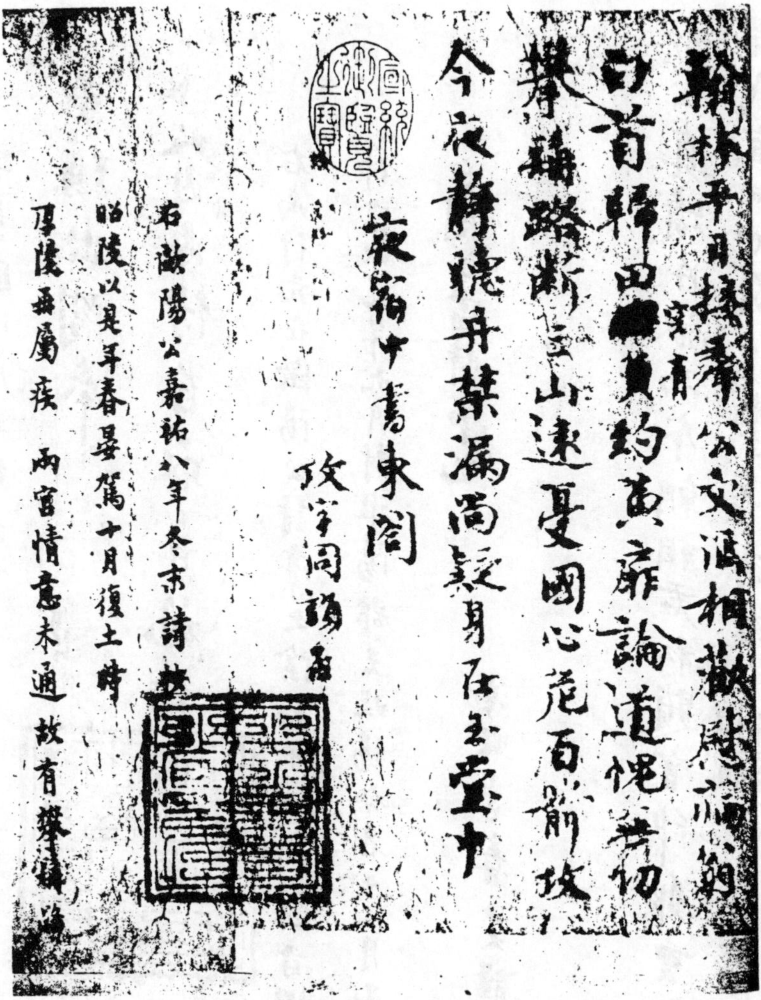
翰林平日接群公文酒相歡慰不窮
白首歸田空有約黄扉論道愧無功
攀鬚路斷三山遠憂國心危百箭攻
今夜靜聽丹禁漏尚疑身在玉堂中
夜宿中書東閣
攸字同韻者

右歐陽公嘉祐八年冬末詩蓋
昭陵以是年春晏駕十月復土時
厚陵再屬疾　兩宮情意未通故有攀鬚路

斷憂國心危之句云

[illegible]頊出閣奉

入內內侍省取旨施行

右兩行元在歐陽公詩稾之陰殆中書所錄者[illegible]

神宗以是年九月封淮陽郡王改賜今名十二月乙亥

出閣正當時事也

淳熙乙巳春必大謹記

歐公真蹟片紙而本朝相君私題官印鄭重如此

異代宜何如哉 後學張雨拜

釋　文（本帖今藏遼寧省博物館）

自唐末之亂，士族亡其家譜。今雖顯族名家，多失其世次，譜學由是廢絕。而唐之遺族，往往有藏其舊譜者，時得見之，而譜皆無圖，豈其亡之，抑前世簡而未備歟？因採太史公《史記》鄭玄《詩譜》，略依其上下旁行，作爲譜圖。上自高祖，下止玄孫，而別自爲世，使別爲世者，上承其祖爲玄孫，下繫其口爲高祖，凡世再別，而九族之親備。推而上下之，則知源流之所自；旁行而列之，則見子孫之多少。夫惟多與久，其勢必分，此物之常理也。故凡玄孫別而自爲世者，各繫其子孫，則上同其出祖而下別其親疏，如此則子孫雖多而不亂，世傳雖遠而無窮，此譜圖之法也。

翰林平日接群公，文酒相歡慰病翁。白首歸田空有約，黃扉論道愧無功。攀髯路斷三山遠，憂國心危百箭攻。今夜靜聽丹禁漏，尙疑身在玉堂中。夜宿中書東閣。攻字同韻否？前文後有南宋周必大題「

2. 局事二帖合卷

本紀第四五定本淨本並分付第六
已下如未取得速取之恐妨點對來日
局中相見也
脩拜

「本紀」第四、五定本、淨本並分付。第六已下，如未取得，速取之，恐妨點對。來日局中相見也。

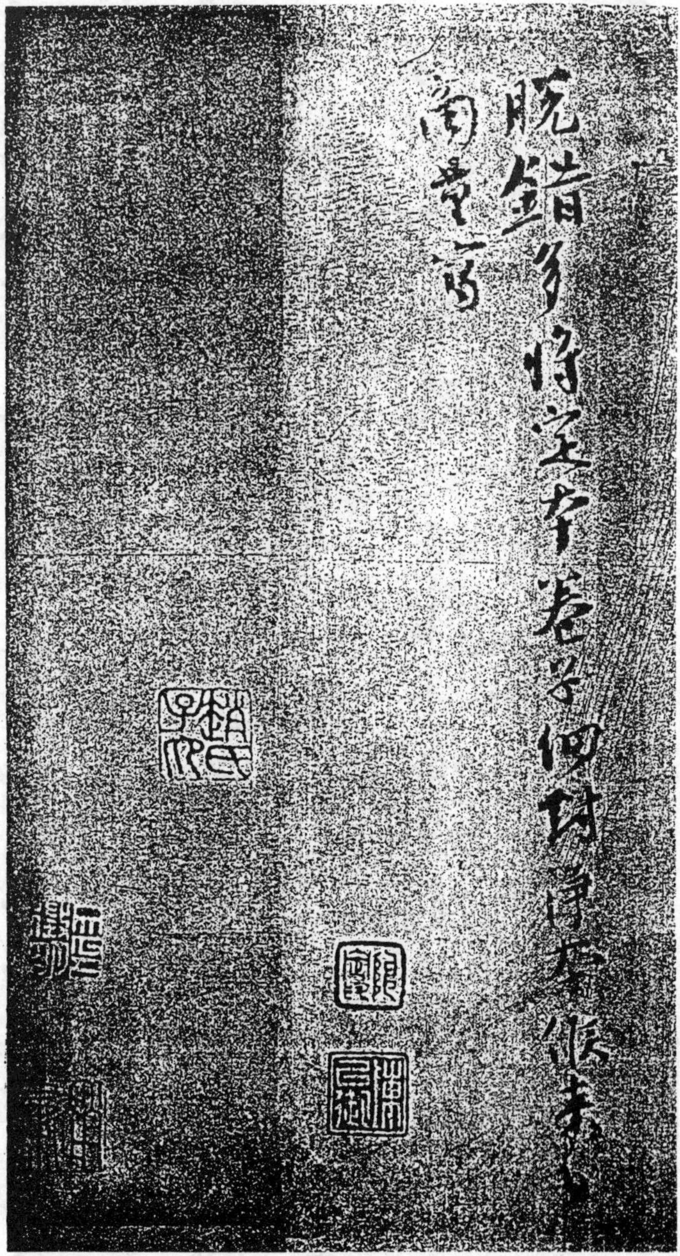

脫錯多。將定本卷子細對，
淨本候來日商量寫。

此歐陽文忠公修唐書紀表時二小帖也黟陽令
陳君堅遠得以人以示予片言數字於史事無大關係
而後世獨加愛護終不落蛛絲煤尾中非物也人
也成化十七年四月辛未長洲吳寬謹題

慕其人而不見則思見其書慕其書而不見則思聞其言同時世者亦然也況後學於昔賢鉅公相望千載音儀已絕目矣徒得其言而誦之猶參侍几杖乃獲其手筆而瞻玩之寧不大慰乎與文忠公同時如蘇黃諸公字學者亦多見獨公書絕少此二帖為公作唐史時與局中同事者為故黔陽大夫陳君所藏黔陽之子進士君魯南出示反復敬覽系記時月亦曰幸慰素心若得見公面目一翻云爾正德己巳長洲祝允明記

歐公嘗云學書勿浪書事有可記者他日便爲故事且謂古之人皆能書惟其人之賢者傳使顏公書不佳見之者必寶也公此二帖僅數語而傳之數百年不與紙墨俱泯其見寶於人固有出於故事之上者正德八年酉癸龜九月十又六日後學衡山文徵明拜手謹題

右漢西嶽華山廟碑文字尚完可讀
其述自漢以來云高祖初興改秦淫
祀太宗承循各詔有司其山川在諸
侯者以時祠之孝武皇帝脩封禪之道

禮巡省五岳立宮其下宮曰集靈宮
殿曰存僊殿門曰望僊門仲宗之世使
者持節歲一禱而三祠後不承前至於
亡新寖用丘虛孝武之元事舉其中
禮從其省但使二千石歲時往祠自是
以來百有餘年所立碑石文字磨滅延
熹四年弘農大守袁逢脩廢起頓易碑

飭闕會遷京兆尹孫府君到欽若嘉
業遵而成之孫府君諱璆其大略如
此其記漢祠四岳事見本末其集靈
宮他書皆不見惟見此碑則余於集
錄可謂廣聞之益矣
治平元年閏月十六日書

右漢楊君碑者其名字皆已磨滅
惟其銘云明明楊君其姓尚可見亦其
官閥始卒則粗可考云孝順皇帝西
巡以掾史召見帝嘉其忠臣之苗器
其璵璠之質詔拜郎中遷常山長
史換犍為府丞非其好也迺翻然輕
舉宰司累辟應于司徒州察茂才

遷鮦陽侯相金城太守南蠻蠢迪王
師出征拜車騎將軍從事軍還策
勳復以疾辭後拜議郎五官中郎將
沛相年五十六建寧元年五月癸丑遘
疾而卒其終始頗可詳見而獨其名
字泯滅為可惜也是故余嘗以謂君子
之垂乎不朽者顧其道如何尒不託於

事物而傳也顏子窮卧陋巷亦何施於
事物耶而名光後世物莫堅於金石
蓋有時而弊也

治平元年[illegible]日書

右陸文學傳題云自傳而曰名羽字
鴻漸或云名鴻漸字羽未知孰是

則宜其自傳也茶載前史自魏晉
以來有之而後世言茶者必本鴻漸
蓋為茶著書自羽始也至今俚俗賣
茶肆中多置一甆偶人云是陸鴻漸
至飲茶客稀則以茶沃此偶人祝其
利市其以茶自名久矣而此傳載羽所
著書頗多云君臣契三卷源解三十卷
江表四姓譜十卷南北人物志十卷吳

興歷官記三卷湖州刺史記一卷茶經
三卷占夢三卷當止茶經而已然經
書皆不傳獨茶經著於世矣

右平泉山居草木記李德裕撰余
嘗讀鬼谷子書見其馳說諸侯
國常視其人賢愚材性剛柔緩急

而因其好惡喜懼憂樂而押闔
之陽開陰闔變化無窮顧天下諸
侯無不在其術中者惟不見其所
好者不可得而說也以此知君子宜
其所好泊然無欲而禍福不能動
利害不能誘此鬼谷之術所不能為
者也是聖賢之所難也

右歐陽文忠公集古錄跋尾
四崇寧五年仲春重裝十五
日德父題記 時在鴻臚直舍
後十年於歸来堂再閱
實政和丙申六月晦
戊戌仲冬廿六夜再觀

壬寅歲除日於東萊郡宴堂
重觀舊題不覺悵然時年
四十有三矣

弟多識前輩唯不識
公臨紙想其風采丙戌八
月旦謹題

集古跋尾以真蹟校印本有不同
者韓公論之詳矣然平泉草木記

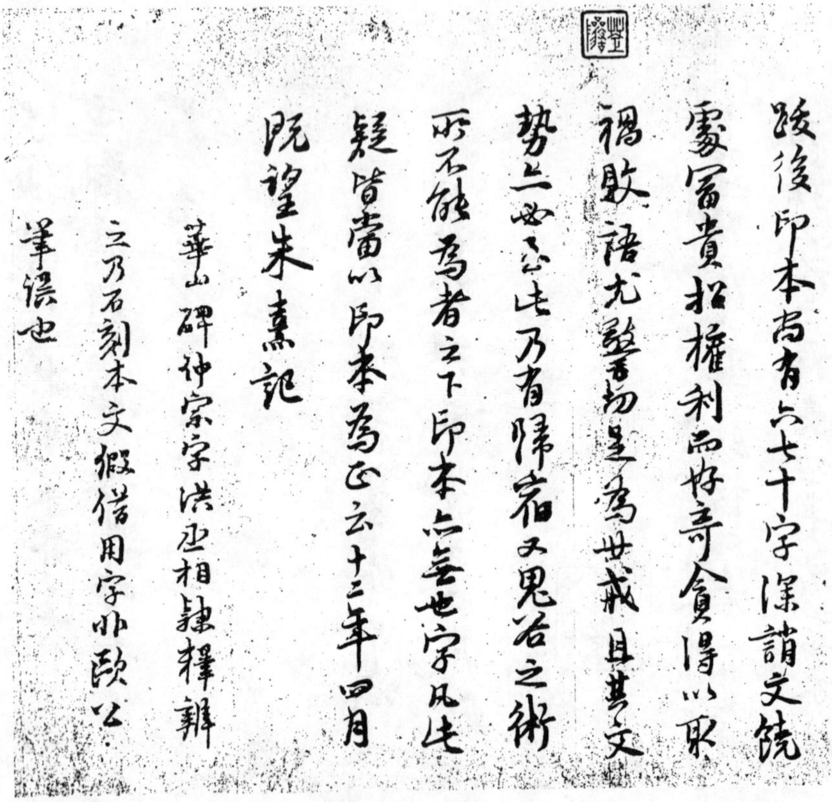

跋後印本尚有六七十字深詆文饒
處富貴招權利而好奇貪得以取
禍敗語尤警切足為世戒且其文
勢亦必至此乃有歸宿又思若之術
所不能為者之下印本亦無此字凡此
疑皆當以印本為正云十二年四月
既望朱熹記
華山碑神宗字洪丞相隸釋辨
之乃石刻本文假借用字非歐公
筆誤也

釋　文（本帖今藏臺北故宮博物館）

右漢西嶽華山廟碑，文字尚完可讀，其述自漢以來云，高祖初興，致秦湽祀，太宗承循，各詔有司，其山川在諸侯者，以時祠之，孝武皇帝修封禪之禮，巡省五岳，立宮其下，宮曰集靈宮，殿曰存僊殿，門曰望僊門，仲宗之世，使者持節，歲一禱而三祠，後不承前，至於亡新，寖用丘虛，孝武之元，事舉其中，禮從其省，但使二千石，歲時往祠，自是以來，百有餘年，所立碑石文字磨滅，延嘉四年，弘農太守袁逢修廢起頓，易碑飭闕，會遷京兆尹，孫府君到，欽若嘉業，遵而成之，孫府君諱璆，其大略如此，其記漢祠四岳事見本末，其集靈宮，他書皆不見，惟見此碑，則余於集錄，可謂廣見聞之益矣，治平元年，閏月十六日書。

右漢楊君碑者，其名字皆已磨滅，惟其銘云，明明楊君，其姓尚可見爾，其官閥始卒，則粗可考云，孝順皇帝西巡，以掾史召見，帝嘉其忠臣之苗，器其璵璠之質，詔拜郎中，遷常山長史，換犍爲府丞，非其好也，迺翻然輕舉，宰司累辟，應于司徒州察茂才，遷鯛陽侯相，金城太守，南蠻蠢迪，王師出征，拜車騎將軍從事，軍還策勳，復以疾辭，後拜議郎，五官中郎。沛相，年五十六，建寧元年五月癸丑，遘疾而卒，其終始頗可詳見，而獨其名字泯滅爲可惜也，是故余嘗以謂君子之垂手不朽者，顧其道如何爾，不託於事物而傳也，顏子窮臥陋巷，亦何施於事物耶！而名光後世，物莫堅於金石，蓋有時而弊也，治平元年閏五月廿八日書。

右陸文學傳，題云自傳，而曰名羽，字鴻漸，字羽，未知孰是，然則豈其自傳也，茶載前史，自魏晉以來有之，而後世言茶者必本鴻漸，蓋爲茶著書，自羽始也，至今俚俗賣茶肆中，多置一瓷偶人，云是陸鴻漸，至飲茶客稀，則以茶沃此偶，祝其利市，其以茶自名久矣，而此傳載羽所著書頗多，云君臣契三卷，源辭三十卷，江表四姓譜十卷，南北人物志十卷，吳興歷官記三卷，湖州刺史記一卷，茶經三卷，占夢三卷，豈止茶經而已也，然佗書皆不傳，獨茶經著於世爾。

右平泉山居草木記，李德裕撰，休嘗讀鬼谷子書，見其馳說諸侯之國，常視其人賢愚，材性剛柔緩急，而因其好惡、喜懼、憂樂而捭闔之，陽開陰閉，變化無窮，顧天下諸侯，無不在其術中者，惟不見其所好者，不可得而說也，以此知君子宜愼其所好，泊然無欲，而禍福不能動，利害不能誘，此鬼谷之術，所不能爲者也，是聖賢之所難也。

集古錄跋

文忠公始號醉翁，晚號六一居士，好古嗜學，凡周漢以降金石遺文，斷編殘簡，掇拾異同，謂之集古跋，其書法筆勢險勁，字體新麗，用尖筆乾墨作方闊字，神采秀發，清潤無窮，後人觀之，如見其清眸豐頰，進趨曄如也。

本幅楷書，凡五十八行，每行字數不一，共七九二字。

紙本，縱二七·二公分，橫一七一·二公分。

4. 氣候帖

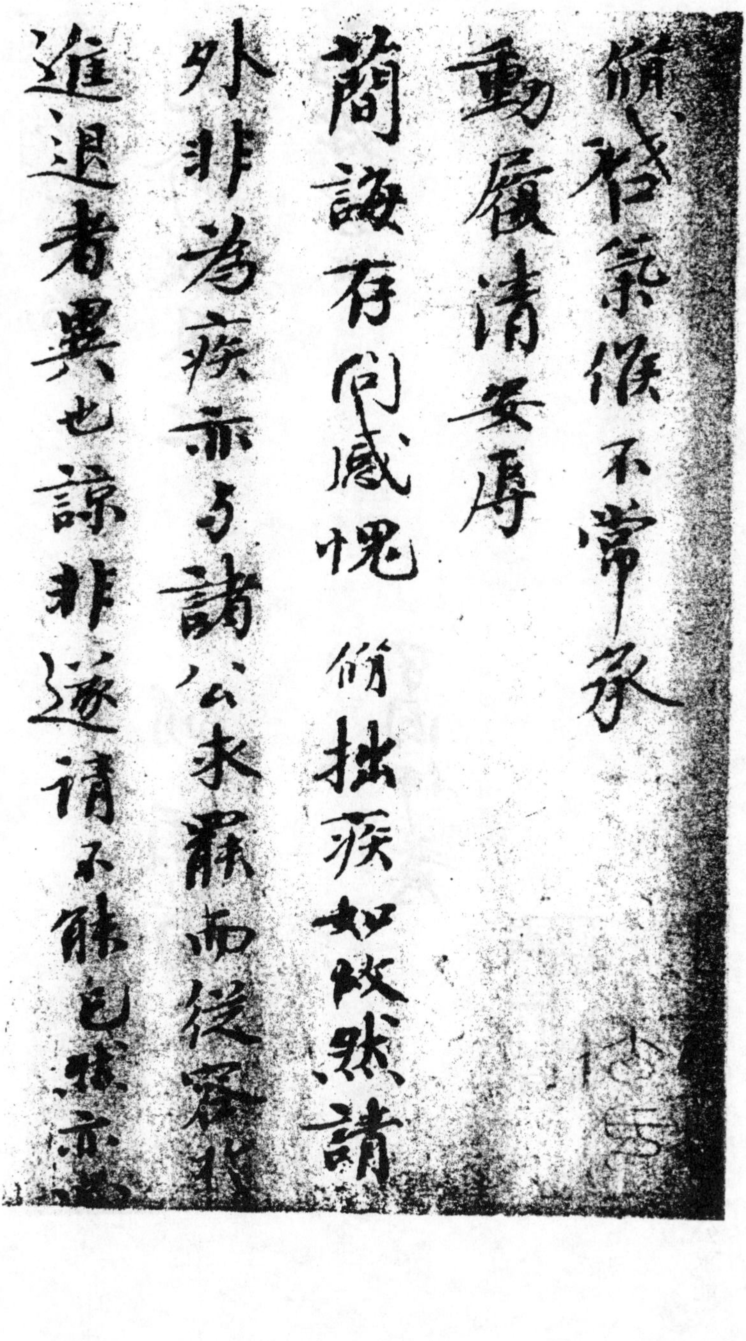

脩啓氣候不常伏惟
動履清安辱
簡誨存問感愧　脩拙疾如故然請
外非為疾亦與諸公求罷而從容於
進退者異也諒非遂請不能已然亦

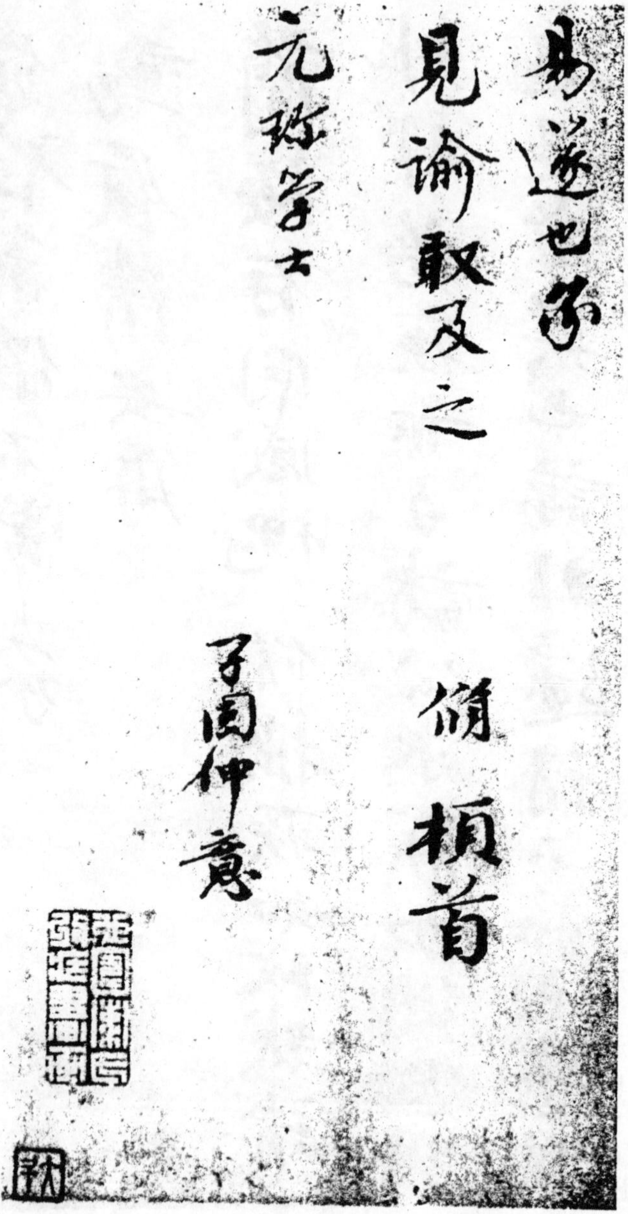
易遂也承
見諭敢及之
元珍學士
脩頓首
子固仲意

釋文：

脩啓：氣候不常，承動履清安。辱簡誨存問，感愧。脩拙疾如故，然請外非爲疾，亦與諸公求罷而從容於進退者異也。諒非遂請，不能已，然亦必易遂也。承見諭，敢及之。脩頓首，元珍學士。子固仲意。

5. 上恩帖

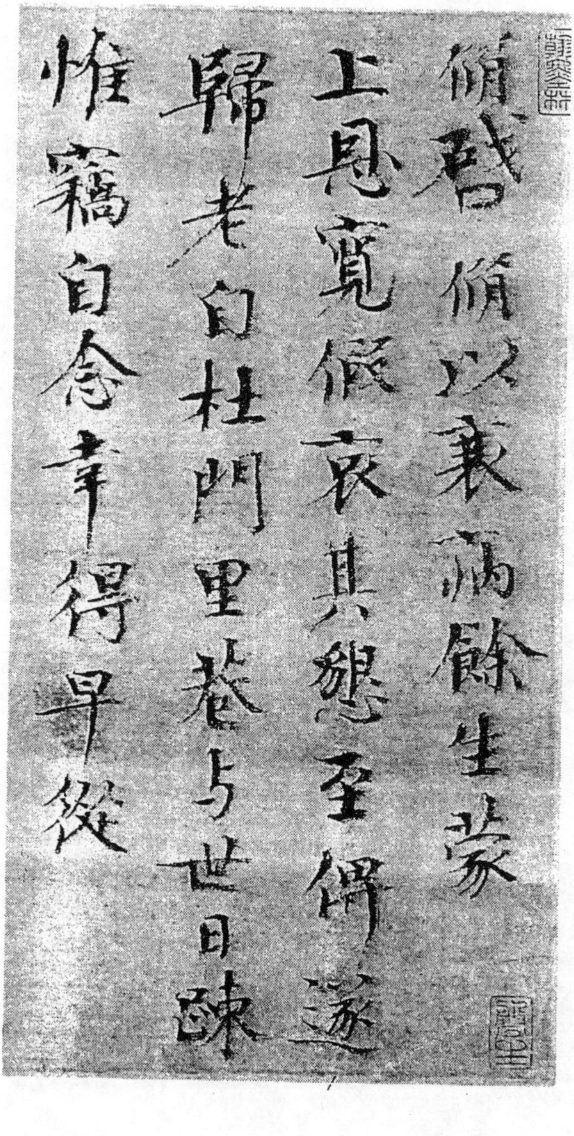
脩啓　脩以衰病餘生蒙
上恩寬假哀其懇至俾遂
歸老自杜門里巷與世日疎
惟竊自念幸得早從

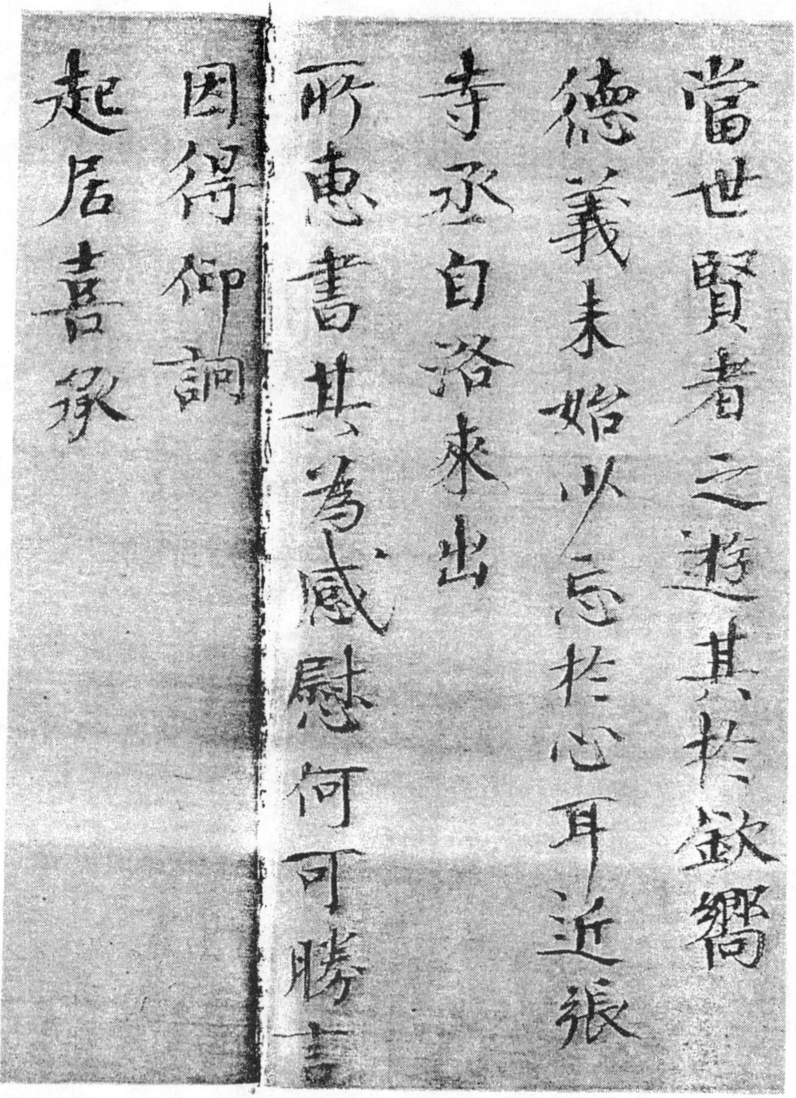
當世賢者之遊其於欽嚮
德義未始以忘於心耳近張
寺丞自洛來出
所惠書其為感慰何可勝言
因得御詞
起居喜豫

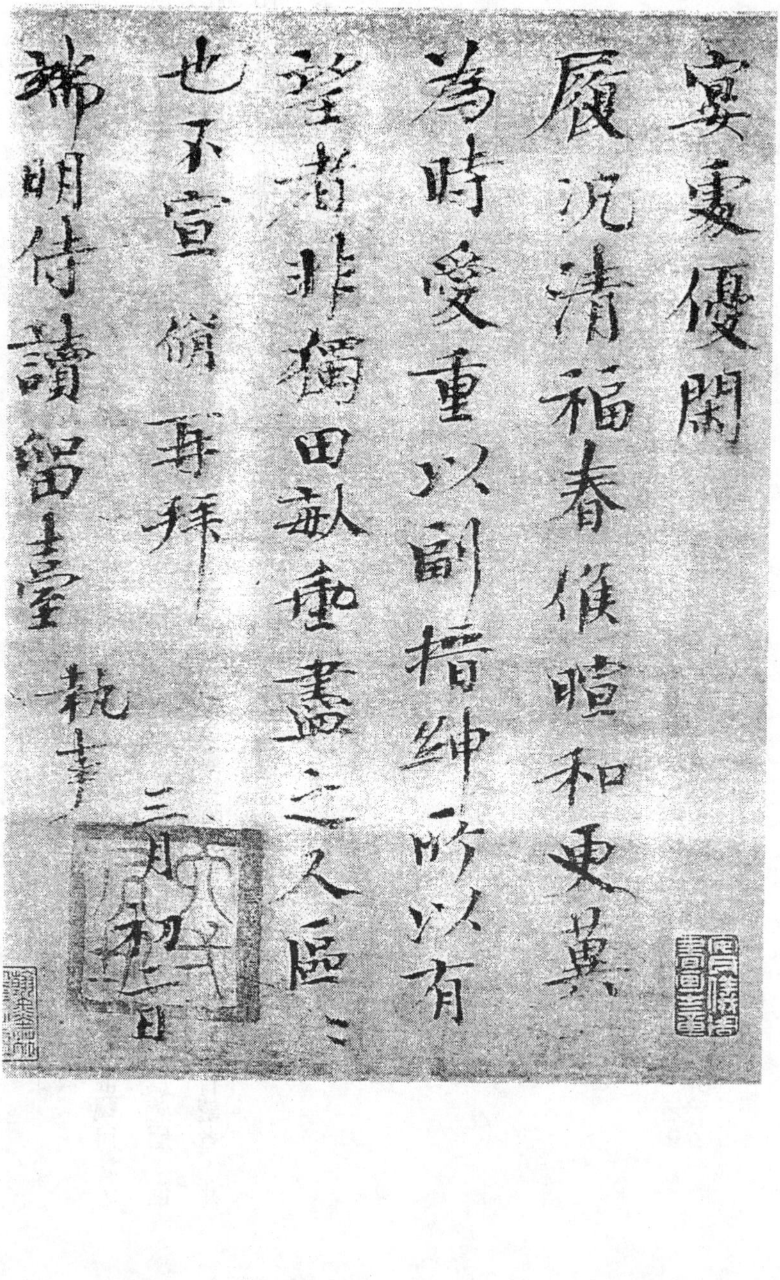

宴處優閑
履況清福春候暄和更冀
為時愛重以副搢紳所以有
望者非獨田畝垂盡之人區區
也不宣　脩再拜
端明侍讀留臺執事
三月十一日

釋文：

脩啓，脩以衰病餘生，蒙上恩寬假，哀自懇至，俾遂歸老，自杜門里巷，與世日疎，惟竊自念，幸得早得從當世賢者之遊，其於欽嚮德義，未始少忘於心耳。近張寺丞自洛來，出所惠書，其爲感慰，何可勝言，因得仰詞起居，喜承宴處優閑，履況清福，春侯暄和，更冀爲時愛重，以副搢紳所以有望者，非獨田畝垂盡之人區區也，不宣，脩再拜端明侍讀留臺執事，三月初二日。

收傳印記 安氏儀周書畫之章，六一居士，翰墨林鑒定章。

附錄一　西陽宮與瀧岡阡表碑亭

一、歐陽文忠公世系籍里考：

西陽宮與瀧岡阡表碑均位于江西省永豐縣沙溪鎭，西陽宮乃歐陽文忠公封祀先人之塋觀，瀧岡阡表碑乃爲其先父亡母撰寫之墓表，我們談西陽宮與瀧岡阡表碑，首先談歐陽文忠公世系籍里、據江西吉安府志（清光緒二年版載，清解文烱撰「歐陽文忠公世系籍里考」稱：「按公先世由渤海遷長沙，又徙粵東，唐時有諱琮者，刺史吉州，傳八世至萬，又爲安福令，挈兄弟彤彪偕至，後彪回粵，萬與彤留吉，世其家，彤之後，居泰和萬安，萬之後，散處安福廬陵吉水，傳七世至儀，舉南唐進士，父母皆在，閭里榮之，乃改鄉名儒林，里名歐桂，是爲廬陵派。儀之弟偃，始居沙溪，即今公府君表稱：皇祖贈太師中書令兼尙書會是也，長子觀，封崇國公，乃文忠公考，考與鄭夫人合葬沙溪，墳左即公故居。故墓表有云：沙溪吾世之家，且葬也。後立瀧岡石阡，即稿刪成篇，改列世譜，刻之碑陰敘及。後世或居安福，或居廬陵，或居吉水，而修之皇祖，始居沙溪，至和二年分吉水，置永豐縣，而沙溪分屬永豐，今譜雖廬陵，而寔爲吉州永豐人也……」

由上世系籍里考，肯定歐陽文忠公出自沙溪鎭，而沙溪歐陽氏，徙自廬陵縣，廬陵歐陽氏，來自長沙郡，長沙歐陽氏，源出冀州渤海郡，唐代歐陽萬後裔輯有安福府六宗通譜，（聯合報國學文獻館及遼寧圖書館有珍藏），歐陽偃爲六宗中歐陽託之孫，而歐陽文忠公爲歐陽偃之孫，歐陽萬的九世孫，其父崇國公妣魏國夫人鄭氏合葬沙溪瀧岡，墳墓左即公故居。

二、西陽宮與瀧岡阡表碑亭：

西陽宮位於沙溪鎭西南一公里處磨盤山麓，北臨瀧岡水。西陽宮，歐陽文忠公祠，瀧岡阡表碑亭三者同位於一處，成爲西陽宮建築群，如今西陽宮殿堂已盪然無存，僅餘留一座高大的牌樓，牌樓中央拱門上方嵌刻「西陽宮」字右匾，宮內的歐陽文忠公祠，建於南宋嘉泰三年（一二〇三年）經八百餘年，屢圮屢葺，至今尚保存軀殼，而內部設施全毁，另原有文儒讀書堂，畫荻樓等建築全毁，瀧岡書院今改爲沙溪中學，設施亦屬簡陋，祠左爲瀧岡阡表亭原係木造建築物，今改爲水泥磚牆結構建築物。

西陽宮南面一里許，沙溪鎭拱江城南村鳳凰山，有歐陽文忠公父母及胥楊兩位夫人墓，迄今仍保持完好。

㈠**西陽宮**（圖七一）

西陽宮在歐陽文忠公生前已經有了享負盛名的西陽宮，據宋畢仲游著西臺集中代歐陽考功撰西陽宮記載：「廬陵永豐沙溪有彭道士者，名世昌，其居則唐西陽宮也，或曰：非唐西陽宮也。而世昌于其宮旁得古鐘一，乃唐西陽之鐘，鄉人始信之，而吾家邱墓適在西陽之北，曩吾先君既歸葬，韓國太夫人因使世昌守之，奏復其宮，額曰，西陽，及居三府，又請間歲度道士一人，距今三十年，宮之門堂廡舍，井廩庖湢皆備，而殿則闕焉，吾以邱墓之寄于宮也，亦甚闕之，而沙溪鄒氏獨能持錢三百萬，以成其殿……。」

歐陽考功即文忠公第三子歐陽棐，宋治平四年丁未登進士第，時任吏部考功，西陽宮乃文忠公生前托付道士看守父母墳塋的道觀，爾後殿宇，由沙溪鄒氏獨資增建。

宋元兩代經沙溪陳懋簡子孫先後修葺，宋代楊萬里歐陽守道，元代吳澄先後撰寫西陽宮記，而以元天歷二年九月甲子吳澄撰西陽宮記（江西通志光緒六年刻本載）記述甚爲詳盡，其詞曰：「……西陽宮者，何，歐陽子之墳墓所托也，昔韓子三歲而孤，先世墳墓在河陽時，或往省，歐陽子四歲而孤，二親葬吉永豐之瀧岡，終身不能一至，蓋其考崇公官於綿，而生子，官於泰而遽終，妣越國太夫人鄭氏，以其子依叔父隨州推官，越一年，崇公歸葬於吉，葬後還隨。歐陽子年二十，預隨州貢，年二十四，登進士科，歷任多在江北及留中朝，年四十六而太夫人喪，次年歸祔崇公之兆，葬後還潁，崇公之葬，距越國之葬，踰四十年，越國之葬，距文忠公之薨，又二十六年，六十年間，欲如韓子之一省墓，而不可得，其墳墓之託，幸有西陽宮焉，宮在永豐沙溪鎭之南，舊名西陽觀，莫詳何代肇創，宋至和乙未（一〇五五年），道士彭世昌起廢掘地，得鐘識云，貞觀三年己丑（六二九年），西陽觀鐘，崇公諱觀，聲異而字同，不詳本朝改觀爲宮，（註：曾敏行獨醒雜誌卷二「尙府例得墳院歐陽公既參大政，以素惡釋氏，久而不請韓公（琦）爲言之，乃請瀧岡之道觀，又以崇公之諱，因奏改爲西陽宮」。）宮之後有祠堂，合祭崇公父子，阡表世次二碑，豎於一亭中間，祠堂被里人陳氏新之，淳熙兩午（一一八六年），誠齋楊先生爲之記，其後堂復被陳氏子孫重葺，咸淳丙寅（三六六年），巽齋歐陽先生爲之記，莆陽方侯崧守吉，出錢十萬，命邑尉陳元勳修築瀧岡阡之門與牆，紹熙辛慶（一一九一年），艮齊謝先生記其事，尤爲謙備，獨西陽無片文可稽，祠堂初記，丙午至今一百四十四年矣，祠堂續記，丙寅至今亦六十四年矣，西宮之道士鞠文質，始遣其徒蕭民瞻來請記建宮本末，民譫之言曰：宮面山枕溪，拱抱明秀，金華桃源翼其左，龍圖鳳岡峙其右，地之廣袤六畝而縮，禮神安衆，室屋俱完，宋南渡後，道士賜紫者四，劉師禹、陳宗益、彭宗彥、曾若拙也，田之歲入未以斗計，三百而贏，則宮之可藉以永久者宜也。……而唐宋二大文人，栖栖無所於歸，末年就京就潁而家，悉不得歸近墳墓，豈其心之所樂哉，今瀧岡之阡，歲時展省，如其子孫者，西陽宮道士也……」

文忠公在宋天聖八年（一〇三〇）登進士後，歷任多在江北及留中朝任職，僅皇祐五年（一〇五三年）八月護母表歸葬瀧岡，僅在沙溪停留月餘返潁，此後雖屢疏乞請還鄉，而終不可得，致終身不再至沙溪，宋元明三代，歷經六百餘年，而崇公及越國夫人墓乏人照料，幸有沙溪陳懋簡子孫，先後出資修葺，且有西陽宮道士，歲時展省，至能保持至明末而未圮毀。

滿清入關前後，歷經兵燹，人事滄桑，西陽宮，復遭損毀，清乾隆丙子（一七五六年）歲及嘉慶廿三年（一八一八年）冬先後修葺，乾隆曹秀先及嘉慶顏德慶各撰有「重建西陽宮記」而以乾隆丙子重建，規模較爲宏偉，目前沙溪西陽宮及鳳凰山崇國公及越國夫人鄭氏與胥楊二夫人墓，係乾隆丙子年重建，嘉慶六年重修。

乾隆丙子曹秀先撰「重建西陽記」曰：「西陽宮者，歐陽文忠公封樹先人之塋觀也，吳學士草廬嘗記是宮即瀧岡阡地，今永豐治沙溪是已，乾隆甲戌滁州陶侯令永豐，以明年春回，舊令之政，徇士庶之求，建專祠於城西，祀文忠公，訪其裔孫，接而教禮之，既以公事至沙溪，趨謁瀧岡，拜于墓，則古碑剝蝕，荊榛不翦也，拜于西陽宮，則頹垣敗瓦，木主塵翳也，詢其左右，遺址，他姓居民，攘以耕種也，侯滋用怵目傷心，集薦紳庶而議之，醵金得如千數，鳩工庀材，積日而墓治，又三閱月而宮成，前後爲楹者各三，集中以奉祀公之曾祖累贈金紫光祿大夫太師中書令諱郴，公祖贈金紫光祿大夫太師中書令兼尙書令諱偃，公考崇國公諱觀公衆公神位，又奉曾祖妣楚國太夫人，祖妣吳國太夫人，妣魏國太夫人位祀于寢室，遂付公之裔孫接立祀事………」

㈡瀧岡阡表碑亭（圖七二、七三）

瀧岡阡表碑亭原係木造建築物，建于宋代，歷經修葺，今改爲一座水泥磚坳樓閣式建築，飛檐凌空，顯得雄偉壯觀，碑堂正廳豎有瀧岡阡表碑（附圖），碑高八尺一寸五分，廣三尺五寸，正面鐫刻瀧岡阡表全文，計二十七行，每行五十六字，表爲文忠公親撰，連額正楷自書，戴青州石鐫，碑陰刻歐陽氏世次表，碑文因年久，部份文字剝落，目前由江西永豐縣文化局歐陽紀念館指派歐陽勇負責保

瀧岡阡表

管，（歐陽勇係文忠公裔孫，家住沙溪鳳凰山）非經許可，不得啓門參觀，據歐陽勇面告，文化大革命時，紅衛兵造反，欲將碑碣倒毀，幸斯時沙溪中學校長機智，碑上敷貼「毛澤東萬歲」大紙條，方免於難，瀧岡阡表碑亭，一九五七年江西省人民政府規定爲江西文物保護單位，碑亭大廳除陳設瀧岡阡表碑外，牆壁四週，尚有乾隆丙子歲曹秀先及嘉慶廿三年顏慶撰「重修西陽宮記」兩碑，至宋元兩朝楊誠齋、歐陽守道吳澄諸先儒碑記，均已失散。

瀧岡阡表是文忠公爲其先父亡母撰寫的墓表，是在二十年前寫就的「先君墓表」的基礎上精心予以修改，在碑志文中，享有「千古至文」的美稱。

表在寫法上打破一般墓表的格局，一碑雙表，同時記敘父母親的盛德和精神風貌，由于先父逝世時，文忠公年僅四歲，難以知曉父親的行狀，於是採用避實就虛，以虛求實的手法，巧妙地借用母親的言語，側面落筆行文，敘述父親的爲人大節……汝父爲吏廉，而好施與，喜賓客，其俸祿雖薄，常不使有餘，曰：毋以是爲我累。故其亡也，無一瓦之覆，一壠之植，以庇而爲生。

吾之始歸也，汝父免於母喪方踰年，歲時祭祀，則必涕泣曰：「祭而豐，不如養之薄也。」間御酒食，則又涕泣曰：「昔常不足，而今有餘，其何及也！」吾始一二見之，以爲新免於喪適然爾，既而，其後常然，至其終身未嘗不然。

汝父爲吏，嘗夜燭治官書，屢廢而嘆，吾問之，則曰：「此死獄也，我求生不得耳。」吾曰：「生可求乎？」曰：「求其生而不得，則死者與我皆無恨也，矧求而有得耶。以其有得，則知不求而死者有恨也。大常求其生，猶失之死，而世常求其死也。」

這些話語眞切動情，以母親親身的見聞感受，表現於父親的廉潔，好施與孝順家母和謹愼吏事等等仁心惠政，而在表彰父親品格的同時，也頌揚了母德母節，文忠公以自己作爲聯繫的紐帶，巧妙地將父母的事跡揉合在一起，父德母節，親映生輝。

文中對母親德行的直接描述，僅記述母親治家儉薄，以及母親對兒子剛直性格的理解與支持：

太夫人恭儉仁愛而有禮，……自其家少微時，治其家以儉約，其後常不使過之，曰：「吾兒不能苟合於世，儉薄所以居患難也。」其後修貶夷陵，太夫人言笑自若，曰：「汝家故貧賤也，吾處之有素矣，汝能安之，吾亦安矣。」

以上寥寥數語，足見母德的仁惠剛毅和心胸廣闊。

全文僅敍述幾件瑣屑小事，卻是精心選煉的結果，所謂「舉其要者一兩事」，語言舒緩，文字平易，更見情眞意切。所謂「其語愈緩，其意愈切。」據江西永豐縣誌卷三十八，曾敏行「獨醒雜志」載，此碑刻成後，南下途中渡江，被神龍借讀，並在「祭而豐不如養之薄」八字上作了圈畫。事屬無稽，其出有因，它反映了世人對本文神奇藝術魅力高度的肯定。

歐陽氏世次表（譜圖），據文忠公集載有石本及集本兩種，碑陰所刊係石本，石本與集本兩者對照，略有不同，集本後載，前賢遺文，往往集本異於石本，按公集古錄跋盤谷詩序云，以集本校濟源石刻，或小不同，疑刻石誤，竊謂非誤也，後或改定爾，故此譜不敢專以碑爲正，而存集本於後，又譜圖二本，其甚不同者，如集本載寬四子素一子，皆不知曉，而石本則謂寬之第四子素之第二子皆各曉，豈曉嘗出繼耶，又集本肅生一子顗，唐書世系亦同，而石本無之，其間世次與表又多差殊，二書皆經公手，不應異同如此，當考。

按公譜圖，前用橫圖，後用直紀，可詳者詳之，不可詳者略之，雖有闕疑傳信，至今皆遵以爲法，顧公之文，成於其手，而書刻於身後，有以乙事隸於甲行，且或脫漏者，遂至舛訛，爲後人所疑。

宋景定元年歐陽守道爲永和譜序有曰：「……公譜未廣，頗有誤，如曰自通二世生琮，爲吉州刺史，唐末黃巢攻陷州縣，府君章州人捍賊，鄉人賴以保全。綜八世生萬，爲安福令，萬之下五世曰郴，仕南唐爲州軍事衙推官，如此則十有七世之內，仕於吉矣。然刺史爲率更四世孫，率更仕唐初，而四世孫乃捍巢之亂，是當僖宗之世，唐有天下至此已二百六十餘年，唐帝且十有六傳，乃吾家纔四世也。推官爲刺史，十四世孫，既曰刺史捍賊，而推官乃仕南唐，南唐有國，始終不過四五十年，上去廣明之亂近爾，何四五十年之近，而吾家已十四世也。」又曰：「……按唐歐陽琟碑，顏魯公撰并書，其書上世名諱，與率更以前同，又名從玉比之刺史諱琮相類，琟似是刺史從兄弟，然其人在大歷中，則刺史亦必是此時人，若吾家有捍賊事，當是刺史以後六七世孫，不可繫此於刺史事跡類也。文忠公遊宦四方，歸鄉之日無幾，其修譜又不暇咨於族人，是以雖數世之近，直下之派，而屢有失亡，最後獨質之呂夏卿以爲的據，夏卿雖博學，安能盡知他人世系之詳哉……。」

明永樂四年解縉紳爲積符譜序有曰：「廬陵自春秋戰國以來，爲吳楚文物之地，伍子胥孫叔敖之徒，尚有餘跡，若新淦子胥廟，在羊山廬陵敖城，叔敖之故居，斷碑殘碣，往往出于荒榛瓦礫之墟，傳記所不及采，史官所不及錄，後世所不及知，徒秘于私家所傳而已，今千數百年，予猶及見其一二，得以補聞見之餘，乃如歐陽氏譜，比今世所傳文忠公之所修續，蓋猶未得其詳也。按宋仁宗嘉佑之夏，四月歐陽歸廬陵，得其譜于吉水，與其所藏者，參校而刻之，瀧岡蓋草草旬月之間耳，宜其不及詳也。余嘗過萬國公墓碑，石獸巍然尚存，國公與宋太祖爲布衣交，梁國其追封也。今宋史不及載，而文忠公譜亦不及錄，推其闕遺者，豈不多哉…………。」

輯修族譜，誠屬難事。中華民族歷代戰禍頻繁，前人所輯譜牒，大多失散，往昔交通阻隔，資訊闕如，印刷簡陋，以歐陽氏安福府六宗通譜，輯於明萬曆，續於清乾隆年間，湖南平江歐陽氏景輝公，乃文忠公四世孫歐陽傑之後裔，宋末自江西廬陵遷萬載，因隨文天祥抗元，兵敗，避難平江，通譜僅載傑祖世系，平江世次，獨付闕如，中共文化大革命，反四舊，族譜大多燬于火，民國七十年輯修平江族譜，曾訪國內聯合報國學文獻館及美日各大圖書館，美國鹽湖城猶他族譜學會，亦難詳文忠公以次歷代世次，自兩岸開放探親後，四度訪問大陸，先後訪問遼寧圖書館及河南新鄭江西永豐，宜春萍鄉，與湖南平江等地文忠公裔孫，劫後仍持有家譜，誠屬可貴，參校上世與平江譜皆無一本相同者，路行數千里，歷時十一載，祇得以民國十三年甲子譜爲準，并參照江西萬載宜春譜，於民國八十年四月定稿付梓，但闕失仍多。

查「歐陽氏譜圖」文忠公有兄長歐陽昞，昞字晦叔，在文忠公全集中偶有提及，景祐五年（一〇

三八年)「游儵亭記」有云:

「吾兄晦叔,爲人慷慨,喜義勇而有大志,能讀前史,識其盛衰之跡,聽其言,豁如也,困于位卑,無所用以老,然其胸中亦已壯矣。」又云:「今吾兄家荊州,臨大江。」

景祐三年(一〇三六年)「于役志」記載:「辛未廿六日,遣人之黃陂,名家兄,大風雨,不克渡江而還。」「壬申二十七日,小飲修己家,明日家兄來還。」「甲戌二十九日飲于兄家。」「乙庚三十日,夜過兄家會宿。」

景祐三年「與尹師魯書」云:「又見家兄言,有人見過師魯過襄州,計今在郢久矣。」兄弟友愛之情,洋溢于行間。

依以上記述,歐陽昞即龍袞「江南別錄」中提到的歐陽觀前妻之子,雖然王明清在「揮塵后錄歐陽觀行狀異同」中,對此有所辨說,但是,李心傳在「舊聞證誤」中云:

「按歐公「瀧岡阡表」以熙寧三年立,而云既葬之六十年,遂數之葬時,公才四歲耳,表內雖不見其出婦事,然以志王明清著揮麈後餘卷六所載:(文忠公有自識父墓文)改之,觀年五十九卒官,而鄭夫人年廿九,必非原配,蓋觀已出婦,其子固難言之,歐公撰「族譜」云:觀二子,昞當是前婦之子,所謂卒類以葬也。文忠後任昞之子嗣爲廬陵尉,見焚黃祭文中,又文忠貶滁州謝上表云,同母之親,唯有一妹,足見昞爲前母之子不疑……。」王明清「揮麈后餘卷六歐陽觀行狀異同」,指歐陽觀人品上不義行爲:「其爲人義行頗腆,先出其婦,有子隨母所育,及登科,其子詣之,待之爲庶人，常致之于外，寒燠之服，每若于單弊，而親信僕隸，至死曾不得侍宴語，然其骨殖，卒賴其子而收葬焉。」誠如所言，歐陽觀對待前妻之子，確實失之刻薄寡恩。

㈢文忠公父母及胥楊二位夫人墓（附圖七八、七九）

文忠公父崇公，母鄭太夫人及胥楊兩夫人墓，合葬沙溪鳳凰山，距離西陽宮約二華里，目前地名為永豐縣沙溪鎮拱江城南村鳳凰山，墓於清嘉慶六年重修，上有一幅對聯：上聯為：阡表不磨崇國範，下聯為古墳猶帶荻花香。迄今墓碑及墓後望碑仍保持完整，唯字跡年久風蝕不清，胥楊兩夫人墓誌銘久毀。永豐文化局派歐陽勇就近負責看管，每年清明祭掃。

文忠公先後曾三次娶妻，宋天聖九年（一〇三一年），文忠公二十歲，迎娶恩師胥偃的女兒為妻。早在天聖六年（一〇二八年），文忠公應試禮部失敗之後，以「上胥學士偃啓」為贄，投謁漢陽知軍胥偃，獲得賞識，被留置門下，當年冬天，胥偃陪伴文忠公來到京師汴梁（今河南開封），為之延譽於諸公之間，使文忠公三試第一，榮選為甲科進士。文忠公終于由胥偃的得意門生轉為乘龍快婿。婚後，夫婦恩愛，伉儷情深，不幸兩年後，胥氏生子未逾月，因病去世，年方十七歲。五年後，遺子也染病夭亡，門人徐無黨遵文忠公之命撰寫的「胥氏夫人墓志銘」稱：「胥氏既賢，又習安其所見，故去其父母而歸其夫，不知其家之貧，去其姆傅而事其姑，不知為婦之勞。」文忠公又深情地撰「綠竹堂獨飲」詩及「述夢賦」等作品，表達對胥夫人病逝深沉的悲哀與悼念。

宋景祐元年（一〇三四年），文忠公再娶諫議大夫集賢院學士楊大雅女兒，又遭不幸，次年九月，楊夫人染病身亡，年僅十八，文忠公與楊夫人恩愛情深，門人焦千之撰寫「楊氏夫人墓誌銘」，盛讚楊夫人通情達理，儉樸而孝勤，曰：「方其歸也，修爲鎮南軍堂書記館閣校勘，家至貧，見其夫讀書著文章，則曰：此吾先君之所以樂而終身也，見其夫食糲而衣弊，則曰：此吾先君雖顯而不過是也，問因其夫之俸廩，食其月而有餘，則必市酒肴果於堂上，曰：吾姑老矣，惟此不可不勉歸之。」文忠公先後爲其岳父楊大雅，岳母張氏以及岳父的前妻張氏撰寫墓誌銘，稱贊他們「以勤儉治其家，教子弟，和宗族，皆有法。」其中寓含對楊夫人的懷念與稱頌。

景佑四年（一〇三七年）三月，文忠公再娶戶部侍郎薛奎第四女爲妻，薛奎字宿藝，淳化進士，官至參知政事，當初薛奎初見文忠公，已有意將女兒許配，但是未及議事，于景祐元年八月逝世，文忠公因貽書責諫官高若訥，被貶官峽州夷陵。薛奎遺妻金城夫人趙氏秉承丈夫遺願，於次年三月在河南許昌將女下嫁文忠公，同年九月，薛夫人隨夫返歸夷陵，薛夫人溫莊知禮，持家謹嚴，是文忠公賢內助。蘇轍「歐陽文忠公夫人薛氏墓誌銘」云：「夫人高明清正而敏於事，有父母之風。及歸於歐陽氏，治其家事。文忠公所以得盡力於朝，而不恤其私者，夫人之力也。」「夫人生於富貴，年方二十，從公涉江湖，行萬里，居小邑，安於窮陋，未嘗有不足之色。」又云：「文忠平生不事家產，事決於夫人，率常有法。」薛夫人於元佑四年（一〇八九年）八月，壽終於京師（河南開封），享年七十有三，同年十一月祔葬於河南新鄭縣旌賢鄉劉村（今歐陽寺村）文忠公墓塋旁，文忠公四子：發、奕、棐、辯，皆薛夫人所生。

歐陽文忠公是北宋傑出的文學家、史學家、金石學家和政治家，清李元度論，三代下兼三不朽而詣其極者，宋歐陽文忠公一人而已。明年文忠公逝世九百九十週年時，江西省永豐縣歐陽文忠公紀念館館長游東函告，江西省爲弘揚民族文化，恢復和維護國家文化遺產，于永豐沙溪，邀請國內外學者，召開文忠公學術研討會，並由政府資助整建西陽宮瀧岡阡表碑亭，重建沙溪文忠公祠，並將沙溪中學改名爲歐陽修中學，以紀念此一歷史名人，使其史蹟照耀千秋！

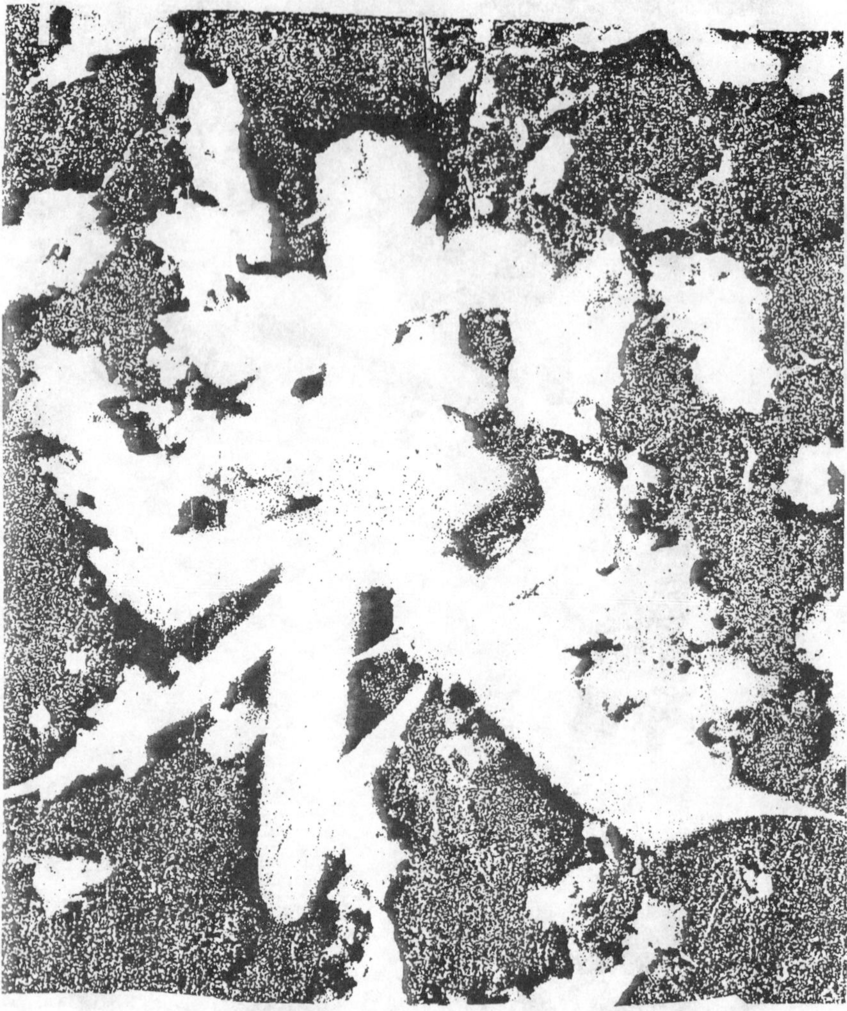

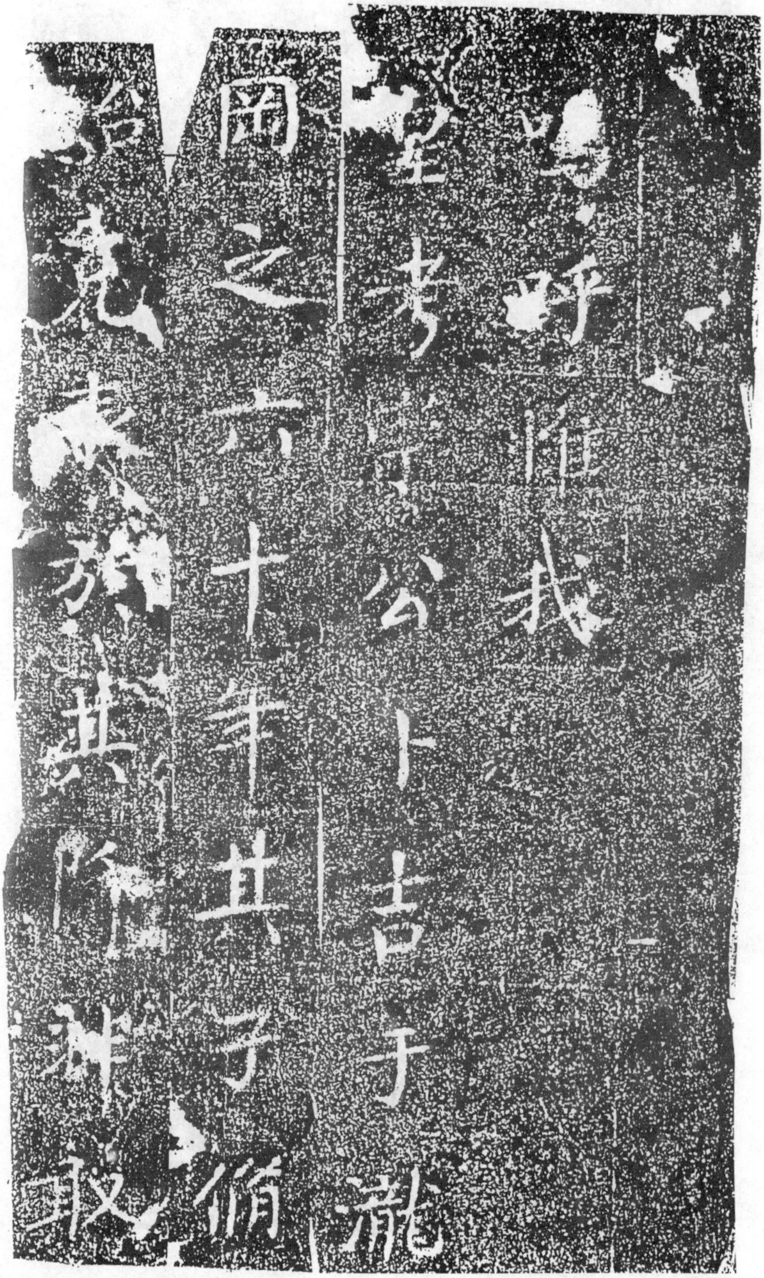
嗚呼惟我
皇考崇公卜吉于瀧
岡之六十年其子脩
始克表於其阡

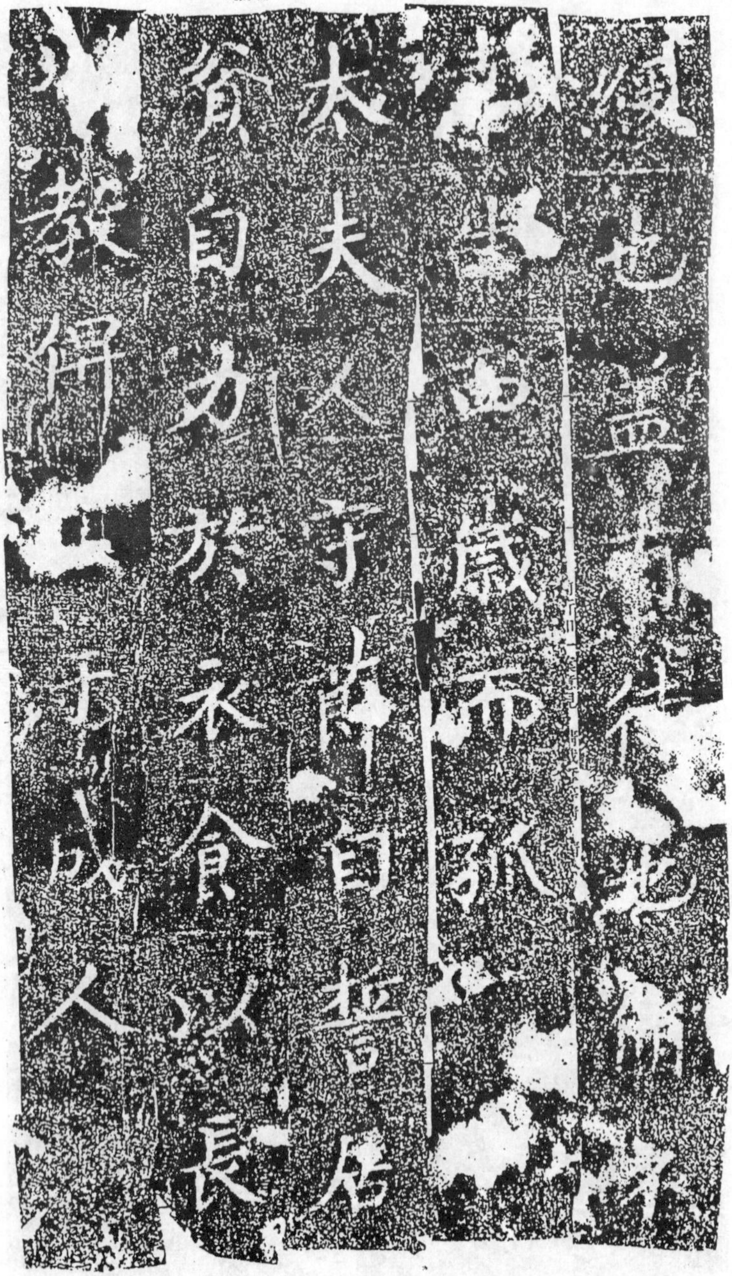
復也
四歲而孤
太夫人守節自誓居
貧自力於衣食以長
教俾于成人

太夫
之
汝父
吏廉而好施與喜
賓客其俸禄雖薄常
不使有餘曰毋以是
為我累故其亡也無一

安也自吾爲汝家婦
不及事吾姑然知汝
之能養也汝孤而
吾不能知汝之必有
立然知汝父之必將

又涕泣曰昔常不足
而今有餘其何及也
始吾一二見之以為
新免於喪適然爾既
而其後常然至其終

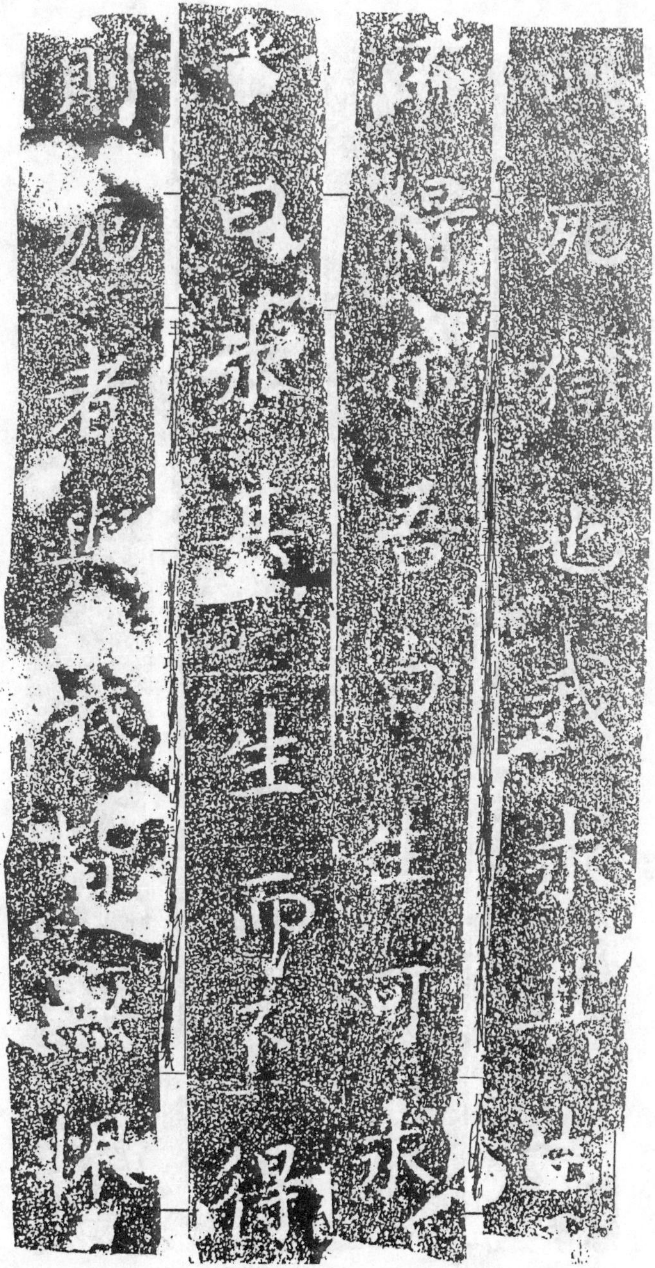
死獄也我求其生
得爾吾曰生可求
乎曰求其生而不得
則死者與我皆無恨

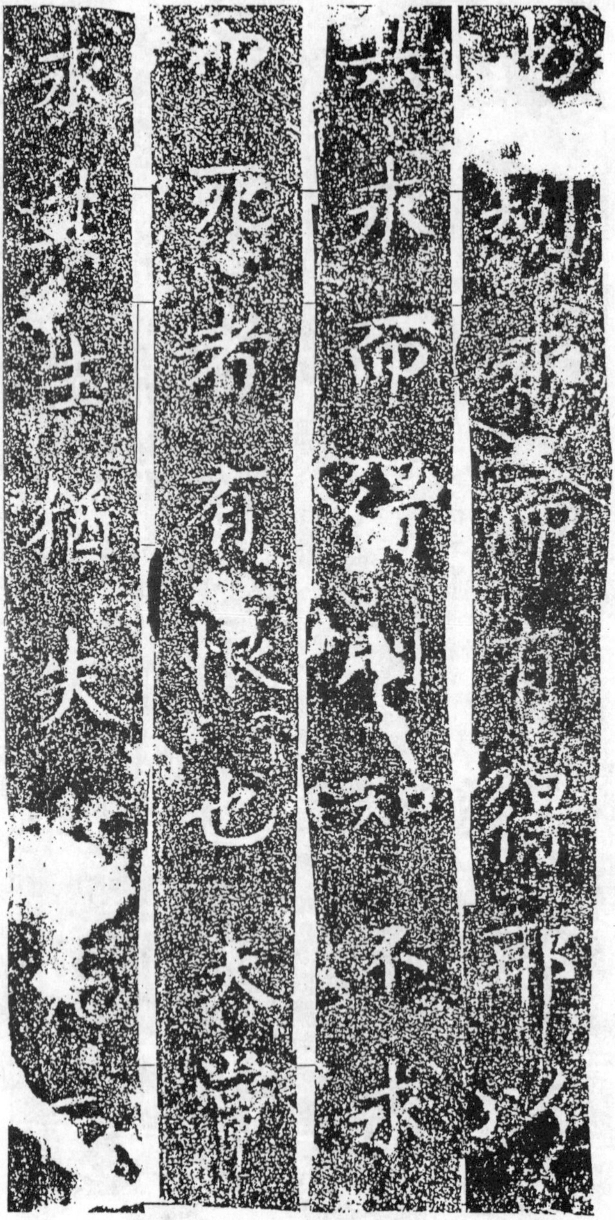
矧求而有得耶以
而死者有恨也夫常
求其生猶失之

世常求其死也。回顧乳者抱汝而立於旁，因指而歎曰：術者謂我歲行在戌將死，使

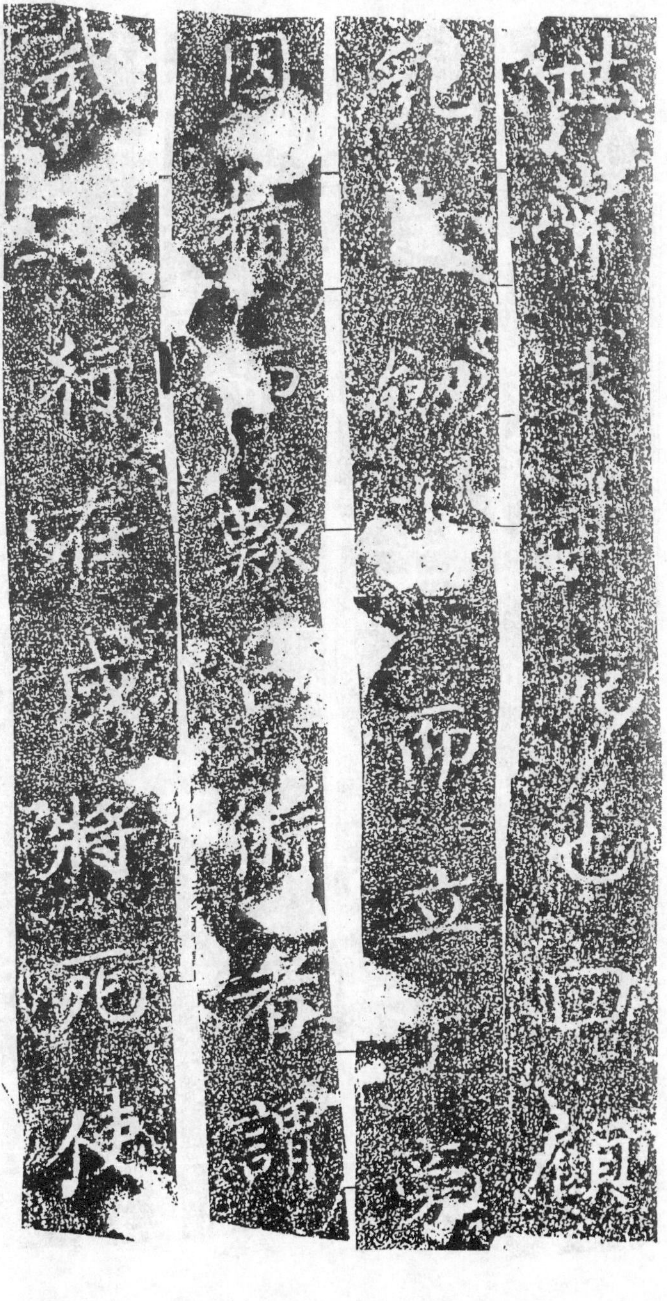

故能許也且施於
外連吾不能知其
家無所論飾而所
為如是真為於中

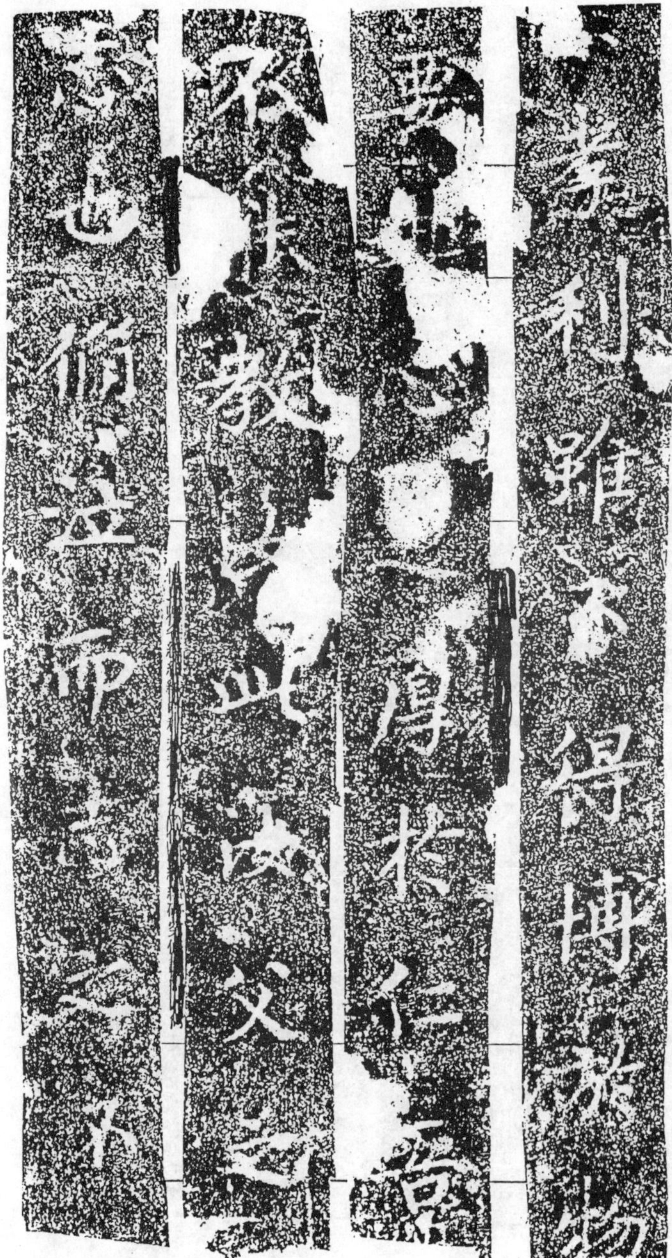
孝利雖不得博於物

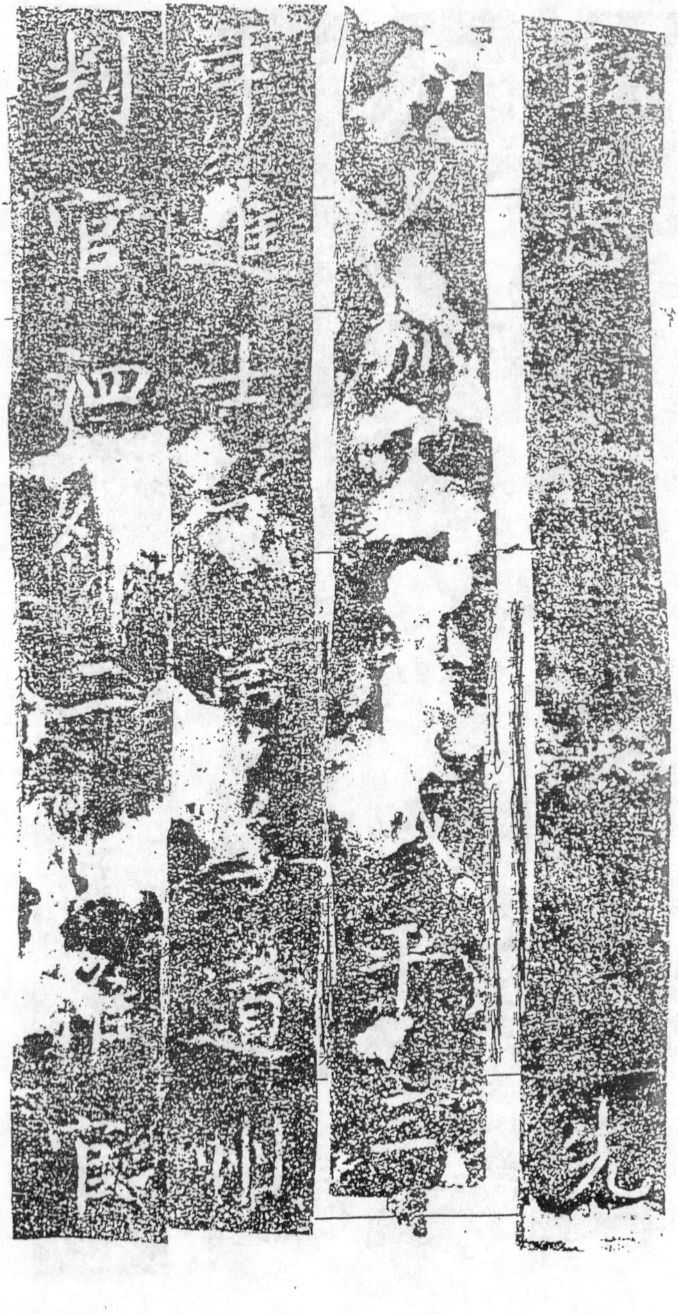

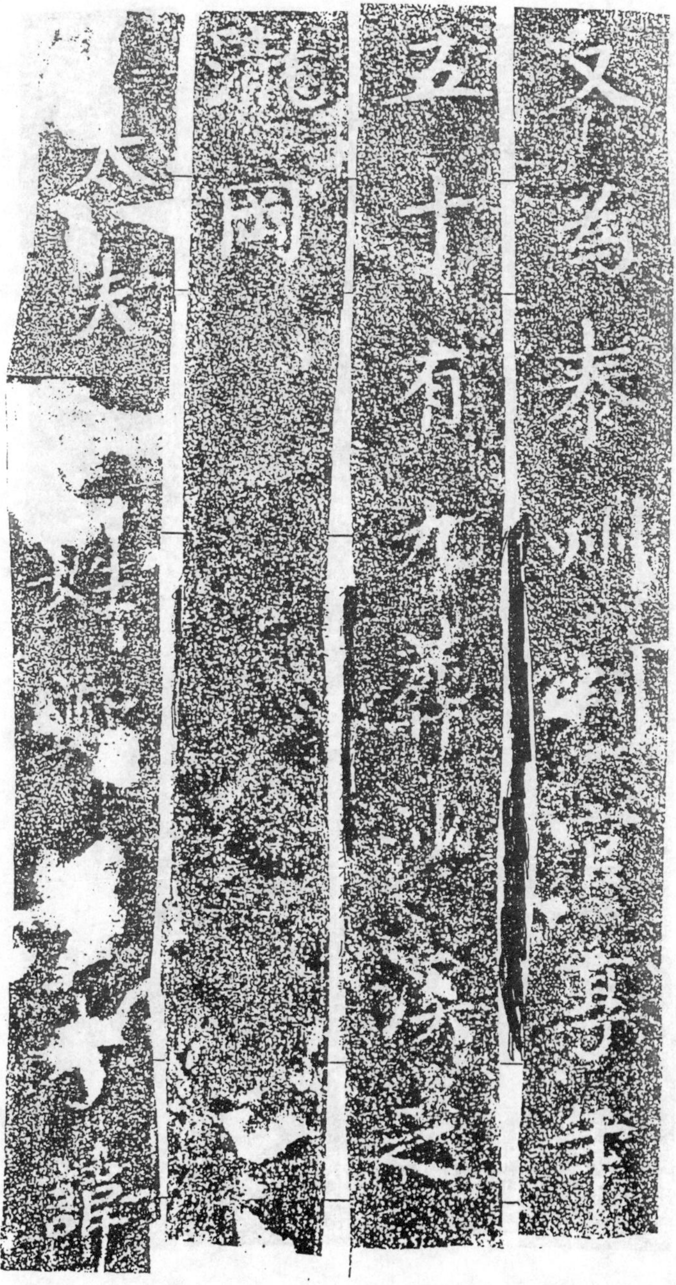
又為表
五十有
瀧岡
大夫
諱

德儀世為
太夫人恭
愛而有禮初封福
昌縣太君進封樂安

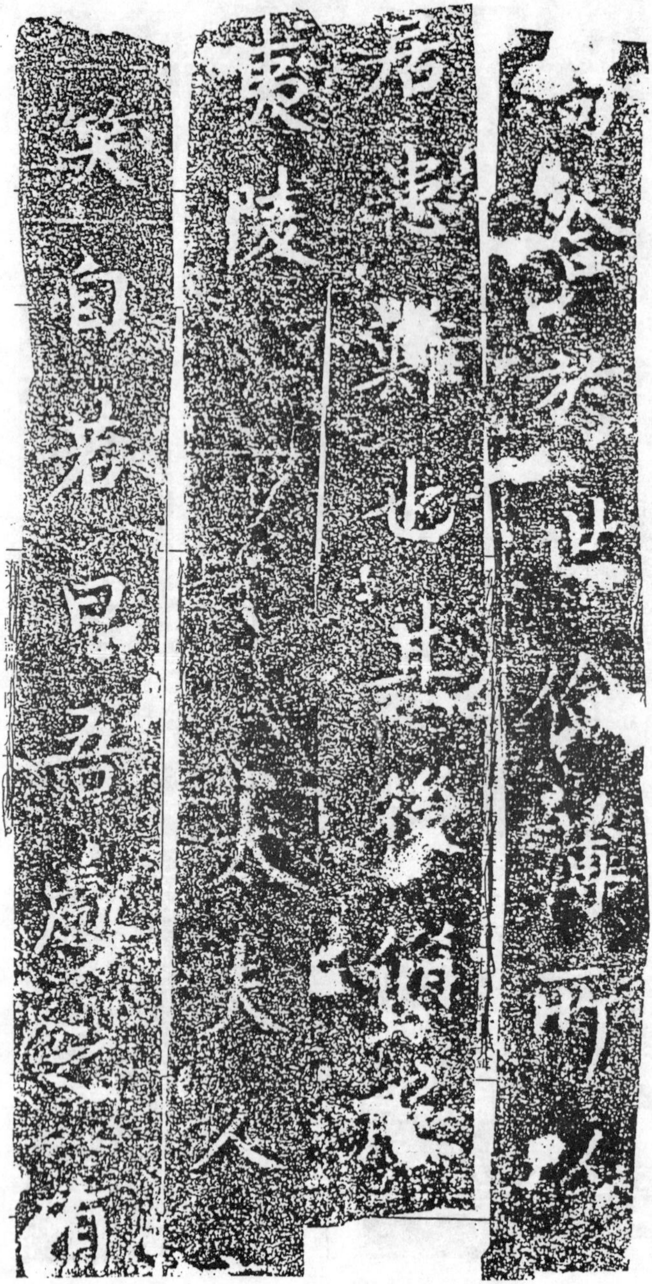

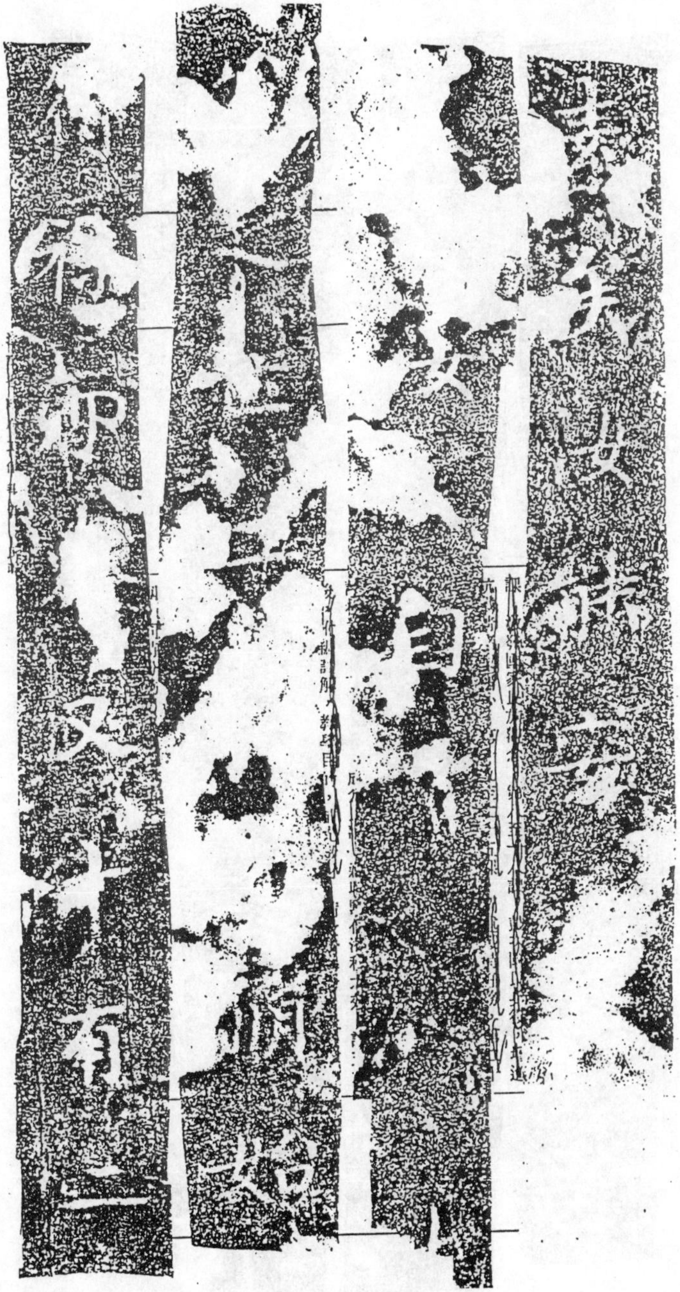

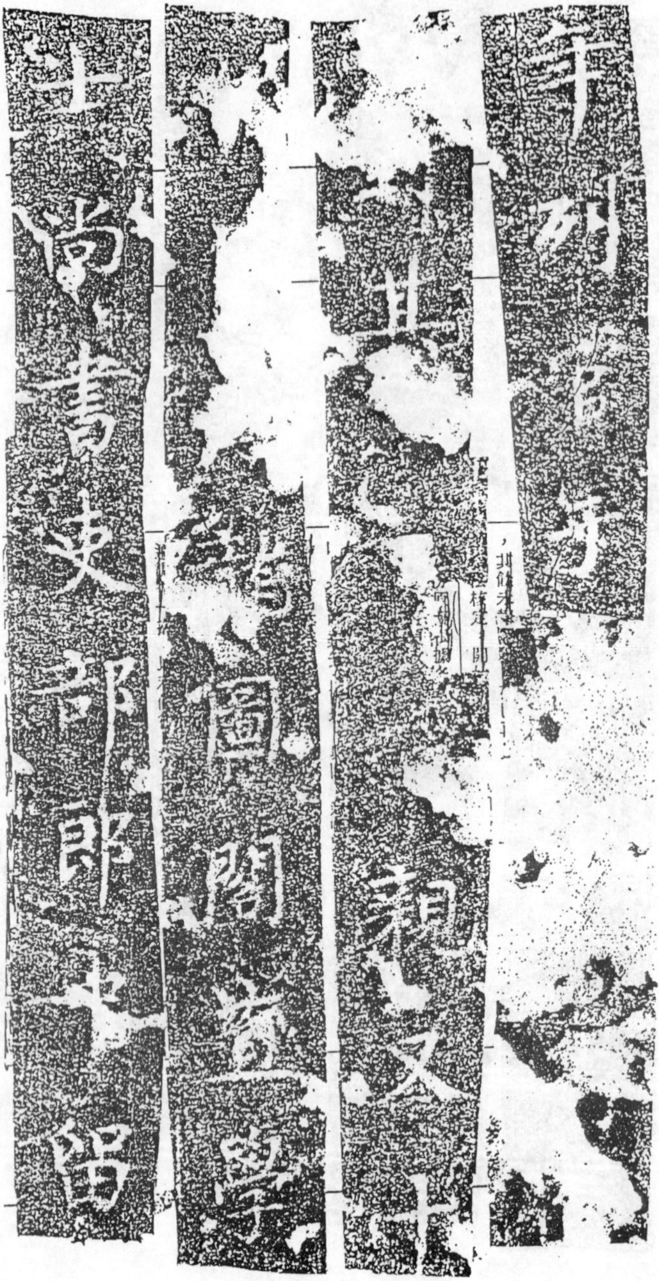
手刺省訪
圖閣直學
士尚書吏部郎中留

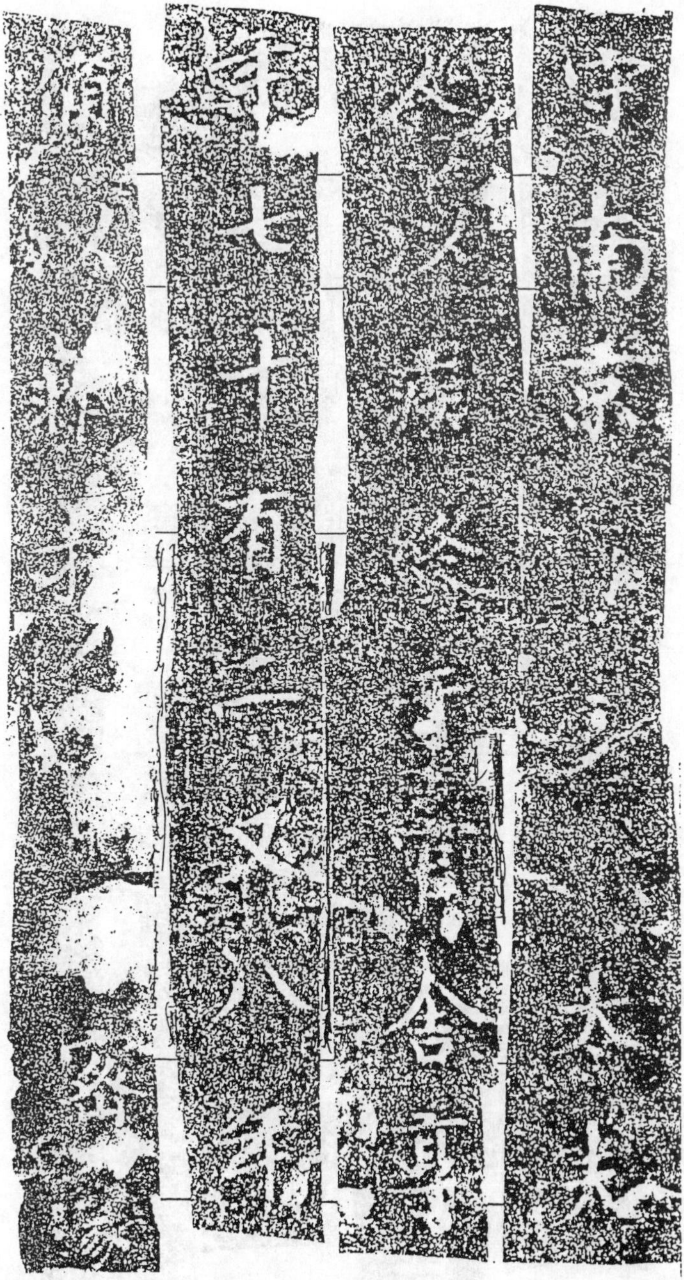

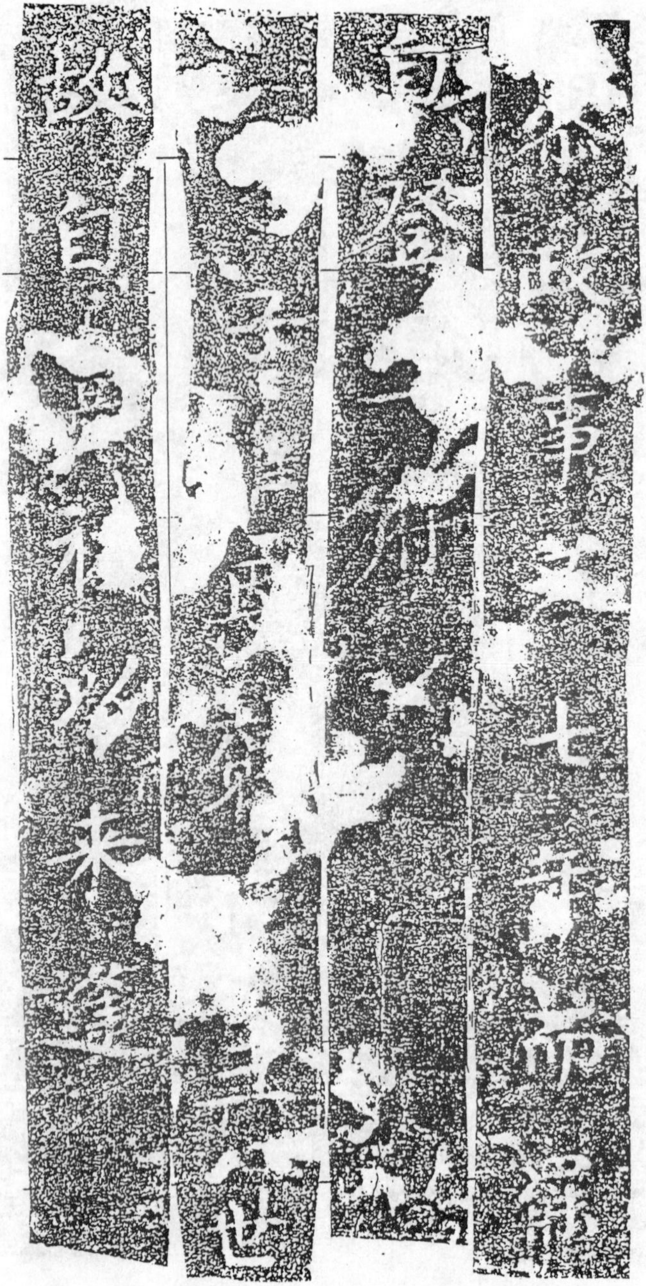

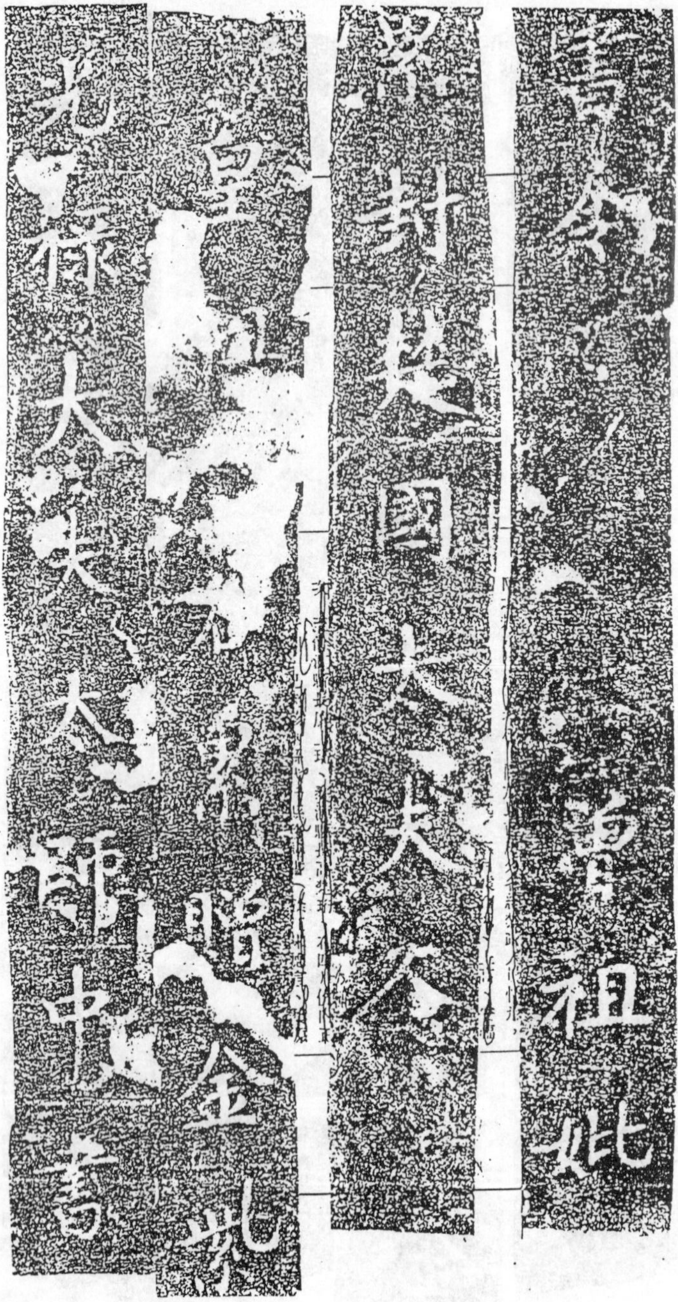
曾祖妣
累封楚國太夫人
皇祖
累贈金紫
光祿大夫太師中書

令兼尚書令
祖妣累封吳國太夫人

令兼尚書令

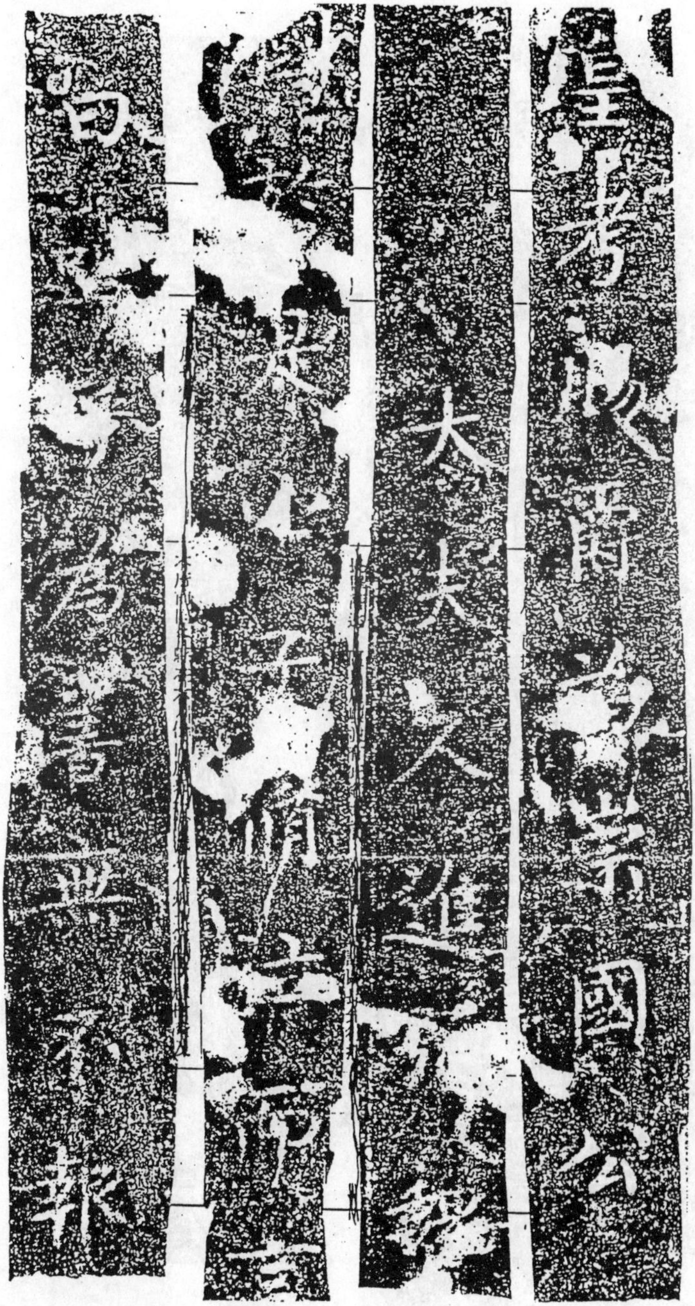

其隆雖不克有發其

躬而賜爵受封顯榮
有
三
之錫命是足以
表見於後世而庇賴

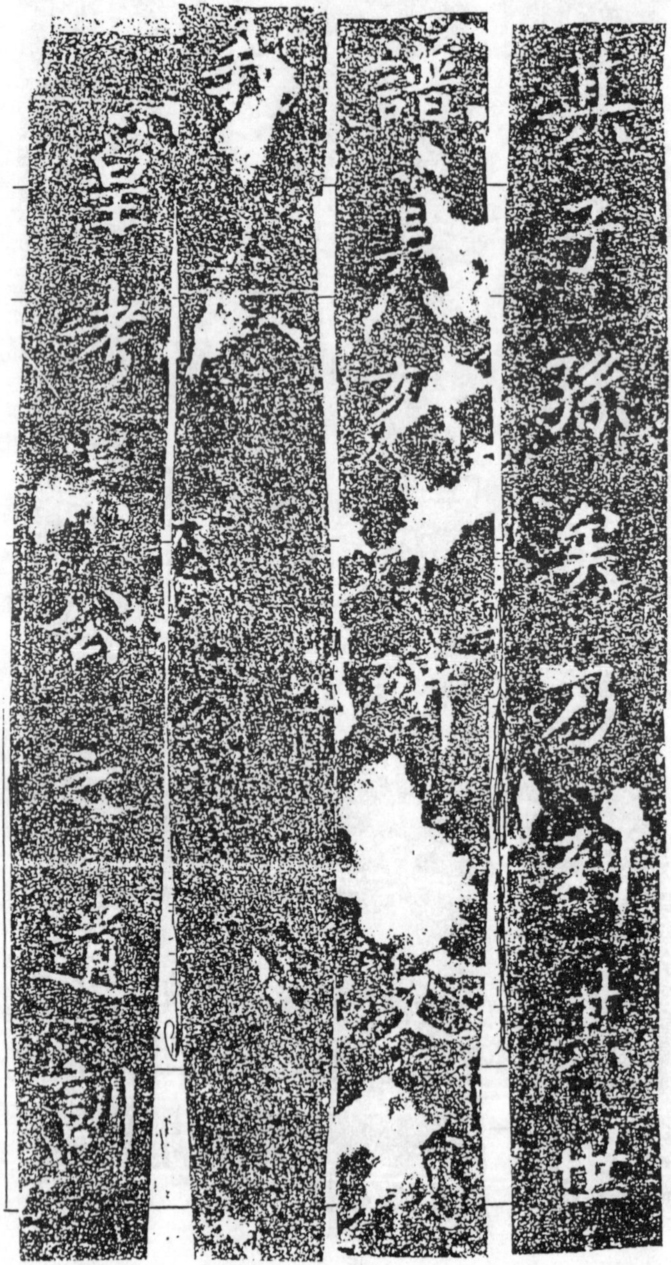
其子孫矣乃刻其世

大夫人之所以
教所有待於後者並
揭于阡俾後人知子

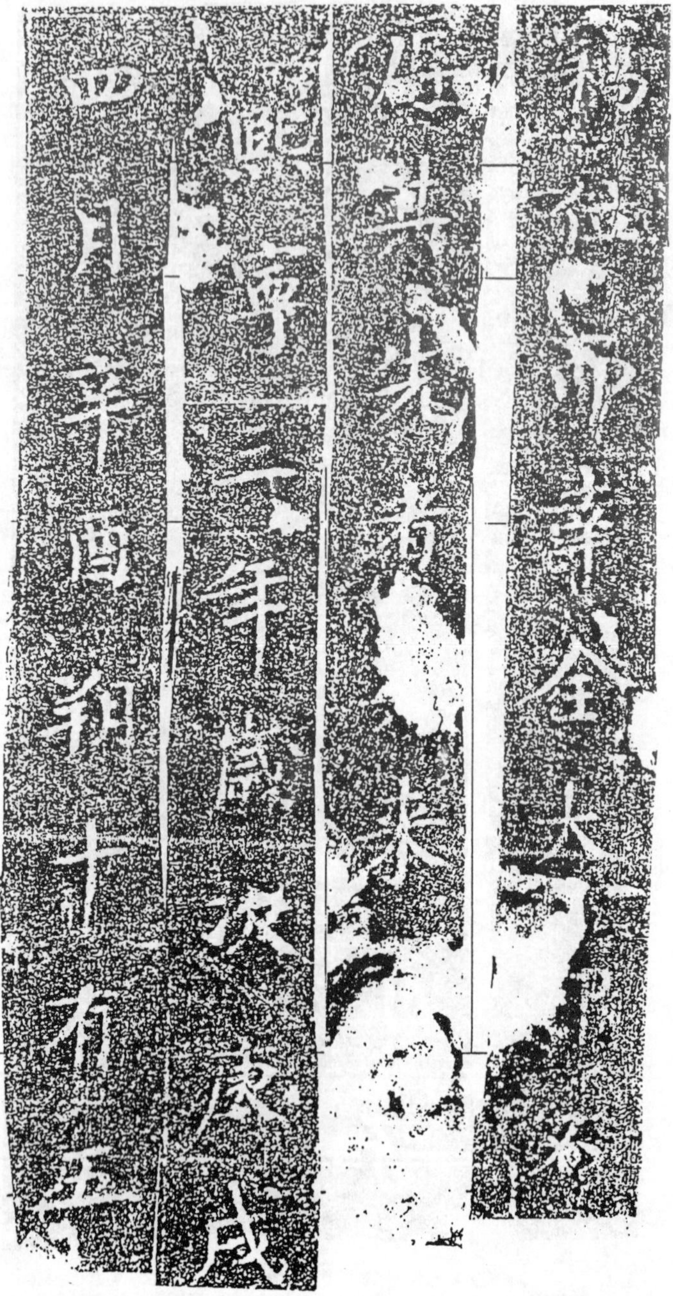
熙寧三年歲次庚戌
四月辛酉朔十有五

日乙亥男推誠保德
崇仁翊戴功臣觀文
殿學士特進行
尚書知青州軍州事兼

安撫使上柱
國樂安郡開國公食
千二百戶

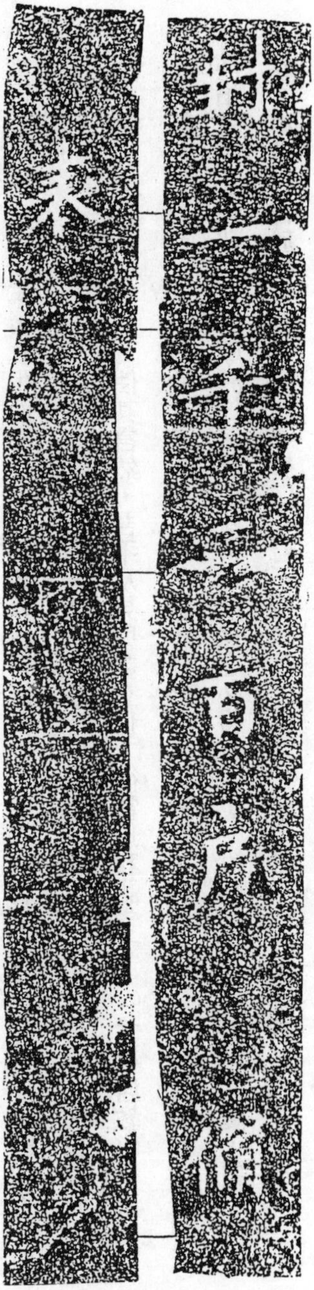

1.瀧岡阡表（錄自瀧岡阡表碑拓本）

嗚呼！惟我皇考崇公，卜吉於瀧岡之六十年，其子修始克表於阡！非敢緩也，蓋有待也。修不幸，生四歲而孤。太夫人守節自誓，居貧自力於衣食，以長以教俾至於成人。太夫人告之曰：『汝父爲吏，廉而好施與，喜賓客；其俸祿雖薄，常不使有餘，曰：「毋以是爲我累」，故其亡也，無一瓦之覆，一壠之植，以庇而爲生，吾何恃而能自守耶？吾於汝父，知其一二，以有待於汝也。自吾爲汝家婦，不及事吾姑，然知汝父之能養也。汝孤而幼，吾不能知汝之必有立，然知汝父之必將有後也。吾之始歸也，汝父免於母喪方踰年，歲時祭祀，則必涕泣曰：「祭而豐，不如養之薄也。」間御酒食，則又涕泣曰：「昔常不足，而今有餘，其何及也！」吾始未嘗不然，吾雖不及事姑，而以此知汝父之能養也。汝父爲吏，嘗夜燭治官書，屢廢而歎，吾問之，則曰：「此死獄也，我求其生不得耳。」吾曰：「生可求乎？」曰：「求其生而不得，則死者與我皆無恨也；矧求而有得耶。以其有得，則知不求而死者有恨也。夫常求之生，猶失之死；而世常求其死也。」回顧乳者，劍汝而立於旁；因指而歎曰：「術者謂我歲行在戌將死，使其言然，吾不及見兒之立也；後當以我語告之。」其平居教化子弟，常用此語，吾耳熟焉，故能詳也。其施於外事，吾不能知；其居於家，無所矜飾，而所爲如此，是眞愛發於中者邪！嗚呼！其心厚於仁者邪！此吾知汝父之必將有後也。汝其勉之！夫養不必豐，要於孝，利雖不得博不得於物，要其心之厚於仁，吾不能教汝，此汝父之志也。』修泣而志之，不敢忘。

先公少孤力學。咸平三年，進士及第。爲道州判官，泗縣二州推官，又爲泰州判官，享年五十有九。葬沙溪之瀧岡。太夫人姓鄭氏，考諱德儀，世爲江南名族。太夫人恭儉仁愛而有禮，初封福昌縣太君，進封樂安安康彭城三郡太君，自其家少微時，治其家以儉約，其後常不使過之，曰：「吾兒不能苟合於世，儉薄所以居患難也。」其後修貶夷陵，太夫人言笑自若，曰：「汝家故貧賤也，吾處之有素矣，汝能安之，我亦安矣。」

自先公之亡二十年，修始得祿而養，又十有二年，列官於朝，始得贈封其親，又十年，修爲龍圖閣直學士，尚書吏部郎中，留守南京，太夫人以疾終於官舍，享年七十有二。又八年，修以非才，入副樞密，遂參政事。又七年而罷。自登二府，天子推恩，褒其三世；蓋自嘉祐以來，逢國大慶，必加寵錫。皇曾祖府君，累贈金紫光祿大夫，太師中書令，曾祖妣累封楚國太夫人。皇祖府君累贈光祿大夫，太師中書令兼尚書令，祖妣封吳國太大人，皇考崇公，累贈金紫光祿大夫，太師、中書令、兼尚書令。皇妣累封越國太夫人，今上初郊，皇考賜爵爲崇國公，太大人進號魏國。

於是小子修泣而言曰：嗚呼！爲善無不報，而遲速有時，此理之常也！惟我祖考，積善成德，宜享其隆，雖不克有於其躬，而賜爵受封，顯榮褒大，實有三朝之錫命；是足以表見於後世，而庇賴其子孫矣。乃列其世譜，具刻於碑。既又載我皇考崇公之遺訓，太夫人之所以教，而有待於修者，并揭於阡。俾知夫小子修之德薄能鮮，遭時竊位，而幸全大節，不辱其先者；其來有自。熙寧三年，歲次庚戌，四月辛酉朔十有五日乙亥，男推誠保德崇仁翊戴功臣，觀文殿學士，特進，行兵部尚書，知青州軍州事，兼管內勸農，充京東東路安撫使，上柱國，樂安郡開國公，食邑四千三百戶，食實封一千二百戶，修表。

2.母鄭太夫人石槨銘

維皇佑五年癸巳六月庚午，匠作石槨，粵七月己亥，既成，銘曰：於乎！有宋歐陽修母鄭夫人槨，既密既堅，惟憶萬年，其固其安。

註：新鄭金石志載，中州金石云：歐陽修撰有石刻，在河南新歐陽寺右百餘步，有土塚微起前立，此碑上刻有鄭夫人墓銘五篆字，下截埋土中，未見槨銘。

3.胥氏夫人墓誌銘（文忠公在憂制，舉附葬之禮，故命門人秉筆）

廬陵歐陽先生語其學者徐無黨曰：修年二十餘，以其所為文，見胥公於漢陽，公一見而奇之，曰：子當有名於世。因留至門下，與之偕至京師，為之稱譽於諸公之間，明年，當天聖八年，修以廣文館生舉，中甲科，又明年，胥公遂妻以女。公諱偃，世為潭州人，官至工部郎中翰林學士，公以文章取高第，以清節為時名臣，為人沉厚周密，其居家雖燕必嚴，不少懈，每端坐堂上，四顧終日，如無人，雖其嬰兒女子，無一敢妄舉足發聲，其飮食衣服，少長貴賤，皆有常數，胥氏女既賢，又習安其所見，故去父母而歸其夫，不知其家之貧，去其姆傅而事其姑，不知為婦之勞，後二年三月，胥氏女生子，未逾月，以疾卒，享年十有七，後五年，其所生子亦卒，後二十年，從其姑葬於吉州吉水縣沙溪之山，修既感胥之知己，又哀妻之不幸短命，顧二十年間，存亡憂患，無不可悲者，欲書其事以銘，而藏於墓，當胥氏之卒也，先生時為西京留守推官，實明道二年也，其哀辭曰：

清泠兮將絕之語言猶可記，髣髴兮平生之音容不可求，謂不見爲纔幾時兮，忽二紀其周，豈無子兮久先於下土，昔事姑兮今從此丘，同時之人兮貌獨予留，顧生餘幾兮一身而百憂，惟其不忘兮下志諸幽，松風草露兮閟此千秋。

4. 楊氏夫人墓誌銘（同前）

廬陵歐陽先生之繼室曰楊氏者，楊氏者，故右諫議大夫集賢院學士楊公之女也。楊氏遠有世德，自漢至唐，常出顯人，故其繫譜所傳次序，自震至今不絕，公諱大雅，以文學篤行居清顯，號爲古君子，先生嘗謂其學者焦千之曰：楊公已歿，修始娶其女，雖不及識公，然嘗獲銘公之德，究見其終始，其行于己，立於朝廷發於文章者，皆得考次，及楊氏之歸，又得見公之退於其家者，皆可法也。楊氏事其姑，以孝而勤，友其夫，以義而順，接其內外宗族，以禮而和方，其歸也，修爲鎭南軍掌書記館閣校勘家至貧，見其夫讀書著文章，則曰：此吾先君之所以樂而終身也，見其夫食糲而衣弊，則曰：此吾先君雖顯而不過是也，間因其夫之俸廩，食其月而有餘，則必市酒肴果於堂上，曰：吾姑老矣，惟此不可不勉歸之，十月，以疾卒，享年十有八，實景祐一年九月也，後十有九年，從其姑葬於吉州吉水縣沙溪之山，乃命千之序而銘其壙曰：其居忽兮而逝也遽，其歿久兮而悲如新，一言以誌兮，千萬歲之存。

5. 西陽宮歷代記述

(1) 代歐陽考功撰西陽宮記　宋畢仲游

（載欽定四庫全書卷六四臺集）

廬陵永豐沙溪有彭道士者，名世昌，其居則唐西陽宮也。或曰，非唐西陽宮也，而世昌于其宮旁得古鐘一，乃唐西陽之鐘，鄉人始信之，而吾家邱墓適在西陽之北，曩吾先君既歸葬，韓國太夫人因使世昌等守之，奏復其宮，額曰西陽，及居二府，又請間歲度道士一人，距今三十年，宮之門堂廡舍，井廩庖湢皆備，而殿則闕焉，吾以邱墓之寄于宮也，亦甚闕之，而沙溪鄒氏獨持錢三百萬，以成其殿，因大治宮外之道，分田以給之，蓋釋老之徒，交行于天下，天下爲釋氏者多，而學老子者少，天下太平，人物蕃滋，而財不足，中民之家，僅守于衣食，而高門大姓，亦謹事蓋藏，希能出力，以徼二家之福，雖釋氏之塔廟，既更歲月之久，水火之變，則必假公上之力，王侯之重，與二三尊宿者，以名動之，然後僅能完也。如道家之宮，非祖宗之建立，與州縣之所領，而不可廢，則能完者，或寡矣。今是人也，不以世之所多少，而皆用力焉，其果無所阿耶！富家大姓方謹事于蓋藏，而是人也，如恐其財之不出，其果無所愛耶？使是人也，純以禍福爲志，則吾西陽之所賴者，將有所不暇，而清淨寡欲，庶幾無疾病，延年久視，則三道之人，皆有是心焉，吾既嘉世昌之志有成，而鄒氏之子能成之也，故鄉之父老屬予爲記，予不敢辭，因以吾所見聞，與事之本始，告其父老使知之，鄒氏之子名曰宣，元祐元年六月十八日朝奉郎尚書考功員外廬陵歐陽某記。

(2)歐陽文忠公祠記　　楊萬里

予門人永豐羅椿移書抵予曰，吾邑之沙溪，六一先生之故鄉也，其立祠堂舊矣，其右老子之宮曰西陽者也，其前崇公之墓也。屋圮於潦，里之士陳懋簡撤而新之，其經爲尺六十緯爲楹三十有六，監丞周公必大爲大書五字以揭之，而未有記之者，顧介椿以請謁焉。萬里曰：是不記不可也，蓋自韓退之後，斯文絕而不續，至先生復作而興之，天下之於先生不此知之否也。若夫自唐末五代以來，爲臣者，皆以容悅而事君，能以容悅而事君，豈不能以容悅而事讎乎，忠言直節，近古未有，天下國家今賴之，亦有知作興之者先生乎，自古是非予奪，聖賢不能齊也，及其齊也，聖賢不能易，如三百年之唐，而所思尊者，惟韓子一人，何其齊也，本朝二百年矣，而所思尊者，惟先生一人，何其齊也哉，舉一世而皆然，或者以一夫而然者衆，不然者寡，未害其爲齊，舉一世而皆然，或者以一夫而然者衆，不然者寡，未害其爲齊也，後此千百年，其皆如今日乎，亦未可知也，至於然者衆，不然者寡，則可知也，先生可以無憂矣，大抵賢人君子歿而見祠者，或生而不遇者也，先生其道行於當時，其學行於天下，後世雖不祠之，天下獨不知有先生乎，生而無不邁，歿而見祠，此賢人君子之盛，獨先生之幸也，古者鄉先生歿，而祭於社，非尊鄉先生也，尊鄉先生，所以儀後人也，今吾州自郡庠鄉校，皆有鄉先生祠堂矣，沙溪實先生所居之地，而不祠之可乎，不可也。予見今世之士，其有所舉也，或者有所爲而爲之也，自眉山之蘇，豫章之黃，相繼淪謝，先生之徒黨，皆無在者，而陳生懋簡奮然作祠堂，而尸祝之，其誰爲也，生而有爲，其不以此而易彼乎。

(3)歐陽文忠公祠記　　　　歐陽守道

宋咸湻二年，載吉安府志

歐陽守道，廬陵人，字公權，少孤貧，自力于學，以德行爲鄉郡儒宗，淳祐初舉進士，授雩都主簿，以憂歸，後累官著作郎兼崇政殿說書，于學無所不講，尤深前代治亂興廢存已之說，學者稱巽齋先生，著有易故，巽齋文集。

淳祐初，今參知政事古心江先生守吉州，予以進士爲郡客，先生問曰：此州天下稱歐鄉，思文忠後子於公幾世乎？予對曰：非也，予之先世墳墓，遠者二三百年，皆幸存，而名諱官職所居所葬，與公瀧岡所表無一同者，歐鄉之稱，亦不始公，蓋自南唐時郡爲歐陽進表方里已有之矣，先生嘆曰：子乃不肯如他人附同姓名賢後，他日必於斯文中自立也。予曰：同姓名賢而可附，黜吾祖矣，自立則不敢不勉，蓋於今幾三十年，猶竊取文忠公之書，而誦習之，莫能髣髴其萬一，而已老矣，以是愧於當世儒宗之期望，而瀧岡阡又有文忠公之祠堂，其里人陳氏字養廉所爲立也，誠齋楊公記之於前，今養廉之子應雷復新之，乃請予爲記，余敢乎哉，應雷請不已，曰：學公文以記之矣，在昔未聞以誠齋而以異姓辭，況同姓乎？且公不曰三邑歐陽，皆同祖唐率更令乎？予無以復辭，則遂書曰：死而有祠，四世之間，死而不朽，百世之傳，此公平生語也，公之盛德，宜百世祀，惟是瀧岡之阡，自公附太夫人於崇公墓，而復還朝，至老于潁，蓋二十年不再至，淳熙丙午公薨，又百餘年矣，修其牆屋，護其松楸者，陳氏，是時又爲公祠堂，而尸祝之，若子於父母然者，誠齋亟稱之，公何以得此於陳氏哉！民之秉彝，好是懿德，敬其人以及父母，陳氏此心，誠齋示此心也，往昔容齋洪公讀思潁詩而不滿，以爲瀧岡在所思，胡爲乎思潁，夫公豈一日而忘此也，觀其屢疏乞還鄉而不得，亦可以哀其志，孔子於合葬之墓，曰丘也，東西南北之人也，不可以弗識也，封之崇四尺，先聖救時行道之心，不能自已，其於四方之行，則謁墓而去，後之知之者，不獨一鄒，曼父之家，是亦藉鄉里守之矣，豈惟防墓，蓋夢奠之時，伯魚先亡，子思尚幼，築室於場，三年而不去者，乃門人也，聖賢固多阨，然惟其有以爲萬世之人傳，則謂優於所謂四世之祀，公之瀧岡，吾知其亦計及此也，況豐碑刻表，又不止於四尺之封乎，陳氏子孫雖不識公，而公之初心，固以好是懿德，俟斯人於來世矣，東坡蘇公，公門人也，既葬，官師公于老泉，終身不得上丘壠，元祐間，有賈大夫者倅眉，坡公祝以青松三萬，願與甘棠同不剪，賈爲往視，坡公謝之，當是時坡公在廟堂，賈大夫愛及先生墓，猶有一日交情之素，孰知陳氏數世於瀧岡，存亡不相及，無所爲而爲之者，文忠公遺像在堂，陳氏日往拜之，吾知精神所感，公之神，更有甚於蘇之爲賈謝也，養廉諱懋簡，里人以誠齋品題，稱爲獨立，翁松谷處士諱無蔽，字幼哲，應雷其曾孫也，幼哲晚年有志，新是祠堂未就沒應當方葬父，而又追繼先志，皇皇乎不能緩，豈非世世爲尚德君子哉，嗚呼，世俗所謂祠，惟禍福爲動者常得之，不然則又視時之所尚者，其謂先賢，亦如浮屠老子之宮，更衰而迭盛，彼未必皆出於中心也，自誠齋翁前記已嘆之矣，坡翁序六一集曰：天子明聖詔修取士法，後學者知歐陽子之書，今歐陽子之書固在也，陳氏一家於是而爲篤信矣。

⑷西陽宮記

吳　澄　元天曆二年九月甲子　吉安府誌紀述下

吳澄，元崇仁人，字幼清，幼穎悟，既長，用力聖賢之學，至大初爲國子監司業，遷翰林學士，泰定初經筵，以澄爲講官，會修英宗實錄，命總其事，實錄成，即移疾，詔加資善大夫，澄答問亹亹，以斯文自任，四方之士，負笈從學者，不下數百人，暇即著書，于易、春秋、禮記各有纂言，著學基學統二篇，又校定皇極世書，又校正老、莊、太玄經，樂律、八陣圖，郭璞葬書，所居草廬，程鉅夫題曰「草廬」故稱草廬先生，卒諡文正。

文章之傳世，雖聖賢之餘事，然其盛衰絕續之際，實關係乎天地之氣運，周秦以前尙矣，先漢賈馬二子以來，八百餘年而後，唐有韓子，韓子以來，二百餘年而後，宋有歐陽子，天之生斯人也，固不數也，是以百世之下，萬口一辭，稱爲文章之宗主，尊其人，則敬其人，尊其人，則敬其親，苟敬其親也，則敬無乎不在，而況其墳墓所在乎，此予所以不能已於西陽宮之記也，西陽宮者，何，歐陽子之親之墳墓所托也，昔韓子三歲而孤，先世墳墓在河陽時，或往省，歐陽子四歲而孤，二親俱葬吉永豐之瀧岡，終身不能一至，蓋其考崇公官於綿，而生子官於泰而遽終，妣越國太夫人鄭氏以其子孫依叔父隨推州官，越一年崇公歸葬於吉，葬後還隨歐陽子年二十，預隨州貢，年二十四，登進士科，歷任多在江北，及留中朝，年四十六而太夫人喪，次年歸祔崇公之兆，葬後還穎，崇公之葬，距越國之葬，踰四十年，越國之葬，距文忠公之薨，又二十六年，六十年間，欲如韓子之一省墓，而不可得，其墳墓之託，幸有西陽宮焉，宮在永豐沙溪鎭之南，舊名西陽觀，莫詳何代肇創，宋至和乙未，道士彭世昌起廢掘地，得鐘識云，貞觀三年巳丑，西陽觀鐘，崇公諱觀，聲異而字同，不詳，本朝改觀爲宮，宮之後有祠堂，合祭崇公父子，阡表世次二碑，豎於一亭中間，祠堂被里人陳氏新之，淳熙丙午，誠齋楊先生爲之記，其後堂復被陳氏子孫重葺，咸淳丙寅，巽齋歐陽先生爲之記，莆陽方侯崧卿守吉，出錢十萬，命邑尉陳元勳，修築瀧岡阡之門與牆，紹熙辛亥艮齊謝先生記其事，尤爲該備，獨西陽無片文可稽，祠堂初記，丙午至今一百四十四年矣，祠堂續記，丙寅至今亦且六十四年矣，而宮之道士鞠文質，始遣其徒蕭民瞻來請記建宮本末，民瞻之言曰：宮面山枕溪，拱抱明秀，金華桃源翼其左，龍圖鳳岡峙其右，地之廣袤大畝而縮，禮神安衆，室屋俱完，宋南渡後，道士賜紫者四，劉師禹、陳宗益、彭宗彥、曾若拙也，田之歲入米以斗計，三百而贏，則宮之可藉以永久者宜也，而予竊有慨焉，嘗聞諸禮，士去國，止之者曰：奈何去墳墓也，子路去魯，顏子俾之，哭墓而後行，然則古人未嘗不以不得守其墳墓爲戚也，而唐宋二大文人，栖栖無所於歸，末年就京就潁而家，悉不得歸近墳墓，豈其心之所樂哉。今瀧岡之阡，歲時展省，如其子孫者，西陽宮道士也，據禮之常，揆義之正，雖若可慊，倘非歐陽子之文，上配韓子，如麗天之星斗，光于下土，與天無極，則亦何以能使其親之得此於人哉，夫能使其親之得此於人也，其不謂之孝子哉，夫得謂之孝子也，而但謂歐陽子爲文人，可乎哉，噫，此予所不能已於西陽宮之記也。

(5)謁西陽宮三首　　李金臺　　載吉安府誌藝文志

六一文章擅一時，孝思尤重瀧岡碑；誰知貝闕珠宮裏，也愛人間絕妙詞。

幾見豐碑出外台，妄言妄聽總疑猜；不知當日歐陽老，曾倩黃公草檄來。

斷碣消沉不計年，空山久自鎖寒煙；摩挲碎瑷出幽草，好事冥搜賴後賢。

(6)重建西陽宮記

曹秀先，清新建人，字冰持，號地山，乾隆進士，官至禮部尚書，乾隆四十九年卒，謚文恪，有賜書堂稿，依光集，使星集，地山初稿等。

朝議大夫刑科給事加一級新建後學曹秀撰并書

國子生滁州陶滌篆額（如附圖）

西陽宮者，歐陽文忠公封樹先人之塋觀也，吳學士草廬嘗記是宮即瀧岡阡地，今永豐治沙溪是已，乾隆甲戌滁州陶侯令永豐，以明年春回，舊令之政，徇士庶之求，建專祠於城西，祀文忠公，訪其裔孫，接

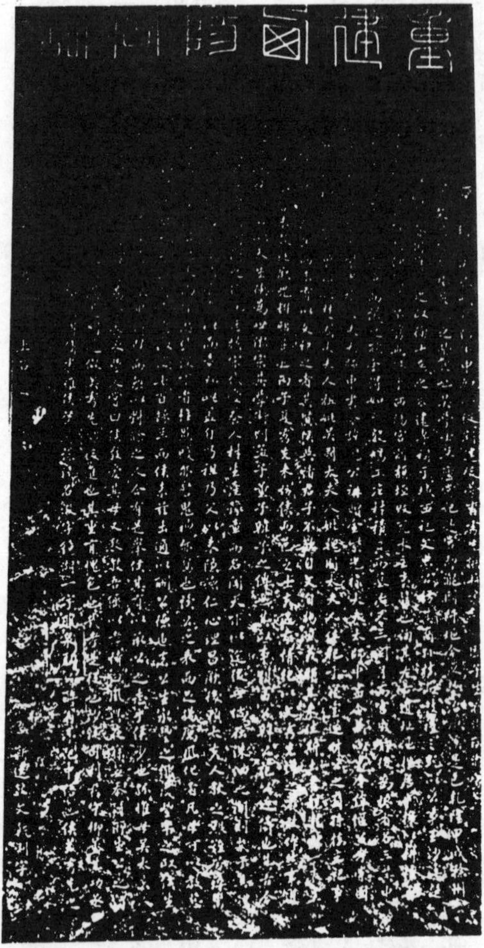

而教禮之，既以公事至沙溪，趨謁瀧岡，拜于墓，則古碑剝蝕，荊榛不翦也，拜于西陽宮，則頹垣敗瓦，木主塵翳也，詢其左右，遺址，他姓居民，攘以耕種也。侯滋用怵目傷心，集薦紳輿庶而議之，醵金得如千數，鳩工庀材，積日而墓治，又三閱月而宮成，前後爲楹者各三，集中以奉祀公之曾祖累贈金紫光祿大夫太師中書令諱郴，公祖贈金紫光祿大夫太師中書令兼尚書令諱偃，公考崇國公諱觀公衆公神位，又奉曾祖妣楚國太夫人，祖妣吳國太夫人，妣魏國太夫人位，祀于寢室，遂付公之裔孫接立祀事，凡治墓與宮成，蕆事踰年，而未有以文紀之者，其賢侯與諸君子不欲自文自揚盛美耶，其來往斯土者，睹瀧岡一表星日同懸，將詹詹小言未敢比厥光耀耶，是也，丙子夏，秀光來訪侯，而邑之士夫遇我，請紀以文，秀光憚之不敢作，然事道其實，猶之可也，伏念公以天生德爲世儒宗，其學術則孟子董子韓子之傳也，其以事則富公韓公范公之儔也，其古今讀文則左國史漢曹劉陶謝之匹也，匡扶宋代，愛養人材，生產豫章，而名聞天下，以迄後世，倘在洙泗之間，則幾于具體而淑者矣，而其先孤露煢煢，誰意有此而意如此，蓋自乃祖乃父以來，隱德仁心，理昌厥後，賴太夫人教之、艱難若瘁，鬻之閔斯以成大儒，今讀公之表，而可潸然淚下者，雖愚賤亦警，鬼神亦驚也，讀公之表而足揚厲風化者，凡母可以教慈，子可以教學者，昔者公牧于滁，有惠政，後七百餘年而侯來茲土，適以酬公德也，夫公生永豐之鄉，成豐樂之政，侯生豐樂之境，作永豐之吏，不有是粟罷時歸，而無以對滁之人，今有是舉，侯其有承公之志乎，侯少也孤，惟母吳太夫人教之，以場屋諸生，三載學宦，遂爲令，長永豐，人嘗曰：侯敬愛其母，又數教吾儕以孝，詩曰：夙興夜寐，無忝爾所生之謂矣，侯其向往而至之矣，邦之人其是則是效矣，秀先卿後進也，其重有愧色也哉，考是役也，沙溪司劉君守卿董其功，丞尉洎諸薦紳士人輸其貲，襄其事，例得附書，惟侯肇其謀，侯名浚，字鏡湖一字釀泉，取公醉翁亭記中語也，侯蓋秀光之友云。

大清乾隆丙子歲孟秋月筮吉月上后　新建熊文執刻字

(7)重修西陽宮記（如附圖）

永豐沙溪西陽宮勗士子文

嘉慶二十三年冬十二月予試吉安，至郡永豐，諸生周槐等以重修西陽宮落成乞誌，西陽宮者，宋時瀧岡道觀，歐陽文忠公記公考崇公墳院也，瀧岡阡巍然麗焉其得是觀，及改觀爲宮，由韓魏公請於

朝，至今祀文忠公三代考妣暨公位，詳曹地山先生記，溯而上之，楊誠齋、吳草廬、歐陽巽齋諸先儒各記其實，予後學無文，曷敢贅，顧諸生意拳拳，而予官有司教責竊出一言爲諸生勗，考歐陽崇公登宋咸平進士，歷推官判官，爵微而業無由顯，文忠公四歲孤，不及被崇公之教少侍鄭太夫人，倚叔父，及登進士歷官蹟，惟送鄭太夫人喪，一省崇公墓，夫荒阡舊隴，數年無子若孫至，則廢爲墟矣，漸若平地矣，獨瀧岡阡以西陽宮而存，存且日益著，豈天之獨厚歐陽氏耶，抑亦人之所爲爲之也，予少讀阡表於崇公祭祀涕泣，以祭豐不如養薄，御酒食泣，不及以有餘事親，輒嗚咽不忍讀，以是知崇公仁孝至純，治獄求生人不得，屢廢書而歎，何其仁也，仁與孝出於性，人孰幾有，而崇公一言一行，純摯鬱勃，動人肺腑，豈惟性稟獨厚，知其學之所葆，粹然盎然，醇乎仁人孝子之用心，千載如見，乃阨於遇，而未展於時，宜太夫人早知公之必後也，文忠公少聽太夫人言一一誌之，不敢忘，顧以生平遭遇，通塞迭乘，愬歎集忱，繫心君國，崇公之葬，距葬太夫人四十年，葬太夫人二十年而文忠公薨，六十年間剔歷中外，移孝作忠，未嘗一日忘崇公也，如文忠公者，謂非崇公之仁與孝又有以啓之歟，鄭太夫人益亦母教卓卓者耶，諸生因瀧岡阡而重西陽宮，知其所以重者，由仁與孝而交相勸勉，以庶幾先儒之萬一，是亦歐陽崇公及文忠公所默佑也，是固學之所至也，予以官不得以不文辭，愧歉甚焉。

欽命兵部左侍郎督學江西部院加十級紀錄十次宛平後學顏德慶撰。

附錄二　歐陽文忠公先祖墓園概況

據安福府歐陽氏六宗通譜載：「歐陽氏有自唐詢公有譜，自宋修公有圖，自明萬曆珠山春公有通譜，清乾隆鈞源安世公有續通譜，數典不忘，群流匯極，脈絡分明，豈不懿歟，然所云通者，亦通乎安福府君萬公以下六宗而已……」。因此，大江南北，歐陽氏子孫，均尊萬公爲一世祖。

歐陽萬，唐僖宗乾符安福令，爲士民愛戴，爾後落籍安福縣，其子孫散居吉水永豐吉安等地，歐陽文忠公爲萬公九世孫，歐陽偃爲六宗中歐陽託之孫，文忠公爲歐陽偃之孫。

據譜載：歐陽萬葬安福縣南門外歐君山上，縣民建有專祠祀之。歐陽偃與夫人李氏合葬吉水五十二都回陂張莊後，明成化年間，被鄰居胡氏盜葬墳右，尙華派嗣孫雅文子鎂等詣闕陳情，斷令起遷，至今尙華子孫世守醮掌。

民國七十九年九月（一九九〇年）禮溯祖尋根，專程前往河南新鄭市歐陽寺村拜謁文忠公墓，實地查勘。偃祖夫人李氏葬文忠公墓園附近，早年設有專祠致祀，今圮，證實往日族譜記載錯誤。

民國八十二年（一九九三年）九月十二日專程自台北經南昌轉吉安市，由井岡山日報社長周振清陪同，先往安福縣江南鄉歐金村（離縣城十公里）致祭萬公墓，墓園佔地數百坪，墳垣形如小山，墓破壞甚鉅，墓碑損毀無存，擬附近鄉人稱：民國初年有專人守護，縣民俗稱孝子墓，近年有廣東籍族人前來祭祀，墓附近為歐陽君村，有村民四戶，務農，已不知先祖之世系。（如附圖七六、七七）

安福縣副縣長歐陽運，乃萬公後裔，與其面談，允糾集附近族人，著手修復。

九月十三日往吉水縣葛山鄉迴陂村鳳凰嶺，由李鄉長陪同拜祭偃祖墓，基地僅餘黃土一堆，荒草滿地，墓前僅留存小樹一株，近年清明節亦有附近族人祭掃，墓前數十公尺有村落，非歐陽氏子孫居住，歸途訪吉水縣統戰部，允發動當地族人整建。（如附圖七八）

歐陽氏族尋宗記（一九九三年九月三十日江西吉安市井岡山日報載）（附後）

當今世界悄悄興起了一股尋根熱，雷根尋根英倫，阿基諾夫人祭祖福建，章孝慈掃墓桂林……在八十年代，中國新聞社向海外播發了一條消息：江西省永豐縣沙溪鄉歐陽修的後裔收集到一部歐陽氏族譜。不久，太平洋彼岸就來了航空信件，要求將該譜複製一套，以供溯祖尋根之需。無奈當時永豐尚未引進複印機，不能滿足這一需要。但尋找歐陽氏族派根源的活動，仍在海外進行。

現居台北的歐陽禮先生就是一位熱心的尋根者。他先後通過美國和日本等地的圖書館，而搜集到安福府歐陽氏六宗通譜等資料。這位祖籍湖南平江縣的七十五歲老人，也終於弄清楚了，他就是歐陽修的三十二代孫。他們的始祖是曾在唐代任安福縣令的歐陽萬。他們平江的先祖是歐陽修第十代孫歐陽景輝，因隨文天祥勤王抗元，爲避元朝的迫害，而徙到湖南平江縣低坪山區，一九九〇年九月，歐陽禮先生還專程到河南省新鄭縣奠祭了歐陽文忠公，並積極組織台北、金門兩地的宗親會籌集資金，將歐陽修的墓地進行了修復，以弘揚中華民族文化。

歐陽禮撰寫的《歐陽修墓園今昔概況》，一九九二年六月十六日在井岡山報發表後，隨即又委托本報調查安福歐陽萬和吉水歐陽偃的墓葬現狀。當得到上述兩墓的確切情況後，在金風送爽，丹桂飄香的九月，歐陽禮先生不顧長途跋涉於本月十二日下午五時，專程趕到安福奠祭了歐陽萬墓，次日清晨又到吉水奠祭了歐陽偃墓。表達了廣大台胞溯祖尋宗，熱愛故土，仰慕先賢的殷殷之情。

歐陽修是北宋傑出的文學家和政治家。他積極倡導古文運動，使日趨衰落的中唐古文運動又得以振興、發展。爲北宋文學革命新運動做出了卓越的貢獻，而譽爲北宋古文運動的領袖，列爲「唐宋古文八大家」之一。著名的古文學家蘇洵父子、曾鞏、王安石等都是出自他的門下。歐陽修不僅在學術上成就昭著，在政治上也爲官清廉。他積極參與范仲淹的政治革新運動，大膽揭露時弊，堅持「任賢使能，節用愛農，均財省兵」的主張，雖仕途坎坷，但果斷之正氣，剛正節操不改，他的高貴品質受到世人的稱頌。吉安地區是歐陽修的故里，是江南歐陽氏族的發祥地。隨著對外開放的日益發展，散居海峽兩岸和世界各地的歐陽氏族後裔，必將紛紛前來溯祖尋根。歐陽修父親歐陽觀葬於永豐沙溪鳳凰山，歐陽修祖父歐陽偃葬於吉水縣葛山鄉迴陂村，歐陽氏六宗通譜的世祖歐陽萬葬於安福縣江南鄉歐金村。歐陽氏族世代繁衍，葉榮枝茂，源遠流長，飲水思源，他們是不會忘記先祖安息之地的。

·4· 1993年9月30日 星期四 井冈山报

●记者专访 ⊙周振清

欧阳氏族寻宗记

一 当今世界悄悄兴起了一股寻根热。里根寻根英伦，阿基诺夫人祭祖福建，章孝慈扫墓桂林……在80年代，中国新闻社向海外播发了一条消息：江西省永丰县沙溪乡欧阳修的后裔收集到一部欧阳氏族谱。不久，太平洋彼岸就来了航空信件，要求将该谱复制一套，以供溯祖寻根之需。无奈当时永丰尚未引进复印机，不能满足这一需要。但寻找欧阳氏族派系根源的活动，仍在海外进行。

现居台北的欧阳礼先生就是一位热心的寻根者。他先后通过美国和日本等地的图书馆，而搜集到安福府欧阳氏六宗通谱等资料。这位祖籍湖南平江县的75岁老人，也终于弄清楚了，他就是欧阳修的32代孙。他们的始祖是曾在唐代任安福县令的欧阳万；他们平江的先祖是欧阳修第10世孙欧阳景辉，因随文天祥勤王抗元，为避元朝的迫害，而迁徙到湖南平江县低坪山区。1990年9月，欧阳礼先生还专程到河南省新郑县奠祭了欧阳文忠公，并积极组织台北、金门两地的宗亲会筹集资金，将欧阳修的墓地进行了修复，以弘扬中华民族文化。

欧阳礼先生撰写的《欧阳修墓园今昔概况》，1992年6月16日在井冈山报发表后，随即又委托本报调查安福欧阳万和吉水欧阳偃的墓葬现状。当得到上述两墓的确切情况后，在金风送爽，丹桂飘香的9月，欧阳礼先生不顾长途跋涉于本月12日下午5时，专程赶到安福奠祭了欧阳万墓，次日清晨又到吉水奠祭了欧阳偃墓。表达了广大台胞溯祖寻宗，热爱故土，仰慕先贤的殷殷之情。

欧阳修是北宋杰出的文学家和政治家。他积极倡导古文运动，使日趋衰落的中唐古文运动又得以振兴、发展，为北宋文学革新运动做出了卓越的贡献，而誉为北宋古文运动的领袖，列为“唐宋古文八大家”之一。著名的古文学家苏洵父子、曾巩、王安石等都是出自他的门下。欧阳修不仅在学术上成就昭著，在政治上也为官清廉。他积极参与范仲淹的政治革新运动，大胆揭露时弊，坚持“任贤使能，节用爱农，均财省兵”的主张，虽仕途坎坷，但果断之正气，刚正之节操而不改，他的高贵品质受到世代人们的称颂。吉安地区是欧阳修的故里，是江南欧阳氏族的发祥地。随着对外开放的日益发展，散居海峡两岸和世界各地的欧阳氏族后裔，必将纷纷前来溯祖寻根。欧阳修父亲欧阳观葬于永丰沙溪凤凰山，欧阳修祖父欧阳偃葬于吉水县葛山乡迴陂村，欧阳氏六宗通谱的世祖欧阳万葬于安福县江南乡欧金村。欧阳氏族世代繁衍，叶茂枝茂，源远流长。饮水思源，他们是不会忘记先祖安息之地的。

这座建造在安福金田乡罗丘村的明代木牌坊，历经四百多年的风雨，仍完整无损，实属罕见，县有关部门将列为文物保护范围。 许正江 摄

江西吉安市井岡山報登載：歐陽氏族尋宗記

附錄三　歐陽文忠公年譜及身後榮典

一、一—十歲　母教啓蒙。

從母親以荻畫地啓蒙，到獲舊本韓文六卷，歐陽脩布衣天秉，朦朧素樸文風。

1. **北宋真宗趙恒景德四年丁未（公元一〇〇七年）一歲，綿州。**

六月二十一日（公元一〇〇七年八月六日）寅時，生于四川綿州（今四川綿陽市），時父親歐陽觀爲綿州軍事官。

時代背景及名人生卒

春，置國子監于西京（今河南洛陽市）

昌南鎮始奉御作，因改名景德鎭。

張方平生，呂公弼生，樂史卒，年七十八。

永叔夢爲鸜鴿飛在樹上，意甚快悅，聞榆莢香特異。永叔嘗自言上有一兄，未晬而卒，母哭之慟。夢神人別以一子授之，白毫滿身。母既娠，白毫無數，永叔生，毛漸脫落。（孔平仲《談苑》　按公生於綿州）。

2. **真宗大中祥符元年戊申（公元一〇〇八年）二歲，綿州。**

時代背景及名人生卒

蘇舜欽（子美）生，韓琦（雅圭）生，狄青生，范鎮生。

3. **大中祥符二年己酉（公元一〇〇九年）三歲，綿州。**

時代背景及名人生卒

宋眞宗下詔復古，指斥「近代以來，屬辭多弊，侈靡滋甚，浮艷相高，忘祖述之大猷，兢雕刻之小巧。」要求「今後屬文之士，有辭涉浮華，玷于名教者，必加朝典，庶復古風。」引文見徂徠先生全集，祥符詔書記。

泉州清淨寺建成，該寺由定居中國的阿拉伯人所創建。（簡明中國歷史圖冊五代宋遼金元卷）詔應天府新建書院，以曹誠爲助教，是爲宋初四大書院之一。（柳治徵中國文化史下冊）

蘇洵（明允），李覯（泰伯）生。

4. **大中祥符三年庚戌（公元一〇一〇年）四歲，綿州—隨州。**

歐陽脩的父親歐陽觀爲泰州（江蘇泰州市）判官，病卒，享年五十九歲，時母親鄭氏二十九歲。

（按）歐陽脩「先君墓表」，「瀧岡阡表」云：歐陽觀少孩力學，咸平三年（公元一〇〇〇年）進士及第，爲通州判官，泗，綿二州推官，又爲泰州判官，享年五十九歲，葬沙溪之瀧岡，（今江西父親既逝，歐陽脩隨母親投奔時任隨州推官的叔父歐陽曄，家貧，母親鄭氏以荻畫地，教公書字，稍長，多誦古人篇章，使學爲詩。

（按）公叔父曄，華孳亨增訂歐陽文忠公年譜作「煜」乃避清聖祖名諱玄曄而改。

時代背景及名人生卒

丁寶臣（元珍）生，邢昺卒，年七十九。

龍袞著《江南野錄》，云歐陽觀義行頗腆，先出其婦，有子隨母所育。及登科，其子詣之，待以庶人。然卒賴其收葬焉。觀乃文忠父。文忠自識其父墓，初無出母之玷。袞與文忠爲鄉曲，豈非平昔有宿憾，與夫祈望不至云爾，不可不爲之辯。（以上王明清《揮麈後錄》語。）按歐公《瀧岡阡表，以熙寧二年立，而云既葬之六十年，逆數之葬時，公才四歲耳。》表內雖不見出婦事，然以志考之，（按此所謂志，即歐公識父墓之文，《揮麈錄》已載之。）觀年五十九卒官，而鄭夫人年二十九，必非元配。蓋觀已出婦，其子固難言之。歐公撰《族譜》云觀二子，（此下似脫去修昞二字。）昞當是前婦之子，所謂卒賴以葬者也。文忠後任昞之子嗣立爲廬陵尉，見《焚黃祭文》。又文忠貶滁州，謝上表云：「同母之親惟有一妹。」足見昞爲前母之子無疑。仲言欲爲歐公諱之，其意甚美，然非事實。（《舊聞證誤》）

5. **大中祥府四年辛亥（公元一〇一一年）五歲，隨州。**

永豐縣）

是歲，葬父于吉州吉水縣瀧岡（江西永豐鳳凰山）

此時，母親常告訴歐陽脩說：「爾欲識爾父乎，視爾叔父，其狀貌起居言笑，皆爾父也。」歐陽脩雖年紀幼小，但已知母親年輕寡居，撫養自己的艱難，以及叔父象父親那樣廉正可親。（詳全集居士集卷二十七尚書都官員外郎歐陽公墓誌銘）

時代背景及名人生卒

邵雍（堯夫）生。

6. 大中祥符五年壬子（公元一〇一二年）六歲，隨州。

時代背景及名人生卒

改曲阜爲仙源縣，并將縣治從魯故城內遷至壽丘前。（中國歷史文化各城辭典四六一頁）

蔡襄（君謨），韓絳（子華），王拱辰生。

7. 大中祥符六年癸丑（公元一〇一三年）七歲，隨州。

時代背景及名人生卒

王欽若，楊億等人所編「冊府元龜」成書。

8. 大中祥符七年甲寅（公元一〇一四年）八歲，隨州。

時代背景及名人生卒

升應天府（今河南商丘市）爲南京。

9. **大中祥府八年乙卯（公元一〇一五年）九歲，隨州。**

時代背景及名人生卒

范仲淹進士及第

10. **大中祥符九年丙辰（公元一〇一六年），十歲，隨州。**

在隨，家益貧，借書抄誦，州南大姓李氏子堯輔好學，公多遊其家，於故書中，得唐韓昌黎文六卷，乞以歸，讀而愛之。（全集記舊本韓文後）為詩賦，下筆如成人，叔父曄語公母曰：「此奇童也，他日必有重名。」

時代背景及名人生卒

是時天下學者，楊、劉之作，號為時文，能者取科第擅名聲以誇榮當世，未嘗有道韓文者。（全集記舊本韓文後）

歐陽文忠嘗云：「少時有僧相我，耳白於面，名滿天下，脣不著齒，無事得謗。」其言頗驗。耳白於面，衆所共見，脣不著齒，余不敢問，不知何如也。（《東坡志林》《仇池筆記》同）

二、一一—二〇歲 學碑初舉。

1. **宋真宗天禧元年丁巳（公元一〇一七年）十一歲，隨州。**

約此時，得唐代書法家虞世南撰書碑刻（孔子廟堂碑）學習書法。（全集集古錄跋尾卷五）

時代背景及名人生卒

周敦頤（茂叔，濂溪）生

王旦卒，年六十一，（全集居士集卷二十二太尉文正王公（旦神道碑銘）陳彭年卒年五十七。

歐公作王文正墓碑，其子仲儀送金酒盤醆十副，注子二把，作潤筆資。公辭不受，戲云：「正欠捧者耳。」仲儀即遣人如京師用千緡買二侍女，并獻。公納器物而卻侍女，答云：「前言戲之耳。」蓋仲儀初不知薛夫人嚴而不容故也。（《高齋漫錄》）

2. 真宗天禧二年戊午（公元一〇一八年）十二歲，隨州。

時代背景及名人生卒

文同（與可），呂公著生。

3. 真宗天禧三年巳未（公元一〇一九年）十三歲，隨州。

時代背景及名人生卒

劉敬（原父），曾鞏（子固），司馬光（君實），宋敏求（次道），謝景初，王珪生。

4. 真宗天僖四年庚申（公元一〇二〇年），十四歲，隨州。

時代背景及名人生卒

張載（子厚，横渠），蘇頌（子窮）生，姚鉉卒年五十三，楊億卒，年四十七。

5. 真宗天僖五年辛酉（公元一〇二一年），十五歲，隨州。

時代背景及名人生卒

王安石（字介甫號平山）吳充生。

6. **真宗乾興元年壬戌**（公元一〇二二年），十六歲，**隨州**。

時代背景及名人生卒

二月十九日（戊午）宋眞宗崩（年五十五歲），遺詔劉皇后機處分軍國事，太子趙禎即位，尊皇后爲皇太后。

鄭獬生，唐拱卒，年四十六。

7. **宋仁宗趙禎天聖元年癸亥**（公元一〇二三年）十七歲，**隨州**。

秋，應舉隨州，試「石氏失之誣訛」，其略云：「石言于晉，神降于莘，內蛇鬥而外蛇傷，新鬼大而故鬼小」，因試卷失官韻而未能錄取。

時代背景及名人生卒

劉攽生。

寇準卒，年六十三。

8. **仁宗天聖二年甲子**（一〇二四年），十八歲，**隨州**。

初舉失敗後，公遂取所藏韓文反復閱讀，決心不遺餘力地推行素樸古文、以借古開今。（全集，記舊本韓文後。）

時代背景及名人生卒

王回生。

9.仁宗天聖三年乙丑（公元一〇二五年），十九歲，隨州。

時代背景及名人生卒

范仲淹提出改革時弊的主張，其中包括對文風的改革。

時代背景及名人生卒

王欽若卒，年六十四。

10.仁宗天聖四年丙寅（公元一〇二六年），二十歲，隨州。

赴京尚書禮部應舉，道出湖陰，見「後漢樊常侍碑」立于道左，下馬讀碑，在碑前徘徊良久。（全集集古錄跋尾卷三）

三、二十一歲—二十九歲，胥偃舉薦與洛陽結友。

公文章爲翰林學士漢陽胥偃賞識，并在京師名流中得胥公舉薦，使公得以延譽，四關考場，名列前茅，一舉進士及第，遂欲結交天下賢才，赴西京三年結七友詩文唱和，作古文與詩，有尹洙，梅堯臣爲良師益友，始作古文，開宋代古文運動端倪。

1.仁宗天聖五年丁卯（公元一〇二七年），二十一歲，東京汴梁。

春，應禮部試，不中。

時代背景及名人生卒

宋仁宗頒發詔書，規定農民租種地主土地，雙方訂立契定約，規定年限滿後，農民可以遷移或改租其他地主土地。（簡明中國歷史圖冊卷七卅八頁）

醫學家三推一鑄針炙銅人，工部郎中燕肅造指南車（宋史輿服志）

呂大防（微仲）范純仁（堯夫）生。

2. 仁宗天聖六年戊辰（公元一〇二八年）二十二歲，漢陽

公攜所作文稿，赴漢陽謁見翰林學士胥偃，胥見其文不俗而驚奇，稱：「子當有名於世也」，於是將公留在自己家中，是年冬，隨胥偃泛江至京師汴梁，途經揚州，見郡人稱頌杜正獻太守，暗自嘆恭曰：「以為君子為政使人愛之如此，足矣。」（全集，書簡卷二，慶曆八年與杜正獻公）

胥偃到汴梁後，將公介紹給京師名流，使他延譽。（全集居士外集卷第十二胥氏夫人墓誌銘）

（按）胥偃，潭州（今湖南長沙市人），官至工部郎中，翰林學士，以文章取高第，以清節為時名流，為人沉厚周密。

作有「上胥學士偃啓」（全集表奏書啓四六集—卷六）

時代背景及名人生卒

徐積生，林逋卒，年六十二，張知白卒。

天聖九年（一〇三一年）脩娶胥氏女，明道二年（一〇三三年）胥夫人去世。

景佑三年（一〇三六年）范仲淹與呂夷簡發生黨爭，胥偃支持呂夷簡，歐陽脩擁護范仲淹，兩人由于政治立場不同，從此就沒有來往，胥偃去世消息，歐陽脩還是從連襟謝景初得到的，歐陽修曾有信給友人刁景純（全集居士外集卷十八）表明心迹，說他對于胥偃只是政治立場不同，決沒有忘恩負義。

3.仁宗天聖七年己巳（公元一〇二九年）二十三歲，東京。

春，應試國子監，名列榜首，補廣文館生。

秋，赴國學解試，又第一。

與謝景山結爲摯友。

（按）謝景山，少以進士中甲科，以善詩歌知名，其後「嘗學杜甫杜牧之文，雄健高逸而自喜。」（全集居士集卷四十二）

是年，作有「監試玉不琢不成器賦」，「國學試人主之尊如堂賦」，「詔重修太學詩」，「國學試策三道」，「謝國學解元啓」。

時代背景及名人生卒

宋仁宗下詔書，指斥文士著作「多涉浮華」，主張「文章所宗，必以理實爲要……庶有裨于國教，期增闡于儒風」，（宋史要輯稿）仁宗詔令設「會要所」專司纂修北宋會要。（中國古代史學史簡編三

一九頁）

是年十一月冬至，禮官為諂媚垂簾攝政的章獻太后，請仁宗率百官獻壽于廷，范仲淹上書大膽直言不可：「且開後世弱人主以強母之漸。」後又奏請太后歸政于仁宗，不果，于是請求出京師外放，赴河中府充通判。

沈括生。

歐慶卒，年六十四：按公有永春縣令歐君（慶）墓表，杜居士集卷二十四。

晏元獻知貢舉，出《司空掌輿地之圖賦》。既而舉人上請，皆不契元獻之意。最後一目眊瘦弱少年，獨於簾前上請云：「據賦題出《周禮司空》，鄭康成《注》云：如今之司空掌輿地圖也，若周司空不止掌輿地之圖而已。若如鄭說，今司空掌輿地之圖也，漢司空也，不知做周司空與漢司空也？」元獻徵應曰：「今一場惟賢一人識題，正謂漢司空也。」少年舉人歐陽修也，是榜為省元。（《默記》）

王拱辰榜是時歐公為省元。有李郎中忘其名，是年赴試南宮，將近省試，忽患疫氣昏憒，同試相迫，勉扶疾以入。既而疾作，憑案上困睡，殆不知人。已過午，忽有人掖下觸之，李驚覺，乃鄰座也。問所以不下筆之由，李具言其病，其人曰：「科場難得，已至此，切勉強。」再三言之，李試下筆，頗能運思。鄰座者見李能屬文甚喜，因盡說賦內當用之事，及將己卷子拽過鋪在李案上，云：「某乃國學解元歐陽修，請公持拽回互盡用之不妨。」李見開懷若此，頗覺成篇，至於詩亦然。是日程試半是歐卷，李大感激，遂覺病去。二場亦復如此。榜出，歐公作魁，李亦上列。後李於家廟之旁，畫歐公像，事之如父母，以獲祿位皆公力也。李嘗與先祖同官，引先祖至影堂觀之。先祖先公每言此，以爲世之場屋虛誕，以相忌嫉者戒。（《默記》）

王懿恪拱辰與歐陽公同年進士，文忠自監元省元赴廷試，銳意魁天下。明日，當唱名，夜備新衣一襲，拱辰輒先衣以入，文忠怪焉。懿恪笑曰：「爲狀元者當衣此。」至唱名果第一。後懿恪、文忠同爲薛簡肅公婿。懿恪先娶文忠夫人之姊，再娶其妹，故文忠有「舊女婿爲新女婿，大姨夫作小姨夫」之戲。（《邵氏聞見錄》按原文謂文忠先娶懿恪夫人之姊，再娶其妹。以下又謂文忠有詩語之戲云云。文義本不可通，《薛簡肅墓誌》明載兩女適王，一女適歐，若將原文文忠懿恪四字，上下互易，則事實既符，文義亦順，當是刊本偶誤。而明以後諸說部，遂誤以娶姊爲歐公事，茲特訂正，以符事實。）

文忠與懿恪雖友婿而心少之。文忠爲參政時，吏擬進拱辰僕射，文忠曰：「僕射宰相官也，王拱辰非曾任宰相。」以至拜宣徽使，終身不至執政。蓋懿恪主呂文靖，文忠主范文正，其黨不同云。（《邵氏聞見錄》）

4. 仁宗天聖八年庚午（公元一〇三〇年）二十四歲，東京。

正月，試禮部，時翰林學士晏殊知貢舉，爲第一名，三月，御試於崇政殿，獲甲科第十四名，五月，授將仕郎，試秘書省校書郎，任西京（今洛陽市）留守推官。

是年，因進士及第，在京師結交少天下豪傑，如石介、劉渙等人，并決心結交天下高人逸士，山林屠販。（全集居士集卷四十一）

作有「省試司空掌輿地圖賦」、「翠旌詩」、「南省試策五道」和「謝進士及第啓」。

時代背景及名人生卒

石介，劉渙登進士第，與歐陽脩同榜，是謂同年。

范純粹生，連舜賓卒。

5. 仁宗天聖九年辛未（公元一〇三一年）二十五歲，西京洛陽。

三月，到西京洛陽留守錢惟演（希聖）的幕府爲推官，結識了錢惟演，尹洙等人。

與尹洙（師魯）、梅堯臣（聖俞）楊子聰、張太素、張堯夫、王幾道結爲七友，相與詩文賦酒唱和，道義切磋：其中受尹師魯，梅聖俞影響尤深。在洛陽修繕辦公廳堂時，于緬西一隅構築一書齋，架書百卷，嘗居書齋之中，於寓靜澄心養思，覽今照古，因取齋室爲「非非堂」，繼作「非非堂記」。

因三月始至洛陽，未能見到洛陽牡丹盛季。（全集，居士外集卷第二十二）

是歲，迎娶元配胥夫人。

作有「七交七首」古詩，「會聖官頌」，「游大字院記」和「伐樹記」等

時代背景及名人生卒

范仲淹遷太常博士充陳州通判。

晏幾道，蔣之奇，范純禮生。

清人潘永因「宋稗夷鈔」卷五云：「錢思公（推演）鎮洛所辟僚屬，盡一時俊彥，……公大創

一館，榜曰：「臨轅」，既成，命謝希深、尹師魯、歐陽脩三人各撰一記，期以三日後宴集賞之，三子相椅角以成，文就，出之相較，希談之文僅五百字，歐公之文五百餘字，獨師魯止三百八十餘字，而語簡事備，復典重有法，……歐公終未服在師魯之下，獨載酒往，通夕講摩師喜曰：「大抵文字所忌者格弱字冗，諸君文誠高，然少未至者，格弱字冗爾。」永叔奮然持此說，別作一記，更減師魯文二十字而成之，尤完粹有法，師魯謂人曰：「歐九眞一日千里也」。

6. 仁宗明道元年壬申（公元一〇三二年）二十六歲，洛陽。

春，秋兩季，兩次遊嵩山，初次同遊的有梅聖俞，楊子聰，後有謝希深、尹師魯、王幾道，楊子聰。（全集，集古錄尾「唐韓覃幽林思」。）

因遊嵩山，錄唐代武后時廬山林藪人韓覃撰「幽林思」詩碑「愛其辭翰皆不俗」。

因遊嵩山，緱氏岭，石唐山，紫雲洞，又未見到洛陽牡丹盛開，與河南府尹曹參軍楊子聰，河南縣主簿張應和遊學到洛陽的秀才陳經一道夜宿龍門廣化寺，登唐代白居易所構築的石樓，聽八節灘水聲，泛晚舟一起賦詩飲酒，因作有「遊龍門分題十五首」古詩，後陳經西行相辭，遂作「送陳經秀才序」。

作有律詩「送王汲宰藍田」，「與謝三學士絳唱和八首」，「鞏縣陪祭獻懿二后四孝義橋道中作」，古詩「嵩山十二首」和「河南府重修使院記」：「河南府重修淨垢院記」及「送梅聖俞歸河陽序」等。

撰叢翠亭記（居士外集卷十三，記）書梅聖俞移後（居士外集卷二十三，雜題跋）

公所任西京推官，只是負責管理文籍，參謀意見，是個閑散官，他的大部份時間化在飲酒宴樂，賦詩作文上，他兩次遊覽嵩岳，又曾攀躋龍門，泛舟伊水，夜宿廣化寺，擬王辟之「澠水燕談錄載，相傳錢推演「恐其廢職事，欲因微戒之」，錢推演出任西京留守的王曙，據邵伯溫「邵氏聞見錄」載：也曾「訶其多出游」對公進行批評教育。

時代背景及名人生卒

春，河陽主簿梅聖俞至洛陽，寫有「再至洛中寒食」和「依韻和歐陽永叔同遊近郊」。黨項族首領，夏國王李德民死，子元昊繼位。

石延年（曼卿）以大理評事召試，授館圖校勘。

詩人王令，史學家劉恕（道原）理學家程顥（伯淳，明道生）

孫洙，呂惠卿生。

公爲西京留守推官時，嘗與尹師魯諸人游嵩山，見蘚香成文有「神清之洞」四字，他人莫見。（《避暑錄話》）

歐陽文忠任河南推官，親一妓。時先文僖罷政爲西京留守，梅聖俞、謝希深、尹師魯同在幕下。一日宴於後園，客集，歐與此妓不至。移時方來，在坐相視以目，公責妓云：「未至何也？」妓云：「中暑往涼堂睡著，覺失金釵猶未見。」公曰：「若得歐推官一詞，當爲償汝。」歐即席云：「柳外輕雷池上雨，雨聲滴破荷聲。小樓西角斷虹明，闌干倚遍，待得月華生。燕子飛來栖畫棟，玉鈎垂下簾旌，涼波不動簟紋平。水晶雙枕，傍有墮釵橫。」坐皆稱善，遂命妓滿酌賞歐，而令公庫償釵，戒歐公當少戢。不惟不恤，翻以爲怨，後修《五代史》、《十國世家》，痛毀吳越。又於《歸田錄》說文僖數事，皆非美談。（《錢氏私志》）

7. **仁宗明道二年癸酉（公元一〇三三年）二十七歲東京、西京。**

正月，告別懷孕七個月的妻子胥夫人，由洛陽赴開封辦理事務，并順便至漢東（湖北鍾祥）探望叔父。

三月，還洛陽，夫人胥氏卒，生子未逾月，悲痛之際，寫下「述夢賦」。（全集，居士外集卷八）

四五月間，聞范仲淹任諫職，欣然修「上范司諫書」一封，對范仲淹受命于社稷「任天下之責」而寄與厚望。（全集，居士外集卷十六，書）

在洛陽，聞范仲淹以言事貶睦州。

于洛陽致書張秀才，直言不諱，指出他在治學方面的問題，即「捨近求遠，務高言而鮮事實」，并闡發自己治學思想，即「學」與「道」的關係：「君子之于學也，務爲道，爲道必求知古，知古明道，而後履之以身，施之于事，而又見于文章而發之，以信後世。」（全集居士外集卷十六）

（按）公所說的「道」是指儒家思想中的變通之道，這種思想是支配他一生從事政治活動，尤其是文學創作的主導思想，他的許多作品，如「送徐無黨南歸序」，「答吳秀才書」，「與樂秀才第一書」等文章都談及這一問題。

因夫人及太后崩，表卒哀悼并至，無暇觀洛陽牡丹盛開。（全集，居士外集卷二十二）

九月，莊獻劉后，莊懿李后，祔葬定陵，公至鞏縣（河南鞏縣）陪祭。

十二月，晉階承奉郎。

作有「東齋記」、「送楊子聰戶曹序」、「送廖綺歸衡山序」、「李秀才東園亭記」、「上隨州錢相公（惟演）啓」等。

時代背景及名人生卒

三月，章獻太后崩，宋仁宗趙禎結束了十二年母后臨朝攝政，開始親政。

理學家程頤（正叔，伊川）生。

丁謂卒，年七十二，楊大雅卒，年六十九，張汝士（堯夫）卒，年三十七。

8.仁宗景佑元年甲戌（公元一〇三四年），二十八歲，東京。

三月，西京推官任期滿，又只能見到洛陽牡丹之早香，未能見其極盛，因作洛陽牡丹記。（全集，居士外集卷二十二，記）

五月，到京師汴梁，會前留守王文康公曙，入樞府，由王曙薦，召試學士院。

閏六月二十八日（乙酉）授宣德郎試大理評事，兼監察御史，充鎭南軍（洪州今江西南昌）節度掌書記，館閣校勘。三館秘閣所藏書多脫謬，七月十七日甲辰，詔委公等編定，彷開元四部，著爲總目。在北宋時期，館閣校勘職務并不高，只是負責編校整理「三館」秘閣所藏圖書，但是，它多由學者充任，頗受時人重視。

再娶諫議大夫楊大雅之女，是爲楊氏夫人。

及來京師，又聞范仲淹移知常州，旋徙蘇州，致書范仲淹曰：「然竊惟希文登朝廷，與國論，每顧事是非，不顧自身安危，則雖有東南之樂，豈能爲有憂天下之心者樂哉。」（全集居士外集卷十七與范希文書）

（按）此書與范仲淹一〇四八年所作「岳陽樓記」中，先天下之憂而憂，後天下之樂而樂。語義相近，且在范仲淹作此名句前。

在館閣與石延年共事相識，結爲摯友。

（按）石延年，字曼卿，宋城（今河南商邱市）人，詩書俱佳，且通曉軍事，在當時譽爲「天下奇士」，公寫作古文，曾受過他的影響。

是年撰「明因大師塔記」，「尙書職方郎中分司南京歐陽公（潁）墓誌銘」（居士外集卷十一）「書恒感事寄梅聖俞」詩，和「送丁元珍峽州判官」等。

時代背景及名人生卒

是時，逢連年旱災，加之「明道」年號犯契丹諱，故改之爲「景佑」，詔意以迎和氣。

薛奎卒，年六十八，錢惟演卒，年五十八，歐陽穎卒，年七十三。

歐陽永叔作校勘時，夢入一廟，於庭下謁神，丁元珍同列，而元珍在上，廟前有石馬無一耳。後責夷陵，元珍爲判官，同謁黃牛廟，元珍職在縣令上，廟前有石馬無一耳，如昔所夢。（孔平仲《談苑》《東坡集》《書歐公黃牛廟詩後》略同。）

9.仁宗景佑二年乙亥（公元一〇三五年），二十九歲，東京。

時時與友尹師魯談論高若訥爲官是否正直廉潔，而尹師魯說他是正直有學問的君子，公心中納悶疑之。

後高若訥任諫官，公始得相識。（全集居士外集卷十七與高司諫書）

七月胞妹之夫張龜正死于襄陽，公請假赴襄陽探視。

九月，夫人楊氏病卒，年十八。

始修「五代史記」

作有「上杜中丞論舉官書」（全集，居士集卷四十七）與石推官書（全集，居士外集卷十六）寄題嵩巫亭，（居士外集卷六）諫議大夫楊公墓志銘。（居士外集卷十一）

接丁元珍來信，附有孫正之洽公書信及雜文二篇，并作答孫正之第一書。（全集居士外集卷十八）

時代背景及名人生卒

石曼卿落校勘，同判差遣。

十二月，范仲淹爲吏部員外郎權知開封府。

尚書駕部員外郎朱慶基治峽州，始植樹木，修築城柵，辟南北街道，作市門市區，又教民構築瓦房，別灶廩，異人畜，峽州生活習俗爲之一變，同時，還命令夷陵縣令劉光裔治理縣政，起造敕書樓，修繕辦公衙門，興建吏舍（全集居士集卷三十九）

四、三十—卅九歲初貶—廬陵事業起夷陵

爲范仲淹遭貶而斥諫臣，公貶官生涯從此開始，初貶僻邑夷陵，雖仕宦坎坷，卻還公布衣本色，公行萬里路，讀萬卷書，到處留心，孜孜學問，偷暇著述，公筆記文，古文，金石學問，集錄古文、史學、哲學、政論等一系列傑出文化成就，均奠基于貶夷陵時期，同時，公文化群體因貶，逐而日益擴大。

1.仁宗景佑三年丙子（公元一〇三六年）三十歲，貶赴夷陵（今湖北宜昌市）

五月十四日，高若訥在余安道（余靖）家與歐陽修議論范仲淹遭貶事，高詆毀范希文爲人，獨以爲范公莽撞宰相，當黜，歐陽修聽到此番言論，因在座還有其他客人，當場不便「盡所懷」，後又見好友尹師魯，才知高若訥出言不善。（居士外集卷十七與高司諫書）

同日，又聞御史台榜朝堂，戒百官不得越職言事，唯可言者只有諫官。

五月十六日，致書高司諫，斥責其爲諫官而不爲君主辨賢，爲賢抗誣。

（按）「與高司諫書」，「……足下身爲司諫，乃耳目之官。……足下在其位而不言，便當去之，無妨他人堪其任者也，昨日安道貶官，師魯待罪，足下就能以面目見士大夫，出入朝中，稱諫官，是足

下不復知人間有羞恥事爾。」

高若訥將公書信送呈皇帝，公遂被責以「妄形書牘，移責諫臣，恣陳訕上之言，顯露朋奸之迹」罪名。

五月二十一日，公元一〇三六年六月十七日，貶爲峽州夷陵縣令，（按）此次被貶者凡四人—范仲淹，余靖（安道），尹洙（師魯），歐陽修，蔡襄爲作四賢一不肖詩，在都城，人爭傳抄。不肖者，即高若訥。

五月二十四日乘舟赴夷陵。

（按）公「與尹師魯書」：「臨行，台吏催苛百端……始謀陸路赴夷陵，以大暑，又無馬，乃作此行，沿汴絕淮，泛大江，凡五千里，用一百一十程，才至荊南。」

六月十一日在楚州（今江蘇淮安）舟中始遇余靖（安道）兩人俱貶後相逢，百感交集。

六月十二日與安道會飲於道中，公開始飲酒，兩天之中，與余安道詳盡談論禍福災貶事情，并安慰安道，勸他不要把悲戚見諸文字。

（按）「與尹師魯書」：「又常曰安道言，每見前世有名人，當論事時，感激不避誅死，眞若知文者，及到貶所，則戚戚怨嗟，有不堪之窮愁，形於文字，其心歡戚，無異庸人，雖韓文公不免此景，此戒安道，愼勿作戚戚之文。」（居士外集卷十七）

八月十二日，因病，未能上廬山。（全集，于役志）

八月廿五日抵鄂州（今武漢市）見「簡明中國歷史辭典」，廿七日兄歐陽昞來會于令狐修己家，隨後宿于兄家，至八月卅日。歐陽昞字晦叔，景祐五年（一〇三八年）「游鯈亭記」有云：「吾兄晦叔，爲人慷慨，喜義勇而有大志，能讀前史，識其盛衰之迹，聽其言，豁如也，因于位卑，無所用以老，然其胸中亦已壯矣。」

九月四日，時夷陵縣已派衙吏來迎接。（全集，于役志）

約九月中旬到荊南時謁呂公祠堂，（見全集，集古錄跋尾卷七「唐呂諲表」）碑立廡下，碑無趺石，埋地中，勢若將踣惜其文翰，遂得斯本，而入於地處，字多缺滅。

（按）公在貶赴夷陵的突出成就，便是集錄古文碑刻，爲古文運動服務，最終導致金石學的創立。

後又到荊門惠泉，見「唐王蕊詩」碑，錄得沈傳師，李德裕唱和詩（集古錄跋尾卷九）

（按）公初貶夷陵，傑出成就所在，當爲貶行萬里，如同讀萬卷書，到處留心，不敢自廢。

十月十七日，讀李翺文後感激涕淋，寫下「讀李翺文」，抨擊北宋當政者，「不肯自憂，又禁他人使皆不得憂」的行爲。（居士外集卷二十三）

十月二十六日至夷陵。

作日記「于役志」，記述五月初九日范仲淹謫貶出京及余安道尹師魯被貶，以及五月二十二日公本人貶謫夷陵，九月十七日抵安渡，行程五千里，歷時一一〇餘日的坎坷經歷，共計九十一條。

（按）「于役志」是中國最早日記文宏作，在此以前，僅有唐代李翺的「來南錄」，不及千字，故清朝袁枚在「隨園詩話」中稱公「廬陵事業起夷陵，眼界原從閱歷增。」「于役志」寫成，應爲公「廬陵事業起夷陵」的重要起點。

暇時綴輯「五代史記」（宋史紀事本末，慶曆黨議篇）

作有大量詩文，除上述外，主要有「與尹師魯書」（居士外集卷十七）「夷陵歲暮書事呈元珍表臣」（居士集卷十一）「夷陵縣至喜堂記」（居士集卷卅九）「夷陵上運使啓」（表奏書啓四六集卷第六）「與薛少卿公期」（書簡卷第九）「黃楊樹子賦」（居士集卷第十五）「望州坡」（居士集卷第十）等。

時代背景及名人生卒

天章閣待制權知開封府尹范仲淹任職京師不久，見宰相呂夷簡任人唯親，遂送一幅「百官圖」以諷喩，并作「帝王好尙」「選賢任能」，「近名」，「推委」四論與呂夷簡辯論，爲此激怒了宰相呂夷簡，給他加上「越職言事，離間群臣，自結朋黨。」的罪名，六月五日，宋仁宗將范仲淹貶放饒州（今江西鄱陽），朝廷上下多論救，又被呂夷簡指斥爲「樹黨皆云，鼓讒疑之。」（宋史紀事本末，慶曆黨議篇。）

秘書丞余安道上書請收回成命，五月十五日遭貶，謫筠州（今江西高安縣），太子中丞尹師魯自言爲范仲淹師友，願同貶，五月十七日，被貶往郢州（今湖北鐘祥）監酒稅。

蘇軾生。

歐陽公云：「吾昔貶官彝陵，方壯年未厭學。欲求《史漢》一觀，公私無有，因取架間陳年公牘，反覆觀之，見其枉直乖錯，不可勝數，違法徇情，滅情害義，無所不有。彝陵荒遠僻小，尚如此，天下固可知也！當時仰天誓心，自爾遇事不敢忽。」（《能改齋漫錄》）

2. 仁宗景佑四年丁丑（公元一〇三七年）卅一歲，夷陵。

春，接友人從許昌（今河南許昌）寄詩相慰，即作「春日西湖寄謝法曹歌」相答。（居士外集卷第二）

三月，請假至許昌，娶薛奎之女為妻。

薛夫人為戶部侍郎薛奎第四女，薛奎（九六七—一〇三四）字宿藝，淳化進士，官至參知政事，當初，薛奎見公，已有意將女兒許配，但未及議事，于景祐元年（一〇三四年）八月病逝，景祐三年（一〇三六年）公因言事貶官夷陵，薛奎遺妻金城夫人趙氏秉承丈夫遺願，于次年三年在許昌嫁女，同年九月薛夫人隨夫歸還夷陵。公四子，發、奕、棐、辨，皆薛夫人所生。

四月九日，叔父歐陽曄卒，享年七十九歲，奔赴隨州，安葬叔父。

公幼少時期除得母親教誨外，還得二叔之教，宋人程大昌「續演繁露」卷六云：「歐陽曄，文忠之叔也，乃教文忠讀書者。」宋人王泳「莫翼謀錄」卷四云：「歐陽修少孤，其叔父之教。」清人俞越認為：「世但知歐公得其母教，程氏宋人，所言當必有據，對于二叔的養育教誨之恩，公終生銘記，沒齒不忘，公祭叔父文曰：「昔官夷陵，有罪之罰，今位于朝，而參諫列，榮辱雖異，實皆羈紲，使脩哭不及喪而葬不臨穴，孩童孤艱，哺養提挈，昊天之報，于義何缺，唯其報者，庶幾大節。」眞摯地表達公對二叔感恩不盡和沉痛哀悼的心情。」

七月初十日，偕峽州判官丁寶臣（元珍）遊三游洞，親筆題名刻石。

同年泛舟黃牛峽，至神女廟下，讀祠下唐代李吉甫，丘玄素，李貽，孫敬騫等作「神女廟詩」碑，又飲蝦蟆碚水，覽其江山，巉絕窮僻，獨恨不得見巫山之奇秀，因愛其辭翰，遂錄詩碑。（集古錄跋尾卷八）

在民家，得「景福遺文」。（集古錄跋尾卷十）

十二月廿五日（壬辰公元一〇三三年二月一日），移光化軍乾德縣（今湖光化縣）縣令。

完成「五代史記」初稿。

（按）公寶元元年致書李淑時，稱其爲「粗若有成」，又言「論儀褒貶，此豈易當，故雖編摭甫就，而首尾顚倒，未有卷第，當更資指授，終而成之，庶幾可就也。」（居士外集卷十八，答李淑內翰書）

（按）南宋葉梵得「石林避暑錄話」，言公「作五代史，新唐書，凡例多問春秋于原甫。」故可以認爲此稿爲初稿，是公「廬陵事業起夷陵」史學方面的重要成果，亦爲參加主持「新唐書」的編纂奠定了基礎。

作「與尹師魯書」（居士外集卷十七）「寄梅聖俞」（居士集卷五）「峽州至喜亭記」（居士集

卷卅九）「易或問三首」、「春秋論三首」、「春秋或問二首」、「秦誓論」、「縱囚論」，（居士集卷十八經旨）「戲答元珍」（居士集卷十一，律詩。）「送田畫秀才寧親萬州序，謝氏詩序」、（居士集卷四十二，序。）「與荊南樂秀才書」（居士集卷四十七，書。）「代贈田文初，答謝景山遺古瓦硯歌。」（居士外集卷二，古詩）「與謝景山書」（居士外集卷十八）「書春秋繁露後」（居士外集卷二十三）「與薛少卿公期」（書簡卷第九）

時代背景及名人生卒

宋仁宗以呂夷簡、王曾、宋綬、蔡齊，「察其朋黨」之疑，罷免呂，王相職和宋，蔡參知政事職位。

蔡確生。

3.宋仁宗寶元元年戊寅（公元一〇三八年），卅二歲，乾德。

三月，離夷陵赴乾德縣，途中登峴山，見「唐獨孤府君碑」，一面字完好，一面頗有訛缺，爲唐代李邕撰，蕭成書，字尤佳，因并錄。（集古錄跋尾卷六）

見谷城縣郊數大冢之間，有古碑一片，按圖經以爲儒翟先生碑，因碑中有莫識之字，而許愼說文中也無，加上公身處僻邑，無他籍可以查閱考證；當地又罕見學者，故凝滯無以考證，然而觀其碑文簡質，書法古樸，遂致書東京王源叔，請予指教。（居士外集卷十八與王源叔問古碑字書）

率縣學生赴谷城界中，按圖經將「後漢玄儒婁」碑遷還乾德，立于敕書樓下。（集古錄跋尾卷二）

得「晉南鄉太守頌」碑拓。（集古錄跋尾卷四）

見省榜，獨遺梅聖俞，不勝嗟惋，因故致函謝舍人希深言，聖俞失此虛名，唯不害失爲才士，奈何平昔并遊之間不如聖俞者，反而榜上有名，本欲作書于胥偃及李舍人，宋學士論理，又恐失誤，嘆息「科場果得士乎？登進士第者可貴乎？」遂日日與尹師魯相對慨嘆不已。（書簡卷七與謝舍人）

作有「資政殿學士戶部侍郎簡肅薛公墓誌銘」（居士集卷二十六）「襄州穀城縣夫子廟記」（居士集卷卌九）「求雨祭漢景帝文」，「祭薛尙書文」（居士集卷四十九，祭文）

是歲，胥夫人所生之子夭。

時代背景及名人生卒

冬十月丙寅，詔戒百官朋黨。（宋史紀事本末，慶曆黨議篇）

黨項族首領元昊正式稱帝，國名大夏，建都興慶（今寧夏銀川）

自景佑以來，群臣仰慕唐玄宗，以開元加尊號，遂請加景佑于尊號之上，因故改之爲「寶元」。

司馬光中進士。

孔文仲，韓忠彥生。

歐陽文忠自館下謫夷陵令，移光化軍乾德縣。知軍張詢，河北人，不能知文忠，待以常禮。後二年，詢移知清德軍，文忠自龍圖閣學士爲河北都轉運使，詢乃部屬。初迎見文忠於郊外，雖負恐惕，猶斂板操北音曰：「龍圖久別安樂，諸事且望揜惡揚善。」文忠知其朴野，亦笑之而已。（《東軒筆

錄》)

4.仁宗寶元二年己卯(公元一〇三九年),卅三歲,乾德。

再次收到孫正之來信,信中告誡公,「欲戒其過,使不陷于小人。」公回函答謝,言:「此非惟朋友之義,乃吾父兄訓我者。」表示要「力爲善以自贖爾。」(居士外集卷十八答孫正之第二書)

二月知制誥謝希深出守鄧州,梅聖俞將領命襄城,與謝希深同行。(書簡卷六)

五月,得謝希深手書,知他已抵南陽,距乾德僅一驛之程,因請往會,但憾梅聖俞不同在南陽,後又與梅聖俞相約會見,也因酷暑非乘興之時,又未如願?(書簡卷六)

六月二十五日(甲申)復舊官,權武成軍(今河南滑縣)節度判官廳公事。

公自乾往奉母夫人,待次於南陽(河南南陽),冬,暫如襄城。

作有「答梅聖俞寺丞見寄」(居士外集卷第三,古詩)「送琴僧知白」(居士外集卷三,古詩)「送太原秀才序」(居士外集卷十五)「和聖俞百花洲二首」(居士外集卷六,律詩)「謝李秀才贄見啓」(表奏書啓四六集卷第六)

時代背景及名人生卒

蘇轍生。

張先卒,年四十八,謝絳卒,年四十五。黃注卒,年四十二。

5.仁宗康定元年庚辰(公元一〇四〇年),卅四歲,東京。

春，赴滑州（河南滑縣），時范仲淹爲陝西經略招討安撫使，推舉公爲掌書記，公辭謝。（宋史三一九卷）

六月辛亥，由武成軍節度判官調回京師汴梁，八月一日，至京師。（書簡卷六與梅聖俞康定元年）再度入翰林院任閣校勘，續修「崇文總目」。

不久建州浦城（今福建松溪縣北）秀才吳充應考進士至汴京，投書附文章三篇呈公求教，公遂回信，闡述「學」與「道」之關係，稱「若道之充焉，雖行乎天地，入于淵泉，無不之也，他將「道」的概念具體化爲蘊藏在現實的「百事」之中，認爲「大抵道勝者文不難而自至也」，并指撥吳充說：「足下所謂終日不出於軒序，不能縱橫高下皆如意者，道未足也。」（居士集卷四十七答吳充秀才書）

始見曾鞏第一次來信，見而驚異。

冬，已收到梅聖俞二次來信，以及在京都三次贈詩，均未作答，因致書梅聖俞，言及「朋黨」時，稱「蓋當世俗見指，吾徒寧有黨耶？」（書簡卷六，與梅聖俞，康定元年）

十月，轉太子中允。

作有「祭謝希深文」（居士集卷四十九，祭文）「怪竹辯」（居士集卷第十八，辯）「正統論三首」（居士集卷第十六，論）「正統論七首」，「正統辯二首」（居士外集卷第九，論辨）「謝公挽詞三首」（居士集卷第十一，律詩）「張子野（先）墓誌銘」（居士集卷廿七）

十二月二十三日（甲辰）詣通進司上書，陳述夏元昊賊情，上便宜三事，一日通漕運，二日盡地

利，三日權商賈。（居士集卷四十五）

是歲，長男發生

張耒「歐陽伯和墓志」稱頌其爲人正直剛烈，辦事認眞嚴謹，有乃父之風，云：「其與人不苟合，論事是是非非，遇權貴不少屈下腰，必申其意。」「治官無大小，不苟簡，所創立，後人不敢更。」蘇軾極力誇贊發的學問文章，將他譽爲東漢蔡邕，西晉張華之類的才子，其祭「伯和文」稱贊發「得公之學，甚敏且藝，……如漢伯喈，如晉茂先。」發夫人吳氏，系故丞相吳充女兒，有男曰憲，其長女嫁蘇軾次子蘇適，發卒于元豐八年（一〇八五年）享年四十六。

時代背景及名人生卒

曾公亮撰「武經總要」成書，書中已確定「火藥」這一名稱，並記載了拋射武器、毒氣和信號彈噴火器以及其他新發明的迅速發展（李約瑟「中國科學技術史」一卷一分冊二八八頁）

范仲淹任陝西經略列使，抗擊西夏

趙元昊以河西叛，改姓元代，宋朝對此深惡痛絕，二月改元康定，而不再加於尊號。

趙挺之生。

6. 仁宗慶曆元年辛巳（公元一〇四一年）卅五歲，東京

十二月與王堯臣等人合作「崇文總目」成書，加騎都尉，改集賢校理。

（按）此總目係彷「群書四部錄」編成，因神宗時，改崇文院爲秘書省，故曾名「秘書總目」，總目著錄政府藏書目錄，收書達三〇六六九卷，分四部，四十五類，每類有傳，有書有提要。自復任館閣校勘後，因校勘群書，得以考閱國家藏書，因「崇文總目」成，自館閣校勘升集賢校經同知太常院。

十一月二十五日（丙寅）宋仁宗於圜丘祭祀天地，封賜百官，公被賜封父母官號。

作「石曼卿墓表」祭奠亡友：

歐公撰石曼卿墓表，蘇子美書，邵餗篆額。山東詩僧祕演厪督歐俾速撰。文方成，演置石於相藍，礱訖白歐公，寫石之日，爲具召館閣諸公。觀子美書畢，演大喜曰：「吾死足矣。」飲散，歐、蘇屬演曰：「鐫訖且未得打。」意以辭翰之妙，演不能卻。歐公於定力院見之，問寺僧，僧曰：「半千買得。」歐怒，回詬演曰：「吾之文乃與庸人半千鬻之。」演徐語歐曰：「學士已多他三百八十三矣。」歐愈怒曰：「是何言？」演曰：「公豈不記省元時，庸人競摹新賦，叫於通衢，復更名呼曰：兩文來買歐陽某省元賦。今一碑五百，價已多矣。」歐因解頤，徐又語歐曰：「吾友曼卿不幸早世，因欲得君之文，張其名，與日星相磨。而又窮民售之，頗濟其乏。又非利乎？」公笑而無語。（《湘山野錄》《茶香室三鈔》云：三百八十三加兩文謂之半千者，其時循太平興國之例，以七十七爲百也。

（按）石曼卿（公元九九四—一〇四一），名延年。宋州宋城人（今河南商邱），能詩善文，工于書法，文章法韓、柳，並受柳開影響，剛動雄健，頗得公推重，宋史稱他「爲文勁健，於詩最工而善書。」

於慶曆年間撰易童子問三卷

十二月十四日（己丑）上崇文總目六十六卷

作「聖俞會飲」，「送胡學士宿知湖州」，「哭曼卿」（居士集卷一，古詩）「釋惟儼文集序」

（居士集卷四十一，序）

時代背景及名人生卒

因好事者說：「康定乃謚爾」，十一月遂改元為慶曆。

范祖禹生，

梅詢卒，年七十八，石延年卒，年四十八，蔡高卒，年廿八。

7. **仁宗慶曆二年壬午（公元一〇四二年），卅六歲，東京**

正月十二日（丁巳）考試別頭舉人。

三月十三日（丙辰），御試進士應天以實不以文賦，公擬進一首，（在居士外集卷二十四），賜敕書獎諭。

四月三日（丙子）復差同知禮院，契丹遣泛使求瓦橋關以南十縣地，宰相呂夷簡薦富弼報聘，人皆危之，公上書引顏眞卿使李布烈事，乞留弼，不報。

五月，復應詔上書，提出三弊五事，主張改革時政。

八月，求補外任，遞轉滑州通判，十月至滑州（河南滑縣）

十二月，置書齋於滑州，取名「畫舫齋」。（居士集卷卅九，記）

作有本論（上篇在居士外集卷九，論辯，中下篇在居士集卷十七，論）爲本君難（居士集卷十七，論）翰林侍讀學士給事中梅公（詢）墓誌銘（居士集卷廿七，墓誌銘）釋秘演詩集序（居士集卷四十一，序）準詔言事上書（居士集卷四十六，上書），論韓琦范仲淹乞賜召對事箚子（表奏書啓四六集卷第七，諫院）武成王廟問進士策二首（居士集卷四十八，策問）

時代背景及名人生卒

北宋給遼國歲貢增爲二十萬兩，絹卅萬匹，並改「贈」爲「納」。

王安石舉進士及第

8. 仁宗慶曆三年癸未（公元一〇四三年），卅七歲，東京

正月過滑州鐵槍寺，得王彥章畫像，因歲久磨滅，隱約可見，遂命工裝裱，並作王彥章畫像記，（居士集卷卅九，記）

是歲，仁宗廣開言語，修政事，人多薦公爲臺諫。三月，召還，廿六日（癸巳），轉太常丞，知諫院，賜五品服。

四月，至京。

七月，上言參知政事王舉正懦默不任事，范仲淹有相材，請罷舉正而用仲淹，從之。

本年內，向仁宗上奏議達六七十篇，提出政治見解相近的改革建議，大忤權貴。（如論王舉正范

仲淹等札子，論呂夷簡札子，論主張范仲淹、富弼等行事札子、論舉館閣之職札子、論方田均稅札子等）

九月四日（戊辰）賜緋衣銀魚，五日（己巳）同詳定國朝勳臣名次。

十二月六日（己庚）召試知制詔，公辭。八月（辛丑）有旨不試，直以右正言知制誥，仍供諫職，賜三品服。是月立春，祭西太一宮，爲獻官，尋例賜紫常服。

九月廿二日（丙戌）同修三朝典故。

十月十四日（戊申），擢同修起居注。

十二月十四日（丁未）同詳定編敕。

撰張李二生文賜石先生（居士集卷二，古詩）蔡君山（高）墓誌銘，黃夢升（注）墓誌銘（居士集卷廿八，墓誌銘）答徐無黨書（居士外集卷十八）。

時代背景及名人生卒

仁宗廣開言，增設諫官四人，有公與余靖、尹洙、蔡齊。

仁宗撤免呂夷簡夏竦等守舊官僚，啓用銳意改革著名人物范仲淹、富弼、韓琦等。

韓琦與范沖淹同爲樞密副使，韓琦上書言：「清政本，念邊事，擢賢才」等七事，范仲淹也上「明黜陟，抑僥倖，精貢舉，擇官，均公田，厚農桑，修武備，減傜役，推恩信，重命令」十項改革措施，是爲「慶曆新政」之始。（宋史范仲淹傳）

石介作「慶曆聖德詩」五百言，謳歌慶曆改革，指責呂、夏守舊。

仁宗詔置武學於武成王廟，以阮逸爲教授，八月罷（宋史，職官志，武學。）

9. **仁宗慶曆四年甲申（公元一〇四四年）卅八歲，河北。**

三月八日（庚午），兼判登聞於院。

四月四日（乙未）押伴契丹賀生辰人使御筵於都亭驛。八日（己庚）命公使河東（山西陽曲），計度廢麟州（陝西神木），及盜鑄鐵錢並礬課虧額利害。

七月，還京師。

八月五日（甲午），保州（河北保定）軍叛，契丹聲言討西夏。十四日（癸卯）除龍圖閣學士，任河北都轉運吏，到眞定府（今河北正定）政績卓著，是時宰相欲借公爲河北都轉運使計議河北及邊關之事多，從而陷害，被公識破。

在河北始集「集古錄」，按公「集石錄跋尾卷四「魏劉學生冢碑」」，「在河北始集錄石文」。卷五，「唐孔子廟堂碑」：「因惑夫物之終弊，雖金石之堅，不能以自久，於是始欲集錄前世之遺文而藏之。」

在河北，求得「隋鉗耳君清德頌」碑，「隋郎茂碑」，至眞定府，見「唐陶雲經政碑」，倒伏在府門外，半埋地中，便請人掘出，安於廡下，（集石錄跋尾卷五）。

爲河北都轉運使時，與程天球結爲摯友。

十一月，南郊恩，進階朝散大夫，封信都縣開國子，食邑五百戶。

撰繹守居園池，水谷夜行寄子美聖俞（居士集卷二，古詩）朋黨論（居士集卷十七）尙書都官員外郎歐陽公（曄）墓誌銘（居士集卷廿七，墓誌銘）吉州學記（居士集卷卅九）祭叔父文（居士集四十九卷，祭文）與梁賢杜相公書（居士外集卷第十九，書）。

時代背景及名人生卒

仁宗下詔，全諸路州，軍，監各會立學，學者二百人以上，許更置縣學，自是州郡無不有學。（宋史，職官志）

章得象、夏竦、王拱辰等守舊勢力激烈反對新政，攻擊杜、范等人引用朋黨，革新派予以反擊，從而由「慶曆新政」釀成「慶曆黨爭」。

三月十日叔父歐陽曄葬於安州應城縣高鳳鄉彭樂村。

10.仁宗慶曆五年乙酉（公元一〇四五年）卅九歲，東京。

正月，眞定（河北正定）帥田況移秦州（甘肅天水）公權府事者三月。時二府杜正獻（衍）、范文正（仲淹）、韓志獻（琦）、富文忠公（弼），以黨論相繼去，公上論杜衍范仲淹等罷政事狀辨之（奏議集卷十一）指出杜衍等無可罷之罪，遂引起守舊勢力嫉恨，視爲眼中釘，製造罪名誣陷，時外甥女張氏常住在他家中，夏舒便借以發揮，在皇帝面前誣告公與外甥女有苟且之事，且又買通了皇帝派遣查證的密史，遂定下罪名，下開封府鞫治，府尹楊日望觀望傅會，仁宗命戶部判官蘇安世，入內供奉官王昭明，監勘，得無他。

歐公慶曆間爲諫官，大忤權貴。未幾，以龍圖閣學士爲河北都運。公在河北，職事甚振，無可中傷。會公甥張氏，幼孤鞠育於家。嫁姪晟，晟自虔州司戶罷，以僕陳諫同行，而張與諫通。（按《行營雜錄》云，晟之官至宿州，赴郡宴歸，而失其舟，至京師捕得之，開封府勘事，梢人與晟妾通，晟妻知，欲笞之，反爲妾誘，併與梢人通，與此異。）事發，鞠於開封府右軍巡院。張懼罪，且圖自解免，其語皆引公未嫁時事，詞多醜異。軍巡判官孫揆止劾張與諫通事，不復支蔓。宰相聞之怒，再命太常博士蘇安世勘之。遂盡周張前後語案，又差王昭明監勘。蓋以公前事欲令釋憾也。（公爲河北轉運，令內侍王昭明同往，相度河事，公首侍從出使，故事無內侍同行，臣實恥之。朝廷從之。）昭明至獄，見安世所甚案牘，駭曰：「昭明在官家左右，無三日不說歐陽修。今省判所勘，乃迎合宰相意；加以大惡，異日昭明喫劍不得。」（按厚德錄云：獄不成，蘇云，不如鍛鍊。昭明曰：上令某監勘，止欲盡公道耳，鍛鍊何等諸語耶？）安世聞之大懼，竟不敢易揆所勘，但劾歐公用張氏資買田產立戶事。落知制誥，知滁州。（《默記》《錢氏私志》云：歐爲人言其盜甥表云：喪厥夫而無託，攜孤女以來歸。張氏此時年方七歲，內翰伯見而笑曰：正簸錢時也。歐詞云：江南柳，葉小未成陰。人爲絲輕那忍折，鶯憐枝嫩不堪吟，留取待春深。十四五，閒抱琵琶尋，堂上簸錢堂下走，恁時相見已留心，何況到如今。歐知貢舉時，落第舉人作《醉蓬萊》以譏，詞極醜詆。

八月二十一日（甲戌）猶落龍圖閣直學士，罷河北都轉運使，降知制誥，知滁州（安徽滁州市）。

又：宋人王銍「默記」詳裁本案曲折，指出肇訟者，目的在於「迎合宰相意，加以大惡，當時朝廷二相乃賈昌期、陳執中，俱爲慶曆新政守舊派代表人物，是公長期攻擊指斥對象，公描述賈昌期「稟性回邪，熱心傾險，頗知經術能文飾奸言，好爲陰謀，以陷害良士。」指責陳執中爲「不學無識」、「諂上傲下愎戾之臣。」在慶曆新政遭致失敗的政治背景下，公受屈蒙冤已是劫數難避，公被貶知滁州，再次爲朝政改革付出沉重代價。

十月廿二日（甲戌）至郡。

是歲，次男奕生。

奕，字仲純，爲人聰穎質敏，剛正豪爽，公曾書寫「誨學說」以勵其學，宋人周必大「跋文忠公誨學帖」云：奕，字仲純，胡文恭（胡宿）婿，性倜儻，文章豪放，尤長于詩……惜乎！得年卅四，位不及美顯，然熙寧末鄭俠得罪，凡通問者皆獲譴，仲純獨傾資送之，其大節如此，可謂不墜先訓。」

編外制集三卷。

去歲八月至是年八月，奉使河北，有河北奉使奏章二卷在全集。

貶滁州卅後，補輯五代史。

撰病中代書寄聖俞，讀蟠桃詩寄子美（居士集卷二古詩），大理寺丞狄君（栗）墓誌銘（居士集卷廿八，墓誌銘）南陽縣君謝氏墓誌銘（居士集卷卅六，墓誌銘），祭尹子漸文（居士集卷四十九，祭文）。

二月杜衍、富弼、范仲淹等被罷職，新政失敗。

三月韓琦上書爲富弼、范仲淹辨證，毫無結果，於是自請同貶，謫知揚州。

七月，尹師魯被貶。

滕子京於岳州重修岳陽樓，托范仲淹寫文章記敘此事。黃庭堅（魯直，峪道人，涪翁）生。

狄栗卒，年五十六。周堯卿卒，年五十一。尹源卒，年五十。石介卒，年四十一。

五、四十、四十九，復貶——名動天下。

公再度爲范仲淹新政抗誣而遭守舊勢力陷害，復貶僻壤滁州，秉承大自然靈氣，生平遭逢，全爲一曲醉翁亭記所蓄，然醉翁不醉，寄寓山水而醒心，「醉翁亭記」名馳華夏神州，慶曆之後，公爲北宋文壇泰斗。

1. **仁宗慶曆六年（丙戌）**（公元一〇四六年），**四十歲，滁州**。

公至滁州後，常至琅琊山遊覽，遂與琅琊寺主持智仙和尚結爲知心朋友，智仙在琅琊山上專門蓋座亭子，供公遊山憩息，亭子落成時，公參加落成典禮，並題名「醉翁亭」，當即寫下「醉翁亭記」（居士集卷第卅九，記），並自號「醉翁」，晚回至州府，又抄寫六份，第二日清晨貼在滁州城的六個城門，請過往者指教。至傍晚，來了一位年近六十的老頭李樵夫，指出文章開頭，「滁州四面皆山，東有烏龍山，西有大豐山，南有花山，北有白朱山，其西南諸峰，林壑尤美……」太累贅了，公恍然大悟，遂把開篇改爲「環滁皆山也」此後，又在琅琊山下親自把改好的「醉翁亭記」送結了李樵夫。

撰啼鳥，讀徂徠集，琅琊山六題（居士集卷二，古詩），鎭陽殘杏，留題鎭陽潭園（居士集卷二，古詩）

六月，親筆題寫「紫薇泉」，並砌池造亭，命名爲「豐樂亭」，寓與民同樂之義；爲此作「豐樂亭記」（居士集第卅九，記）

（按）公在滁州時，時愛以「醉翁亭」釀泉沏茶，後有人從江西帶來一包「雲霧山茶」，即命人取水品茗，取水人因天氣驟變，就近取一罐泉水沏茶，味道甚佳，公一喝便知不是釀泉水，問明情況後，遂來到泉邊砌池造亭揮翰，文興煥發。

繼「醉翁亭」，「豐樂亭」，又建造「醒心亭」。

作「菱谿石記」（居士集卷四十，記）。

作「菱谿石歌」題梅堯臣，蘇舜欽，以暢其得怪石之興。（居士集卷三，古詩菱谿大石）

因韓琦回信送來芍藥花一種，遂致書稱謝：「自此得與郡人共樂」，並種於「豐樂亭」側。（書簡卷六）

聞許州臨潁縣民田中有唐代大書法家顏眞卿撰書「張敬田」碎碎片，遂遣人求得殘闕拓片七段。屢至唐李陽冰刻石處輾轉，得「唐李陽冰庶子泉銘」。

作有「梅聖俞詩集詩」提出「詩窮而後工」的現實主義詩歌創作理論（居士集卷四十二，序）「重讀徂徠集」居士集卷三，古詩。「和謝判官幽谷種花」（居士集卷第十一，律詩）等。

理教場於「豐樂亭」之傍，集州兵弓手，閱其習射，以警饑年之盜（致韓忠獻王書，慶曆六年，書簡卷一）

接梅聖俞所寄六詠及桐花啼鳥等詩，又得刁十六所寄新書（書簡卷六，慶曆六年與梅聖俞）。

時代背景及名人生卒

范仲淹作「岳陽樓記」，蘇子美書石，邵鈴來篆額，人稱之爲「岳陽樓」四絕。

蘇舜欽寄詩公作答「和菱溪石歌」，贊稱「百人擁持大車載，城中觀走風濤翻，立于新亭面幽谷，共爲澡刷泥沙浪。」

尹洙卒，年四十六。

2. 仁宗慶曆七年丁庚（公元一〇四七年）四十一歲，滁州。

十二月，以南郊恩，加上騎都尉，進封開國伯，加食邑三百戶。

是歲，三男棐生。

宋人畢仲游「西台集」卷六載：有「歐陽叔弼傳」對歐陽棐的卓越文才贊不絕口，認爲足以傳其家。云：「叔弼甫復以文學登第，能世其家，爲人廣覽強記博通經籍史氏諸子百家之言，文忠公之文須人代者，多出自叔弼甫之手……文忠公薨，叔弼甫代爲遺表，神宗皇帝見而愛之，意文忠公自作其表，傳于天下，天下之人亦以爲文忠公自作也。」又記載其晚年軼事，贊頌其高風亮節，「叔弼自去蔡後，系元祐籍（元祐黨籍，北宋徽宗時蔡京專權，將元祐、元符間司馬光、文彥博等三百人列爲奸黨，將姓名刻石頒佈天下，入碑籍者皆受迫害。）復鐫職降官，守以宮廟，居潁州里第，間遊吳中，俄出籍，乃以兩恩當任子孫者，力請于朝三四，以官其兄子之子，曰：先公之長曾孫，不可以無官，吾子之子，無官可也。」卒於潁州，年六十七。

接慶曆七年曆日表，謝皇帝恩頒：「雖被謫窮居，亦以時而受賜，臣敢不虔違聖訓，順布民時，上副欲治之心，少進曠官之責。」（表奏書啓四六集卷一）

撰祭城隍神文，祈雨祭漢高帝文（居士集卷四十九，祭文）滄浪亭，希眞堂東手種菊花十月始開。（居士集卷三，古詩），紫石屏歌（居士集卷四，古詩）送楊寘序（居士集卷四十二，序）豐樂亭遊春三首（居士集卷十一，律詩）

時代背景及名人生卒

四月十日，尹師魯（公元一〇〇一——一〇四七年）病卒於南陽、滕子京卒。李迪卒，年七十七。

蘇洵舉進士及茂才異等，皆落第，遂返鄉十年，發憤讀書。

3. **仁宗慶曆八年戊子（公元一〇四八年），四十二歲，揚州。**

閏正月十六日（乙卯），轉起居舍人，依舊知制誥，徙知揚州（江蘇江都），二月廿二（庚寅）至都。

是年，修建揚州修建平山堂，並在堂前手植楊柳。

歐陽文忠公在揚州，作平山堂，壯麗爲淮南第一。堂據蜀岡，下臨江南數百里，眞、潤、金陵三州隱隱若可見。公每暑時輒凌晨攜客往遊，遣人走邵伯取荷花千餘朵，插百許盆。與客相間，遇酒行，即遣妓取一花傳客，以次摘其葉盡處以飲酒，往往侵夜，載月而歸。余紹聖初始登第，嘗以六七月之間館於此堂。是歲大暑，環堂左右老木參天，後有竹千餘竿，大如椽，不復見日色。寺有一僧，年八十餘，及見公，猶能道公時事甚詳。《避暑錄話》

揚州蜀岡上大明寺平山堂，歐陽文忠手植柳一株，人謂之歐公柳。公詞所云「手種堂前楊柳，別來幾度春風」者。薛嗣昌作守，亦種一株，自榜曰薛公柳。人莫不嗤之。嗣昌既去，爲人伐之。（《墨莊漫錄》政和中唐恪守滁，作亭曰同醉，自作記。大書刻石，見《郤埽編》）

平山堂，歐公爲揚州守時所創。負堂而望，江南諸山歷歷在簷楹間，公政暇輒往游，嘯詠竟日而返。慶元十一月，有右司郎中糜師旦遊堂中，宛如疇昔所經，獨歎惜壁間字畫、堂前楊柳不存耳。翌日渡江，適其兄倅京口，即移柳數十本屬揚帥趙子固爲補植，且寄詩云：「壁上龍蛇飛去久，堂前楊柳補來新。一生企慕歐陽子，重到平山省後身。」是夕舟行，兄弟對語，至戌夜方寢，晨起，師旦逝矣。先是師旦登第時，過婦家姑蘇之黃渡，飲於園亭。夜半，忽盛間有大書太師字，秉燭聚觀，墨影隨滅。人謂師旦他日必遠到，至是始悟歐陽公官至太子太師，益驗後身之句云。《湧幢小品》

好友尹師魯歸葬河南，於揚州聞知，作「祭尹師魯文」（居士集卷四十九，祭文）「尹師魯墓誌銘」（居士集卷廿八，墓誌銘）。

在揚州，得「唐竇叔蒙海濤誌」碎拓，愛不釋手，張于座右之壁，冀于朝夕見也，後被夜間風雨所損。（集古錄跋尾卷八）

冬，蘇子美（公元一〇〇八—一〇四八年）年謫居姑蘇以詩文自放，一日，於「滄浪亭」觀魚，作詩云：「我嗟不及游魚樂，虛作人間半世人」，不久猝卒於蘇州。（澠水燕讀錄卷七）公作祭蘇子美文（居士集卷四十九，祭文）。

作「大明水記」（居士外集卷第十三，記）連處士（舜賓）墓表（居士集卷廿四，墓表）贈歌者（居士外集卷六，律詩）

歐陽文忠：慶曆末夜泊采石渡。舟人鼾睡，潮至月黑，公滅燭方寢。微聞呼聲曰：「去未？」舟尾答曰：「有參政宿此，不可擅去。齋料幸爲攜至。」公私念曰：「舟尾逼浦，且無從人，必鬼也。」通夜不寐。五更聞岸上獵獵馳驟聲，舟尾呼曰：「齋料幸見還。」岸上且行且答曰：「道場不淨，竟無所得。」公異之。後日遊金山與長老瑞新語此事，驚曰：「某夜有施主設水陸，攜室人至，方拜，忽乳一子。俄腥風滅燭，一衆盡恐，乃公宿采石之夜也。」後果參大政。《冷齋夜話》、《閑窗括異志》同

時代背景及名人生卒

畢升于慶曆年間發明活字印刷術。

蘇舜欽卒，年四十。

4. 仁宗皇佑元年乙丑（公元一〇四九年）四十三歲，穎州。

正月十三日（丙午）移知穎州（安徽阜陽），二月十三日（丙子）至郡，樂西湖之勝，將卜居焉。

四月廿四日（丙戌）轉禮部號郎中。

八月十一日（辛未）後龍圖閣直學士。

入秋後，太夫人臥病，其時公年方四十三歲，慨嘆「鬢髮皆白，眼目昏暗。」（書簡，卷二，與杜正獻公皇佑元年）

（按）此後公發於目疾，蓋二十餘年。

是歲，五男辨生。

王安石「臨川集」卷五十二「外制」載其初入仕途時，因父蔭，授太常寺太祝，畢仲游，「西台集」卷十八，「次韻和歐陽季默觀書記事之什」稱贊他的懷才居窮，安貧樂道的美德。云：「歐陽季默年三十，處世雖艱心地吉，居於頹垣壞屋偪仄之巷，而有倜儻慷慨汪洋之美質，清趙宏恩等修纂的「江南通志」略載，歐陽辨事跡說：辨，字季默，修之少子，子瞻（蘇軾）在穎。詩云：「風流猶有三歐存」蓋指伯和叔弼，季默也，兄弟俱家於穎。

（按）公有男八人。女三人，四男及六七八男早卒，女三人亦皆早卒。

「尹師魯墓誌銘」完成後，其妻張氏對誌文簡略大為不滿，新科進士孔嗣宗至穎州居半月之人，找公辯論，指斥墓誌銘的不足，公撰「論尹師魯墓誌銘」（居士外集卷廿三，墓誌銘）闡述誌文寫作基本理論，主張「文簡而意深」的文風。

在潁州，與劉渙重逢。

見潁州西湖山水秀美，愛其民淳訟簡物產美，水甘土厚風氣和，於是，「慨然已有終焉之意。」（居士集卷四十四思潁州後序）

公知潁州三年半，清人張必達「公治潁政績考」有云：「公守潁，其政不可枚舉，而修學校則建西湖書院以造潁士，興民利則塞白龍溝水以溉湖田，其大略也……又論政曰：「寬則不急進，簡則不煩索」，觀此言，則其政可考可知矣。迨熙寧四年（一〇七一年）退老於潁，至今過湖上者，猶低迴不能去云。

年初，在廣陵（揚州）於敕使黃元杏處得覽「唐鶺鴒頌」碑，把玩良久。

是年起，公遂以文章名擅天下。

撰「獲麟贈姚闢先輩，飛蓋橋翫月，」（居士集卷四，古詩）「潁州謝上表」「謝復龍圖閣生學士表」（表奏書烈四六集卷第一）

歐公閒居汝陰時，一妓甚穎，文忠歌詞盡記之，筵上戲約，他年當來作守，後數年，公自維揚果移汝陰，其人已不復見矣。視事之明日，飲同官湖上，種黃楊樹子，有詩留題擷芳亭云：「柳絮已將春色去，海棠應恨我來遲。」後三十年東坡作守，見詩笑曰：「杜牧之綠樹成陰之句耶？」（《侯鯖錄》）

公知潁州時，呂公著爲通判，爲人有賢行，而深自晦默，時人未甚知，公後還朝力薦之，由是漸見進用。又陳恭公素不喜公，知陳州時，公自潁移南京過陳，拒而不見。後公還朝作學士，陳爲首相，公遂不造其門。已而陳出知亳州，尋罷使相。公當制，自謂必不得好詞，及制出，詞甚美，至云：「杜門卻埽，苦避權貴以遠嫌。處事執心，不爲毀譽而更變。」陳大驚曰：「使與我相知深者，不能道此，此得我之實也。」手錄一本寄李師中曰：「吾恨不早識此人。」《墨莊漫錄》

時代背景及名人生卒

是年，天下大旱，河北尤甚，於是改元爲「皇佑」，以還和氣，祈求豐年。

汴梁開寶寺塔落成，後著稱爲「開封鐵塔」。

秦觀（少游）生。

5. 仁宗皇佑二年（庚寅）（公元一〇五〇年）四十四歲，南京。

七月一日（丙戌），改知應天府，兼南京（河南商丘）留守司事，二十四日（己酉）至府。

身居陪都南京，達官貴人往來熙攘，公秉性耿直，待客如一，不肯曲意迎逢，難免貴人招致一些閑言碎語，歐陽發（先公事跡）云：「南京素號要會，賓客往來無虛日，一失迎候，則議論蜂起，先公在南京，雖貴臣權要過者，待之如一，由是造爲語言達於朝廷，時陳丞相升之安撫京東，因令審察是非，陳公陰訪之民間，得俚語，謂公爲「照天臘燭」還而奏之。

十月五日（己未）明堂覃恩，轉吏部郎中，加輕車都尉。

是歲，約梅聖俞買田於潁。

撰喜雨（居士集卷四，古詩）答子華學士安撫江南見寄，再和聖俞見答（居士集卷五，古詩）上致政太傅杜相公（居士集卷十二，律詩）。桑懌傳居士外集卷十五，傳）。南京謝上表（表奏書啓四六集，卷一）工部郎中歐陽君載墓誌銘（居士集卷第廿九，墓誌銘）雪（居士外集第四，古詩）答李大臨學士書，與杜訢論祈公墓誌書（居士外集第十九，書）

因韓琦再次遣人贈「宋公碑」二本，遂致書酬謝。（書簡卷一）

時代背景及名人生卒

夏竦卒，年六十七歲。

6. 仁宗皇佑三年辛卯（公元一〇五一年）四十五歲，東京。

蘇子美逝世後四年，始得其平生文章遺稿於太子太傅杜衍之家（蘇子美爲杜衍之婿），集爲「蘇子美文集」十卷，並贊序蘇子美在宋代古代運動中之功績。（居士集四十一卷，序）

友人田況由蜀召回京師，以給事中判三司，公見田元均在國家財政艱難之際，擔此重任，期舊友以有爲，思緒聯翩，遂作「與田元均論財計畫」（居士外集卷十八，書）遠始汴京，陳敘己見，供田元均參考。

同年友人劉渙辭官歸鄉，公爲之作詩送行：「廬山高贈同年劉中允歸南康」。（居士集卷五，古詩）

（按）南康，今江西廬山南麓星子縣，公作此詩後，曾致梅聖俞談及此作，以爲平生得意之作，明代著名大畫家沈周代表作「廬山高圖」軸，即按此詩意而作。

撰有「眞州東園記」（居士集卷四十，記）「孫氏碑陰記」（居士外集卷第十三，記）

歐公記眞州東園，汎以畫舫之舟，曾子固亦以爲疑。《清波雜誌》

時代背景及名人生卒

米芾生，夏竦卒。

7. 仁宗皇佑四年壬辰（公元一〇五二年），四十六歲，南京，三月十七日（壬戌），母親鄭氏病逝於南京任所，享年七十二歲，公從南京回到潁州守制。

五月下旬，又聞好友范仲淹在往徐州途中病逝，撰「祭資政范公文」（居士集卷五十，祭文）

廣西儂智高自稱大南國皇帝，攻古邕州（今廣西南寧市），公之十二侄通理，是年深秋適任象州（今廣西象州縣）司理，正擔憂之際，收到來信，得知平安，頓解遠念，次日復信，叮囑侄兒克盡職守，盡心向前，不得避事，至於臨難死節，亦是汝榮事，但存心盡公，神明亦自祐汝，愼不可思避事也。（書簡，卷十，與十二侄）

時代背景及名人生卒

以狄青爲樞密副使。

賀鑄生、范仲淹卒，年六十四。

8. 仁宗皇佑五年癸巳（公元一〇五三年），四十七歲，吉州。

歐公自南京留守，奉母喪歸葬於瀧岡。將興役，忽陰雨彌月，公念襄事愆期，日夕憂懼。里之父甲往告公曰：「鄉有沙山之神，乃吾郡太守也。廟祀于此，盍以告焉。」公乃爲文謁於神曰：「修扶護母喪歸祔先域，大事有日，陰雲屢興。今即事矣，幸神寬之，假三日不雨，則終始之賜，報德何窮。」翌日天宇開霽，始克舉事。公後在政府，一夕忽夢如坐官府，門外列旌幟甚衆，其名號皆曰沙山公。因感悟前事，遂以神之喜惠其民者聞於朝。（《獨醒雜誌》）

八月，自潁州護母柩歸吉州，與父觀公合葬於瀧岡塋地（今江西永豐沙溪鎭鳳凰山）夫人胥，楊氏祔葬。

作「先君墓表」初稿，「母鄭夫人石槨銘」，學生徐無黨代作「胥氏夫人墓誌銘」，「楊氏夫人墓誌銘」。（居士外集卷十二，墓表）

是冬，回潁州。

公先父遺物「七賢圖」故暗，遂請人裝裱，使子孫不忘先世之清風，而示吾先君所好尙，又以見吾母少寡而子幼，能克成其家，不失舊物。作「七賢畫序」（居士外集卷十五，序）

整頓五代史，成七十四卷。

撰「太常博士周君（堯卿）墓表」（居士集卷廿五，墓表）

時代背景及名人生卒

晁補之（無咎）生，陳師道（無已，履常）生，楊時生。

丁度卒。

9. 仁宗至和元年甲午（公元一〇五四年）四十八歲，東京。

五月，服孝期滿，赴京都，恢復原職。

至和元年（一〇五四年）五月，公守喪期滿，奉詔返京，仁宗見到這位十年不見的慶曆老臣，不覺得動了感情。「長編」卷一七六記載：「公服除入見，上惻然，怪修髮白，問在外幾年，今年幾何？恩意甚至，命判吏部流內詮。

七月十三日（甲戌），權判流內詮，會小人詐爲公奏請汰內侍，其徒怨怒，以胡宗堯不當改官事中公，廿七日（戊子）出知同州（陝西大茘），判吏部南曹吳充，爲公辨明，不報，知諫院范鎮一再極言，而參知政事劉沆方提舉修唐書，亦乞留公修書。

至和元年（一〇五四年）除喪服，重返京師，其間將近十年，輾轉四方，對這段不平凡的歲月，公稱之爲「十年困風波，九死出檻阱」（居士集卷五，述壞）。

八月十五日（丙午），沆拜相。

九月一日（辛酉），遷翰林學士，二日（壬戌）兼史館修撰，又差勾當三班院，官不坐曹，居多暇日，因而「每月娛於文字筆墨之間」，撰州名急就章一卷。（居士外集卷八，章一首）

門生徐無黨載譽南歸，分別之際，公作贈序相送，以「欲摧其盛氣而勉其思也」，同時「亦因以

自警焉」，「送徐無黨南歸序」。（居士集卷四十三，序）

（按）徐無黨，東陽郡永康人，自少從公學做古文，稍見稱于人，繼而又與群士試於禮部，得高第，聲名鵲起，文辭每日進，如水湧而出，曾爲公的「新五代史」作注。

三月至五月間，始作集古錄目（今日集古錄跋尾），成八、九、十篇，五月至京師後，遂不復作。

八月十七日（戊申），詔公修唐書，按新唐書始修於慶曆五年。

撰資政殿學士戶部侍郎文正范公（仲淹）神道碑銘。（居士集卷二十，神道碑銘）

太常博士尹君（源）墓誌銘（居士集卷三十一，墓誌銘）

主要詩文有律詩「過塞二首」（居士外集第六，律詩）「辭翰林學士表」（表奏書啓四六集卷第二）「論臣察奏帶指使差遣劉子」（奏議集卷第十二，翰苑）等。

時代背景及名人生卒

是年，因日蝕四月朔，所謂正陽之月，自古所忌，故又改元「至和」。（歸田錄卷一）

北宋天文家發現天關星附近的「客星」，並記載在宋科學家黃裳所作石刻「天文圖」上。（文匯報一九九一年九月廿一日石刻藏蘇州博物館）

張耒生。

10.仁宗至和二年乙未（公元一〇五五年），四十九歲，東京。

三月，同孫抃考試諸司寺監人吏。

六月二日（己丑）上書論宰相陳執中，已而乞外，改翰林侍讀學士集賢殿修撰，出知蔡州（河南汝南），侍御史趙抃，知制誥劉敞上疏留公。

七月二日（戊午）復領舊職。

八月十六日（辛丑）假右諫議大夫充任賀契丹國母生辰使。後因遼興宗死，道宗即位，二十八日（癸丑）改賀登位國信使。與太常博士沈遵會于恩冀之間，夜闌酒半，沈遂援琴彈奏「醉翁吟三疊」，但有聲而無歌詞相配，公當即爲曲填詞，因作「醉翁吟」。（居士集卷十五，雜文五首）

十二月廿七日（庚戌），宿契丹邊界松山（熱河平泉縣）時，見「澶淵之盟」後，邊境人民的悲慘生活，「兩地供賦租」，「身居界河上，不敢界河魚。」有感而作「邊戶」。（居士集卷五，古詩）

聞旨下三司重修慶基殿及奉先寺屋宇，指出大興土木，亂石土地，毀林之害。（奏議集，卷十三，翰苑·論罷修奉先寺等行狀）

見京城近有雕印「宋文」文集二十卷，多是論議時政之言，詳其語言，不可流傳，而雕印商人不知事件，恐怕流佈漸廣，對朝廷不利，加上其文字也非後學所需，或不足爲人師法，因此，請朝廷下令開封府，訪求版本焚燬，並止絕書舖，今後若有不經國家出版機關勘定，妄加雕印文集，均不准出售，並許人陳告，支與賞錢貳佰貫文。（奏議集，卷十二，翰苑，論雕印文字劄子）

作有「再乞召陳烈劄子」（奏議集卷第十四，翰苑）、「論修河第一狀」（奏議集第十二，翰苑）、「論修河第二狀」（奏議集卷第十三，翰苑）、「晏元獻公輓辭三首」（居士外集卷第六，律詩）、

「內閣對月奉寄子華估人持國廷評」（居士集卷十二，律詩）、「論臺諫官言事未蒙聽允書」（奏議集卷第十二）、「觀文殿大學士行兵部尚書西京留守贈司空兼侍中晏公神道碑銘」（居士集卷二十二）

時代背景及名人生卒

仁宗封孔子四十七世孫孔宗愿爲衍聖公。河北空縣料敵塔成塔高八十四米，爲中國現存古塔之冠。晏殊卒，年六十五。高若訥卒，年五十九。蘇安世卒，年五十九。呂公綽卒，年五十七。

六、五〇—五九蕩滌場屋之習，爲國薦賢。

嘉祐二年，余與端明韓子華、翰長王禹玉、侍讀范景仁、龍圖梅公儀，同知禮部貢舉辟梅聖俞爲小試官。凡鎖院五十日，六人相與唱和，爲古律詩一百七十餘篇，集爲三卷。禹玉，余爲校理時武成王廟所辟進士也。至此新入翰林，與余同院，又同知貢舉，故禹玉贈余云：「十五年前出門下，最榮今日預東堂。」余答云：「昔時叨入武成宮，曾看揮毫氣吐虹。夢寐閒思十年事，笑談今日一樽同。喜君新試黃金帶，顧我宜爲白髮翁。」天聖間，余舉進士，國學南省皆忝第一人。其後景仁相繼亦然，故景仁贈余云：「淡墨題名第一人，孤生何幸繼前塵。」聖俞自天聖間與余爲詩友，余嘗贈以《蟠桃詩》，有韓孟之戲，故至此贈余詩云：「猶喜共量天下士，亦勝東野亦勝韓。」子華筆力豪贍，公儀文思溫雅，皆勁敵也。前此爲南宮試官者多窘束制條，不少放懷，余六人懽然相得，長篇險韻，衆製交作，筆吏疲於寫錄，僮史奔走往來，更相酬酢，往往烘堂絕倒，自謂一時盛事，前此未有也。《歸田錄》

至和嘉祐間，場屋舉子爲文奇澀，讀或不能成句。歐公力欲革其弊，既知貢舉，凡文涉雕刻者，皆黜之。時范景仁、王禹玉、梅公儀等同事，而梅聖俞爲參詳官。未引試前，唱酬詩極多，文忠詩：「無譁戰士銜枚勇，下筆春蠶食葉聲。」最爲警策。聖俞有「萬蟻戰時春日煖，五星明處夜堂深。」亦爲諸公所稱。及放榜，平日有聲如劉煇輩皆不與選，士論頗洶洶，以爲主司耽酬唱，不暇詳考校，且以五星自比，而以我曹爲蠶蟻，因造爲醜語。自是禮闈不復敢作詩，終元豐末幾三十年。元祐初，雖稍稍爲之，要不如前日之盛。然是榜得蘇子瞻爲第二人，子由與曾子固皆在選，亦不可謂不得人矣。《石林燕語》

歐陽文忠知貢舉。省闈故事，士子有疑，許上請，蓋自日昃猶有喋喋勿去者，過晡則閒矣。方與諸公酌酒賦詩，士猶有叩簾，梅聖俞怒曰：「瀆則不告。」文忠不可，竟出應，鵠袍環立，觀所問，士因前曰：「諸生欲用堯舜事，而疑其爲一事或二事，惟先生教之。」觀者閧然笑。文忠不動色，徐曰：「似此疑事，誠恐其誤，但不必用可也。」內外又一笑。（《桯史》此條有誤，說見楊億條下。）

歐公典試，出《通其變而使民不倦賦》，時謂多一而字，錢氏因作詩云：「試官偏愛外生兒。」蓋用蔣之奇劾歐公外甥女曖昧事。《野獲編》

歐公主文，試《貴老謂其近於親賦》。有進士句云：「覩茲黃耇之狀，類我嚴君之容。」時哄堂大笑。《捫掌錄》

嘉祐二年，公主持禮部貢舉，一掃繼西昆派而起的「太學體」險怪奇澀文風，並力拔布衣出身的寒士才賢，培養大批古文運動的後起之秀：蘇軾、蘇轍、蘇洵、曾鞏、王安石……等。所以古人云：「公推揚誘進不倦，至於有一長者，識與不識，皆隨其長而稱之。」又云：「凡後進之士，公嘗所稱者，遂爲名人，皆得公一言爲重。」此外，公之史學成就也形成於此段時間。

「四朝國史」本傳云：「公知嘉佑二年貢舉，時士子尚爲險怪奇澀之文。」號「太學體」。公痛排抑之，凡如是者輒黜，畢事問之嚚薄者，伺公出，聚噪於馬首，街邏不能制，然場屋之習，從是遂變。

1. 仁宗至和三年及嘉祐元丙申（公元一〇五六年）五十歲，東京。

二月廿二日（甲辰）出使契丹歸，進北使語錄。

閏三月五日（丁庚），判太常寺兼禮儀事，孟夏薦饗，攝太尉，行事。

五月二日（癸未），知通進銀臺司兼門下封駁事。十四日（乙未）免勾當三班院。

六月十四日（甲子）奉敕祈瞻醴泉觀。

八月十三日（壬戌），知益州張方平除三司使。十五日（甲子）詔公權發遣三司公事以俟其至。而命李淑代知銀臺司。廿六日（乙庚），車駕詣景靈宮，朝拜天興殿，充贊導禮儀使，又朝謁眞宗及章懿太后神御殿，攝太常卿。

九月十二日（辛丑），大慶殿行恭謝禮，爲贊引太常卿，禮成，加上輕車都尉，進封樂安郡開國侯，加食邑五百戶。

十二月，被差押伴契丹賀正旦人使御筵於都亭驛。

公執友劉敞（原甫）出守維揚（今江蘇揚州），餞行之際，想到當年在揚州修建的平山堂及親自在堂前植種的楊柳，不禁感慨而作詞「朝中措」，有「文章太守，揮毫萬字，一飲千盅。」名句。（近體東府卷第一，樂語，長短句，朝中措）

送劉貢父守淮揚，作長短句云：「平山欄楯倚晴空，山色有無中。」平山堂望江左諸山甚近，或謂公短視，故云。東坡笑之，因賦《快哉亭》，及其事云：「長記平山堂上，攲枕江南煙雨，杳杳沒孤鴻。認取醉翁語，山色有無中。」《藝苑雌黃》

國子監直講闕缺二人，公力薦太常博士梅堯臣補國學直講之席，陳「舉梅堯臣充直講狀」，以個人名義擔保梅堯臣「必能論述經言，教導學者，使與國子諸生歌詠聖化於庠序，以副朝廷育材之美，如後不如舉狀，臣等並甘同罪。」（奏議集卷十三）

蘇洵攜其二子蘇軾，蘇轍至京師，以其所作文章，呈當時京城名流，爲公賞識，公推其書至朝廷，士大夫爭誦，使蘇洵得以聞名於世。（奏議集卷十三）

上札舉薦布衣陳烈，充太學博士。（奏議集卷十三）

（按）公舉薦之士，多爲布衣寒士，而學益勤奮陳烈爲福州處士，與公素不相識，而公不計識與不識，知其行義品德，屢薦於朝廷，乞賜召用，後朝廷召陳烈爲國子監直講。

與王龍圖益柔書函，言及衰病區區，猶須更旬浹，始遂休息，因欲請補江西。（書簡卷五）

撰「鳴蟬賦」（居士集卷十五，賦），贈王介甫（居士外集卷第七，律詩），湖州長史蘇君（舜欽）墓誌銘（居士集卷卅一，墓誌銘）

時代背景及名人生卒

九月，因仁宗久病康復，遂改元「嘉佑」。

是年爲遼國清寧二年，田和尙奉敕募建山西應縣木塔。塔高六七·三一米，爲中國現存古代唯一木結構佛塔。

王堯臣卒，年五十六歲。

2. 宋仁宗嘉祐二年丁酉（公元一〇五七年），五十一歲，東京。

正月六日（癸未），權知禮部貢舉，賜御書「文儒」二字，廿八日（乙巳）磨勘，轉右諫議大夫。

二月，以翰林學士與韓子華、王禹玉、范景仁、梅公儀同知禮部貢舉，辟梅聖俞爲小試官，考天下所貢士六千五百人，通過科舉考試提倡平實樸實的文風，排斥繼西昆派而起的「險怪奇澀之文」，使「場屋之習，從是遂變。」（宋史本傳卷三一九）

知貢舉期間，與外界隔絕達五十天，六人時時相與唱和古律長短詩雜言，得詩一百七十三篇，集爲「禮部唱和詩三卷」，其書今佚，有「禮部唱和詩序」。（居士集卷四十三）

王禹玉爲公任集賢校理時，武成王廟所解進士，至此新人翰林，與公同主持禮部考試，遂贈以詩云：「十五年前出門下，最榮今日預東堂。」公答詩：「昔時叨入武成宮，曾看揮毫氣吐虹，夢寐閑思十年事，笑談今此一樽同。」

梅聖俞是公爲西京留守推官時所結古文詩歌唱和密友，當時公曾以「蟠桃詩」送他，有「韓孟之戲」，故二十多年後古文盛行，二人同選天下賢才，梅堯臣作詩：「猶喜共量天下士，亦勝東野亦勝韓。」

天聖七年，公舉進士，國學南省，皆試第一名，後來，范景仁相繼，亦皆爲第一，因此范景仁贈公詩：「澹墨題名第一人，孤生何幸繼前塵。」

蘇軾舉進士，公主持考試，梅堯臣爲考官，閱卷時讀到「荊賞忠厚之至論」，梅堯臣以爲有「孟軻之風」，薦於公，此時公學生曾鞏也同舉試，他們以爲此文優異，怕是是曾鞏所作，公爲避嫌，不敢把此卷定爲第一，遂降爲第二，但試卷中堯與皋陶對刑罰的互相制約的例證，不知其出處，蘇軾謁見公時，公問他，蘇軾笑答「想當然耳」，竟是憑空臆造，從此深得公賞識。說：「老夫當遜路，放他出一頭地也。（書簡卷六與梅聖俞嘉祐二年）

張安道與歐公素不相能，慶曆初杜祁公、韓、富、范四人在朝，欲有所爲。文忠爲諫官，協助之。而前日呂許公所用人多不然，於是諸人以朋黨罷去。安道繼爲中丞，頗彈擊前事，二人遂交怨，蓋趣操各有主也。嘉祐初，安道守成都，文忠爲翰林，蘇明允父子自眉州走成都，將求知安道。安道曰：「吾何足以爲重，其歐陽永叔乎？」乃爲作書辦裝，使人送之京師，謁文忠。文忠得明允父子所著書，亦不以安道薦之非其類，大喜曰：「後來文章當在此。」極力推譽，天下於是高此兩人。子瞻兄弟後

出入四十餘年，雖物議於二人各不同，而亦未嘗敢有纖毫輕重於其間也。《避暑錄話》

三月廿七日（癸卯），爲狄青發哀苑中，攝太常卿。

七月八日（壬午）命公攝禮部侍郎，以印授冊使，廿一日（乙未）兼判尚書禮部。

九月六日（乙卯），兼判秘閣秘書省，

十一月九日（辛巳）權判史館，廿四日（丙申）權知審刑院，俟胡宿回依舊，廿九日（辛丑）免。

十二月八日（辛庚），權判三班院，二十日（癸庚），權奉安明德、元德、章穆三后御容於啓賢院，車駕行酌獻禮，充禮儀使。是月，被差押伴契丹賀正旦人使御筵於都亭驛。

致書劉侍讀原父稱：「已三請江西」，未准。（書簡，卷五）

作有「和劉原父平山堂見案」（居士外集第七，律詩）、「祭杜祁公文」（居士集卷第五十，祭文）、「南省試進士策問三首」（居士集卷第四十八策問）、「浮槎山水記」（居士集卷第四十，記）「論選皇子疏」（奏議集卷第十五，翰苑）等。

時代背景及名人生卒

蘇軾、蘇轍同時進士及第，蘇軾二十一歲，蘇轍十九歲。曾鞏舉進士登科。

是時，學風卑靡，「士子」習尚險怪奇澀之文，號「太學體」，各出新意相勝爲奇。

包拯以龍圖閣直學士衙知開封府。

周邦彥生，陳瓘生。

杜衍卒，年八十，王德用卒，年七十九。孫復卒，年六十六。王洙卒，年六十一，狄青卒，年五十。

3.仁宗嘉祐三年戊戌（公元一〇五八年）五十二歲，東京。

正月十一日（壬午），仁宗幸興國寺及啓聖院，朝謁太祖、太宗神御殿，攝太常卿。

二月二日（癸卯），契丹遣使告其國母哀，差公館伴。

三月一日（辛未），兼侍讀學士，以員多，固辭不拜。十二日（癸未），充宗正寺同修玉牒官。廿四日（甲午）同陳旭考試在京百司等人。

六月十一日（庚戌），加龍圖閣學士，權知開封府。

公到任後，上辭開封府劄子（表奏書　四六集，卷二）。

「……今者曲蒙聖慈，誤加選用，豈可苟避繁劇，輒希辭免，蓋臣有不得已者，須至縷陳，臣自前歲已來，累有奏狀，乞一外任差遣，蓋以臣久患目疾，年齒漸衰，昏暗愈甚，又自今年春末，忽得風眩，昨於韓絳入學士院敕設日，乘坐之中，遽然昏踣，自後往往發動，緣臣所修唐書，已見次第，所以盤桓，欲俟書成，便乞補外，豈期聖造，委以治煩，臣素以文辭，專學，治民臨政，既非所長。加以早衰多病，精力不彊，竊慮隳官敗事，上誤聖知，兼所修唐書，不過三五月，可以畢手，置局多年，官吏拘留，縻耗供給，今已垂成，若別差人，轉成稽滯，只委臣了畢，則恐無暇及之，欲望聖慈，矜臣衰病，才非所長，欲乞別選材能，許臣且仍舊職，候唐書成日，乞一外任差遣以養衰殘，今取進止。」

上「論編學士院制誥箚子」（奏議集，卷十四），奏請將宋朝以來所撰文書，各以門類，依其年次，編成卷帙，爲各「學士院草錄」，有不足者，加以求訪補足，並請派學士院學士專門管理，從今往後，按續編聯。此前，公已曾試令類聚，收拾補綴，但已十失五六，原因，由於明道以前，文章草稿，尙有編錄，景佑以後，漸成散失，緩急事有質疑，有司無所檢驗，蓋由從前雖有編錄，亦無類例卷第，只是本院書吏私自抄寫，所以易爲廢失，公指出，學士所作文書，系朝廷大事。「示之于後，則爲王者之訓謨，藏之有司，乃本朝之故實。」有很高的文獻檔案價値。

作續思潁詩序（居士集卷四十四，序六首），入翰林爲學士已匆匆七八年間，但歸潁隱退之志一直未忘，故作詩言：「乞身當及強健時，頷我磋砣已衰老。」嘆息自己已未能如願以償，「前言之未殘也」。

撰有「琴高魚」（居士外集卷四，古詩）「乞定兩制員數箚子」、「論郭皇后影殿箚子」（奏議集卷第十五，翰苑）等。

撰「忠武軍節度使同平章事武恭王公（德用）神道碑銘」（居士集卷二十三，神道碑銘）、「浮槎山水記」（居士集卷四十，記）。

時代背景及名人生卒

王安石向仁宗上萬言書，建議在政治上「改易更革」。

十一月，宋仁宗召蘇洵赴京，試策論于舍人院，蘇以五十歲衰病之身，奔走萬里進京赴試不便，拒不應召。

王荊公初不識歐陽文忠，曾子固力薦之，而荊公終不肯自通。至和初爲群牧判官，文忠還朝始見知，遂有「翰林風月三千首，吏部文章二百年」之句。然荊公猶以非知己，故酬之曰：「它日倘能窺孟子，此身安敢望韓公。」自期以孟子，處公以韓公，公亦不以爲嫌。及在政府，薦可以爲相者三人，同一箚子，呂司空晦叔、司馬溫公與荊公也。呂申公本嫉公爲范文正之黨，滁州之謫實有力。溫公議濮廟，力排公而佐呂獻可。荊公又以經術自任而不從公。公於晦叔則忘其嫌，於溫公則忘其議論，於荊公則忘其學術，世服其能知人。《避暑錄話》

4.仁宗嘉祐四年（己庚）（公元一〇五九年）五十三歲，東京。

二月三日（戊辰），免開封，轉給事中，同提舉在京諸司庫務，是月，充御試進士詳定官，賜御書「善經」二字。

四月三日（丁卯），奉告今冬大廟親行祫饗之禮，九日（癸酉）孟夏，薦饗，並攝太尉行事，十二日（丙子）兼充群牧使。

九月五日（丁酉），奉敕祈晴相國寺。

十月十一日（壬申）車駕朝饗景靈宮，十二日（癸酉），祫饗太廟，並攝侍中行事，十六日（丁丑）加護軍，食實封二百戶。

六月十日（甲申），刪定景祐廣樂記。

詩本義十六卷撰成。

龍圖閣直學士尙書吏部郎中梅摯出守杭州時，建「有美堂」是年八月，請公爲「有美堂」作志，至請六七次而不倦殆，以盛情難卻，遂作「有美堂記」。（居士集卷四十，記）

致王懿敏公仲儀書（書簡，卷三，嘉祐四年）稱：「某益多病，目昏手顫，腳膝行履艱難，衆疾並攻，唐書已了，祗候寫了進本，遂決南昌之請，自此可圖一作璽處矣。」

與劉侍讀原父書（書簡，卷五，嘉佑四年）稱：「愚家所藏集古錄，嘗得故許子春爲余言集聚多且久，無不散亡，此物理也，不若舉取其要，著爲一書，理可傳久，余深以其言爲然，昨在汝陰（今安徽阜陽）居閑，遂爲集古錄目，方得八十九篇，不徒如許之說，又因得與史傳相參驗，證見史家闕失甚多。」

作有「乞罷上元祝燈札子」，「論包拯除三司使書」（奏議集，卷十五，翰苑）。

撰「明妃曲」（居士集卷八，古詩），「秋聲賦」（居士集卷十五，賦）、「右班殿直贈右羽林軍將軍唐君（拱）墓表」（居士集卷廿五，墓表）、「祭吳大資文（居士集卷五十，祭文）、「通商茶法詔」（內制集卷五）。

時代背景及名人生卒

四月，朝廷又傳詔書，催蘇洵赴京應試，當時梅聖俞也寄詩（題老人泉寄蘇明允字），勸他赴京應對，加上此時兩子蘇軾、蘇轍服母喪期滿，蘇洵才同意應召。十月，乘舟沿江南行，至江陵（途經夷陵時，曾同遊三游洞），舍舟登陸北上入京師，這次行程，「三蘇」父子共作詩文一七〇多篇。

胡瑗（翼之）卒，年六十七。李構（泰伯）卒。詩人王令（逢原）卒。晁以道生，宗澤生。

5.嘉祐五年庚子（一〇六〇年），五十四歲，東京。

四月九日（丁卯）孟夏，薦饗太廟，攝太尉行事。

七月十二日（戊戌），「新唐書」成，共二百五十卷，提舉編修曾公亮領銜進表，由公代作「進新修唐書表」（表奏書啓四六集卷第二，進新修唐書表）論功行賞。七月十四日（庚子）轉禮部侍郎，九月一日（丁庚）兼翰林侍讀學士，十月十五日（庚午）下元節，車駕朝拜景靈宮天興殿，朝謁眞宗及章懿太后神御殿，攝侍中，十一月十六日（辛丑），拜樞密列使，加食邑五百戶，食實封二百戶。

（按）新唐書係由公及端明殿學士宋祁與編修官知制誥范鎭、王疇，集賢校理宋敏求，秘書丞呂夏卿，著作郎劉義叟，以及梅堯臣、江部幾等人並遴儒學之選。發秘府之藏，共加刪定，歷時十七年而成，全書由公宋祁兩人分頭定稿，其中公主持撰寫紀志六十卷，實際編撰工作，志表乃范鎭，王疇，宋敏求，呂夏卿，劉義叟分修，由公最後刪定，宋祁專作列傳，計一百五十卷。

歐陽修於修唐書，最後至局，專任紀志而已，列傳則宋尙書祁所修。朝廷以一書出兩手，體不能一，遂命公看詳列傳，令刪革爲一體。公雖受命，退而歎曰：「宋公於我爲前輩，且人所見多不同，豈可悉如己意。」於是一無所易。及書成奏御，御史曰：「舊例修書，祇列局內官高者一人姓名，公官高宜書。」公曰：「宋公於列傳亦功深者，爲日且久，豈可掩而奪其功乎？」於是紀志書公姓名，列傳書宋姓名。宋公聞而喜曰：「自古文人不相讓而好相陵，此事前所未聞也。」《墨莊漫錄》知制誥范鎮等人奏取公個人所撰（五代史）付唐書局繕寫進呈，公稱此稿乃謫居夷陵與滁州時，閑僻無事，將五代史試加補輯，且僻居缺乏文獻參閱檢索，銓次未成，後又在京師再上書欲得外任差遣趁公事之暇，加以整輯成書。並加精審考定，方敢進獻，故請暫定，免繕進。（奏議集卷十六。免進五代史狀）

（按）此著直至公卒後五年，其家屬奉詔上繳，書稿才得以刊於世，書原名「五代史」，共七十四卷，爲別於薛居正的「五代史」，人們稱薛史爲「舊五代史」，而以公所撰爲「新五代史」。

舊傳焦千之學於歐陽文忠。一日造劉貢父，劉問：「五代史成耶？」焦對：「將脫稿。」劉問：「爲韓瞠眼立傳否？」焦嘿然。劉曰：「如此亦是第二等文字耳。」《齊東野語》

見湄州布衣蘇洵文章不爲空言而期於有用，議論精於物理而善識變，遂趁古人爲國薦賢之舉，呈狀朝廷，隨之附上蘇洵所撰權書衡倫機策二十篇，供皇帝察閱甄錄。（奏議集卷第十四，翰苑，「薦布衣蘇洵狀」）

致書馮靖公，稱謝他惠案的碑刻，「既博而精，多所未見，寡陋蒙益，而私藏頓富矣，中年早衰，世好漸薄，獨於茲物，厥嗜尤篤，而俗尚乖殊，每患不獲同好，凡如所惠，僅得一三，固已爲難，而驟獲如是之多，宜其如何爲喜事也。……」書簡卷三「與馮章靖公」嘉祐五年。

十二月被差押伴契丹賀正旦人使御筵於都亭驛。

撰雜書一卷(約作於是年十一月至明年八月之間)今佚。

十一月廿九日(甲寅)同修樞密院時政記。

撰哭聖俞(居士集卷八,古詩)。北海郡君王氏墓誌銘(居士集卷卅六,墓誌銘)祭梅聖俞文(居士集卷五十,祭文)。

作辭樞密副使表(表奏書啓四六集卷第二)論茶法奏狀(奏議集卷第十六,翰苑)。論均稅箚子(奏議集第十七,樞府)等。

時代背景及名人生卒

宗澤(汝霖)生。

梅堯臣卒,年五十九。江休復卒,年五十六。

6. 嘉祐六年午丑(公元一〇六一年)五十五歲,東京。

三月二十五日(戊申)侍仁宗報後苑,賞花華景亭,釣魚涵曦亭,遊宴太清樓。

閏八月二十一日(辛丑),轉戶部侍郎參知政事,進封開國公,加食邑五百戶,食實封二百戶,公辭轉官,許之。

閏八月,編內制集八卷,是月至明年,校勘崇文總目。

九月十一日(庚申),同修中書時政記。

十二月七日(丙戌)腊享太廟,攝太尉行事。

撰胡先生（瑗）墓表（居士集卷二十五，墓表）梅聖俞（堯臣）墓誌銘，江鄰幾（休復）墓誌銘（居士集卷卅三，墓誌銘）廖氏文集序，內制集序（居士集卷四十三，序）。

作乞差檢討官校國史箚子、論牧馬草地箚子、論臺諫官唐介等宜早牽復箚子（奏議集第十七，樞府）等。

時代背景及名人生卒

八月立宗實爲皇太子，賜名曙。九月，趙曙進爵鹿郡公。

湖北當陽玉泉寺鐵塔落成，塔高七丈，十三級，用生鐵七六〇〇多斤鑄成，爲中國現存著名大型鐵建築物。（中國古塔，當陽名勝古跡。）

宋祁（子京）卒，年六十四。薛長孺卒，年六十一。

7. **嘉祐七年壬寅（公元一〇六二年）五十六歲，東京。**

正月一日「己酉」，大慶殿朝賀，攝侍中，承旨宣制。

三月八日（乙卯），祈雨南郊，攝太尉行事。十四日（辛酉），提舉三館秘閣，寫校書籍，同譯經潤文。

九月四日（戊申），文德殿奏請致齋，攝侍中，奏中嚴外辦。五日（己酉），朝饗景靈宮。六日（庚戌），朝饗太廟，並攝司徒。七日（辛庚）大饗明堂。十五日（己未），進階正奉大夫加柱國，仍賜推忠佐理功臣。

十二月二十三日（丙申），仁宗幸龍圖，天章閣，召輔臣至待制二司副使以上臺諫官、皇子、宗室、駙馬、都尉、管車、觀三聖御書。又幸寶文閣，親飛白書，分賜群臣，公得雙幅大書歲字。又出御製觀書詩一首，令群臣屬和（公和以觀龍圖閣三聖御書應制，在居士外集卷七），遂宴群玉殿。二十七日（庚子）再召近臣及三館臣僚赴天章閣，觀三朝瑞物，太宗、眞宗御集，次赴寶文閣，觀御飛白書，賜公金花牋字，復宴群玉殿，後數日，公以群玉殿賜宴五言八韻詩一首（居士集卷十三）。隨謝賜飛白並賜宴詩狀上進，（狀在四六集卷二）。是月，差押契丹賀正旦人使御筵於都亭驛。

集古錄一千卷編成，（按）公集錄前世金石遺文，始於慶曆五年，前後凡歷時十八年。

四月五日（壬午）上嘉祐編敕。

撰集古錄自序（居士集卷四十一，序）辭明堂加恩表（表奏書啓四六集卷第二）等。

時代背景及名人生卒

包拯卒，年六十四。

8. **嘉祐八年癸卯（公元一〇六六年）五十七歲，東京。**

二月三日（乙庚）奉敕充沈貴妃禮使（不及行禮）。

三月二十九日（辛未）仁宗崩。

四月一日（壬申），英宗即位，三日（甲戌）奉敕書大行皇帝哀冊謚寶，十三日（甲申），覃恩轉戶部侍郎，進階金紫光祿大夫，加食邑五百戶，食實封二百戶，仍賜推忠協謀佐理功臣，十四日（

乙酉），奉敕篆受命寶，其文曰「皇帝恭膺天命之寶」。

五月二十七日（戊辰），爲皇帝祈福於南郊，攝太尉行事。

六月十八日，手書「集古錄跋尾」卷一之「古器銘」。

七月九日（戊申）押伴契丹祭弔人使御筵於都亭驛。

七月二十日跋「林華宮行鐙銘」，二十日書「集古錄目序」題記。

八月二十四日（癸巳）奉敕篆大行皇帝謚寶，其文曰「神文聖武明孝皇帝之寶。」

十月十八日（乙酉），增修太廟成命，告七室。

十二月三日（庚午）押伴契丹賀正旦人使御筵於都亭驛。

杜衍逝世後，爲報故相早年奬掖之恩，既作銘。又在集南都時與杜衍的唱和詩爲一卷，以傳子孫後世，還發篋得杜公書書簡歌詩類編爲十卷而寶藏。

撰書荔枝譜後（居士外集二十三，雜題跋），跋唐景陽井銘（集古錄跋卷六）記舊本韓文後（爲其生平文化活動重要史料）。題薛公期畫，跋杜祁公書，跋學士院題名。（居士集卷二十三，雜題跋）等。

時代背景及名人生卒

三月卅日夜，仁宗病死，享年五十九歲，趙曙即位，是爲英宗，尊皇后爲皇太后，依遺詔權同聽政。

司馬光爲右諫議大夫，將諫官姓名刻於碑石上。

六月，劉原父以在長安所得古奇器數十種，作「先秦古器」。

田況卒，年五十九。

9.英宗趙曙治平元年甲辰（公元一〇六四年），五十八歲，東京。

開始大量手書集古錄跋尾。

三月八日，跋唐田弘正家廟碑，又稱藏書萬卷（集古錄跋尾卷八）。

四月二十一日，跋山東漢代武氏墓「武班碑」集古錄跋尾卷三），（按）此跋是最早有關「武班碑」的題記。

四月二十八日（甲午）奉敕祈雨杜稷。

五月六日，跋武榮碑，（集古錄跋尾卷三）。

閏五月三日（戊辰）特轉吏部侍郎。

清明日，因作「跋學士院御詩」，（居士外集卷第二十三，雜題跋），後記附敘當時美術史跡：

「院中名畫，舊有董羽水，僧巨然山，在玉堂後壁，其後又有燕肅山水，今又有易元吉猿及獾，皆在屏風，其諸司官舍，皆莫有之，亦禁林之奇玩也。」

八月八日（辛丑）奉敕祈晴太社。

八月。喪一女兒，不勝悲苦，遂引發十年來久患眼疾，秋，兩目昏疾漸劇，瞻視茫洋，加上年老全服涼藥，自深冬以後，氣暈昏澀，視物艱難。（表奏書烈四六集，卷三，乞外任第一劄子）

十二月二十一日（壬子），差押伴契丹賀正旦人使御筵於都亭驛。

撰下直，早朝感事，下直呈同行三公、東閣雨中。（居士集卷十三，律詩）跋晉獻之法帖，（集古錄跋尾卷四），唐華嶽題名（集古錄跋尾卷六）。唐放生池碑（集古錄跋尾卷九）。

作跋茶錄，跋觀文王尚書書（居士外集卷第二十二，雜題跋）魏國韓公國華眞贊（居士外集第八，贊）等。

時代背景及名人生卒

太后還政於英宗。

孫抃卒，年六十九，余靖卒，年六十五。

10. **英宗治平二年己巳（一〇六五）五十九歲，東京。**

正月二十二日，上表懇陳病衰，難安於尸祿，請辭政事，二十五日批答不允，二十六日續上第二表，二十九日，批答仍不允，是日上第三表，乞解政事，二月二日，再降批答不允卸任。

四月九日（戊戌），帝詔禮官及待制以上，議崇奉本生父濮王典禮，司馬光，王珪等主尊濮王爲皇伯，而公引喪服記，謂當稱皇考，兩派爭攻激烈。十二日（辛丑），景靈宮奉安仁宗御容，車駕行酌太之禮，攝侍中。

八月，暴雨成災，黎民愁苦，遂以曠職闕政爲自咎，進表自劾，請降罪責，以解政機。（表奏書啓四六集卷第三）

以表奏自劾，批答不允，再上第二表待罪，批答仍不准。又上第三表，稱自己「方平日以尸居，不知引分，及敗官而宜征，其敢逃刑。」（表奏書烈四六集卷第三，第二表，第三表。）

九月四日（辛酉）提舉編纂太常理書百卷成，詔名太常因革禮，賜銀絹。

（按）擬宋志，尚有太常禮院祀儀三十四卷，今佚。

十一月十四日（庚午），車駕朝饗景靈宮，十五日（壬申）祀南郊，攝司空行事，進階光祿大夫，加上柱國，食邑五百戶。

撰秋懷（居士集卷十四，律詩）徂徠石先生（介）墓誌銘（居士集卷三十四，墓誌銘）、仁宗御集序（居士外集卷十四，序）、相州晝錦堂記（居士集卷四十，記）祭王深甫父（居士外集卷第十九，書）等。

韓魏公在相爲晝錦堂，歐公記之「仕宦至將相，富貴歸故鄉」，韓公得之愛賞。後數日，歐復遣介，別以本至，曰：「前有未是，可換此本。」韓再三玩之，無異前者，但於「仕宦」「富貴」下各添一「而字」，文義尤暢。前輩爲文不易如此。《過庭錄》

晝錦堂及其碑記

魏國公韓琦，北宋名臣，歷仕三朝，文至太平，武定亂略，功勛蓋世，風聞天下，宋仁宗至和二年二月，由并州武康軍節度使改知相州（今河南安陽市）在州署後園建造晝錦堂，定名「晝錦」發人深思，昔日項籍有言：「富貴不歸故鄉，如衣錦夜行。」韓琦是相州人，來任相州知州，可謂富貴還鄉「衣錦晝行」故以晝錦名堂。

晝錦堂碑記，係歐陽修撰文，蔡襄書丹，碑記頌揚韓琦功勛，世稱「三絕碑」陰碑尚有司馬光文章，又稱「四絕碑」詩曰：

宋宰韓琦兼治相，晝錦堂園建家鄉。
園林風格雄偉秀，古樸幽雅供遊賞。
後人育才興邦國，錦堂致建爲學堂。
如今錦堂雖已毀，面貌依稀可想像。
尤喜碑記尚完好，世稱三絕人景仰。
歐陽撰文賽韓柳，宋襄書丹齊顏王。
丞相功績垂千古，衣錦還鄉義名揚。
背面陰碑亦稱絕，文章出身司馬光。

碑記，現存安陽市城東南營安陽市五中所在地。

（河南省安陽文獻第十一期載）

時代背景及名人生卒

北宋政府一年財政虧達一五七〇萬語。

賈昌朝卒，年六十八。王回卒，年四十二。

七、六十——六十六歲，自貶——「六一居士」餘韻。

1.英宗治平三年丙午（公元一〇六六年）六十歲，東京。

濮議之爭，宋仁宗繼子英宗趙曙即位後，朝廷發生了「濮議」之爭，圍繞如何確立應對其生父濮安懿王趙允讓的稱呼，引發了一場風波。「神宗實祿」本傳詳載其事云：方英宗亮陰（天子守喪）而修以治平元年（一〇六四年）五月建議懿王德盛位隆，宜有尊禮，詔須大祥（父母死表兩週年的祭禮）後議之，二年四月，乃詔禮官與待制以上詳議，而有司以爲宜准先朝封贈期親尊屬故事，尊以高官大國（宋代親王封國有大、次、小三等），朝廷以典禮未稱，下尚書省集三省，御史、台官議奏，而皇太后（仁宗皇后曹氏）手書，以議事詰責執政（以宰相韓琦爲首的執政派）於是手詔罷議。令有司博求典故以聞，御史呂誨等彈奏修首開邪議，韓（琦）、曾（公亮）、趙（概）附會不正，請如有司所議，而修論本生之親考稱皇伯，歷考前世，並無典擬，進封大國，則又禮無加爵之道（爲子者加爵位於父親，違犯禮制）。已而皇太后出手書，濮安懿王及譙周大夫人，王氏（濮正正妻）襄國太夫人韓氏（濮王繼妻）仙游縣君任氏（英宗生母），可令皇帝稱親，仍尊濮安懿王爲皇，三夫人並稱后，是日手詔，欲遵慈訓稱親，而不敢當追崇之典，誨及范純仁、傅堯俞、趙瞻、趙鼎論列不已，英宗問執政，當如何？修對曰：「御史以爲理難並立，臣等有罪，即留御史，若以臣等爲無罪，則取聖旨。」英宗猶豫良久，乃令御史，而曰：「不宜責之太重。」

宋明理學家大都非議歐陽修的觀點，倒是對歐陽修治學術有異議的清代乾嘉派學家，如錢大昕、段玉裁等對歐陽修的（濮議）觀點，持贊賞和肯定的態度。

歐公自著濮議兩篇，有曰「一時臺諫」。謂因言得罪，猶足取美名。是時聖德恭儉，兩府大臣，亦各無大過，惟濮議未定，乃曰：「此好題目。所謂奇貨不可失也。」於是相與力言。歐公此論，卻欠反思。若如此，則前此已爲諫官侍從時，每事爭辨，豈亦是貪美名，求奇貨，尋好題目耶？余曾作濮議詩曰：「濮園議起沸烏臺，傳語歐公莫怨猜，須記上坡持藁日，也曾尋探好題來。」《鶴林玉露》

三月三日，賜上巳宴，時初頒明天曆，適任丁巳。十七日（辛未），帝奉曹太后手詔，尊濮王爲皇，夫人爲后。是月，以言者指濮議爲邪說，合力求去，不允。

三月二十四日，至四月，連上三表五札子，懇請以疾病卸職，許派一蔡亳州差遣，以養衰年，英宗三降批答，未獲允諭。（表奏書啓四六集卷第三）

七月二十一日（癸酉）薦饗太廟，攝太尉行事。

十二月三日（癸未）奉敕篆皇帝尊號寶，其文曰「體乾膺歷文武廣孝皇帝之寶」，二十五日（乙巳）押伴契丹賀正旦人使御筵於都亭驛。

作有再乞外任第一表（表奏書啓四六集卷第三）乞補館職箚子，（奏議集卷第十八，政府）

時代背景及名人生卒

宋庠卒，年七十一。蘇洵卒，年五十八。

2.英宗治平四年丁未（一〇六七年）六十一歲，亳州。

正月八日（丁巳），英宗崩，神宗即位。十九日（戊辰），覃恩轉尚書左丞，進階特進，加食邑五百戶，食實封二百戶，仍賜推忠協謀同德佐理功臣。

二月，第三子棐登進士第，是月，御史彭思永、蔣之奇，以飛語汙公與長媳吳氏有曖昧行跡，神宗察其誣，斥之，公力求去。

治平四年（一〇六七年）二月御史蔣之奇，中丞彭思永忽然興起所裡「長媳案」誣蔑歐陽修「帷薄不修」與長媳吳氏關係曖昧，葉濤「重修實錄」本傳（朱本）記載案訟由來，云：「先是，修妻之從第薛宗孺坐舉官被劾，內冀會赦免，而修乃言：「不可以臣故僥倖」乞特不原，以故宗孺免官，而怨修切齒，因構爲無根之言，苟欲以污辱修，會劉瑾亦素仇家，乃騰其謗以語中丞彭思永，思永間以語之奇，之奇始以私議濮王事與修合，而修特薦爲御史，時方患衆論指目爲奸邪，及得此，因亟持以自解。

可見本案興起，完全出於秉公執法，不徇私情，因而獲罪姻親薛宗孺，加之仇家劉瑾推波助瀾，以及蔣之奇急於自我洗刷，恩將仇報，於是釀成天下奇冤。案情經由朝廷查檢，證明純屬「誣罔」，神宗兩次降手詔安慰文忠公，彭思永、蔣之奇等人也因此遭致貶黜，文忠公身爲宰輔，又爲一代儒宗，蒙此奇恥大辱，再也無心執政，決意求退，以全晚節。自云：「難進易退者，禮經之極言，知足不辱者，道家之明戒，苟貪榮而不止，宜招損以自貽。」情知一時難以致任，於是懇求外任，治平四年（一〇六七年）三月，他終於自罷參政，出知亳州（今安徽亳縣）。

士大夫以濮議不正，咸疾歐陽修，有謗其私從子婦者。御史中丞彭思永、殿中侍史蔣之奇，承流言劾奏之。之奇仍伏於上前，不肯起。詔二人具語所從來，皆無以對，俱坐謫官。先是之奇盛稱濮議之是以媚修，由是薦爲御史，既而攻修，修尋亦外遷。其上謝表曰：「未乾薦禰之墨，已彎射羿之弓。」《涑水紀聞》

熙寧初歐公在政府，言官誣其私子婦吳氏，惟沖卿以己女嘗辨於文疏，餘無一言爲明其誣衊。《珍席放談》

歐陽修在政府日，臺官以閨閫誣訕之。公上章力乞辨明，神宗手詔賜公曰：「春寒安否？前事朕已累次親批出，詰問因依從來，要卿知。」又詔曰：「春暖久不相見，安否？數日來以言者污卿以大惡。朕曉夕在懷，未嘗舒釋。故累次批出，再三詰問其從來事狀，迄無以報。前日見卿文字要辨明，遂自引過。今日已令降出，仍出榜朝堂，使內外知爲虛妄。事理既明，人言亦塞，卿直起視事如初，毋恤前言。」又塗去塞字，改作釋字。宸翰今藏公家。《獨醒雜志》

三月二十四日（壬申）除觀文殿學士，轉刑部尚書，知亳州，（安徽亳縣），改賜推誠保德崇仁翊戴功臣。

閏三月三日（辛巳），宣簽書駐泊公事，陛辭，乞便道過潁少留，許之。

夏五月，將赴亳州，因假道於潁，開始醞釀歸休之事，於是發舊稿，得自南就以後詩十餘篇，皆

爲思潁之作，遂作「思潁詩後序」。自言「以見予拳拳於潁者，非一日也。」（居士集卷第四十四，序）

五月二十七日（甲辰）至亳。

六月二日（戊申）視事。

七月某日，委派尙書都令史李昜至太清鄉亡友曼卿墓致祭，並在亡友作古二十年後，又作「祭石曼卿文」，抒發自己對老友刻骨銘心的懷念。（居士集卷五十）

歸田錄成，九月乙未，作「歸田錄序」（居士集卷四十四，序）。

（按）歸田錄二卷，書未出而序先傳，其書當編撰於熙寧四年致仕居潁之後。

至亳州後，始得以閱太清之碑，其中佳者，已收進集古錄中。（集古錄跋尾卷十）

作「薦司馬光札子」（奏議集卷第十八），賀韓相公琦罷相轉司徒兩鎭節度使判相州書。（表奏書啓四六集卷第七）

三月，進濮議四卷。

撰再至汝陰三絕（居士集卷十四，律詩）文安縣主簿蘇君（洵）墓誌銘（居士集卷三十四，墓誌銘），仁宗御飛白記。（居士集卷四十，記），祭丁學士文（居士集卷五十，祭文。）

時代背景及名人生卒

正月，英宗崩，年三十六，太子頊即位，是爲神宗。

蔡襄（君謨）卒，年五十八。丁寶臣卒，年五十八。胡宿卒，年七十二。

3. 宋神宗趙頊熙寧元成戊申（公元一〇六八年）六十二歲，青州。

二月十八日，率僚屬謁太清殿，徘徊兩闕之下，周視八檜之異，窺九井禹步之奇，酌其水以烹茶。（集古集跋尾卷十，太清東闕題名。）

春起，連上五表、五札，以「衰疾之纏綿」，不願「坐尸厚祿」爲由，乞賜一致仕名目，就近於穎州居上，歸老田園，上第四表後，皇帝已五降詔書，未賜許可。

八月六日，按樞密院遞到詔書一道，第五表又被駁回（表奏書啓四六集卷第四。亳州乞致仕第一表、第一箚子，第二表、第二箚子，第三表、第三箚子，第四表、第四箚子，第五表、第五乞守舊任箚子。）

八月五日（乙巳）轉兵部尚書，改知青州，（山東益都今仍改爲青州市），充京東京路安撫使。

八月九日，以青州所轄一路，寄任至重而又身體纏疾，乘騎鞍馬艱難，許辭，並乞於亳州調理一二年後，再冀陳力。（表奏書啓四六集卷第五，辭免青州第一箚子）

八月二十七日，樞密院遞到詔書一道，以歐陽修請辭青州命，聖不應允。

九月十四日詔令歐陽修疾速赴青州到任。

九月二十七日（丙申）到職青州，掌國五兵。

十一月十八日（丁庚）郊祀，恩加食邑五百戶，食實封二百戶。

是歲，築第於潁。

作集賢校理丁君（寶臣）墓表，（居士集卷第二十五，墓表）端明殿學士蔡公襄墓誌銘（居士集卷第三十五，墓誌銘），仲氏文集序（居士集卷第四十四，序）。

時代背景及名人生卒

四月詔王安石越次入對。

劉敞（原父）卒，年五十。

4. 神宗熙寧二年己酉（公元一〇六九年）六十三歲，青州。

二月二十五日，神宗差內侍省西亘供奉官王延慶傳宣撫問，賜香藥一銀盒。

三月，接進奏院遞到神宗賜新校定前「漢書」一部。

秋，貿潁月餘，（書簡卷一，與韓忠獻王賢寧三年）

冬，以年日老病加深，事多健忘，動輒差失，連具二札，稱「理宜量力知止，早自退休。」欲請淮潁之間一差，居閑苟養餘生，不允。（表奏書啓四六集卷五，乞壽州第一劄子、第二劄子。）

至是歲，集古錄目，凡跋三百九十六篇，歐陽氏譜圖撰成（在居士外集卷二十一）、撰青州書事（居士集卷十四，律詩）、集賢院學士劉公（敞）墓誌銘（居士集卷三十五，墓誌銘。）青州求晴祭文（居士集卷五十，祭文）。題東閣後集，（居士外集第七，律詩）。

時代背景及名人生卒

二月王安石爲參知政事，開始變法。

二月甲子，詔命陳升之，王安石創置三司條例司，議行新政。（宋史，神宗記）

九月，行青苗法。

文忠公三子歐陽棐編「集古錄」二十卷。

5. 神宗熙寧三年庚戌（公元一〇七〇年）六十四歲，青州、蔡州。

連具二道札子，指陳「青苗法」之弊，主要有四點：其一，取息過重，其二，俵散送納制度未能與年歲凶相適應，其三，地方官吏執行時偏差，有催俵抑配之患，其四，發放時節難于恰當。（奏議集卷十八，青州，言青苗錢第一劄子，言青苗第二劄子。）

上第二札子時，因是年二俵方熟，尙未收割，又值俵散秋料錢數，然夏料錢尙未一戶送納，爲避免積壓拖欠，公令本路諸州軍停散秋料錢。

（按）此舉被後世，尤其是近現代許多政治歷史學者視公晚年保守，反對王安石變法的依據。

四月十二日（壬申），除檢校太保宣徽南院使，判太原府（山西太原），河東路經略安撫監牧使，兼並代澤潞麟府嵐石路兵馬都總管，公堅不受。

五月二十八日書寫「唐鶺鴒頌」碑跋文（集古錄跋尾卷六）自此，從嘉佑八年開始手書抄正「集古錄跋尾」跋文，至治平元年大規模手書，迄熙寧三年全部抄正「跋尾」十卷。

（按）中國書法鑒賞大辭典言，「集古錄跋尾」，現今僅四種：漢楊君碑、唐陸文學傳、平泉山居草木記及西嶽華山碑，清朝孫承澤在「庚子消夏記」中云：「文忠集古錄十卷，皆手題之，古今巨觀也，公精于書學，所題一筆一劃，毫無懈意，即此見公一斑……文忠公事業炳曄千古，其手書又精工如是，眞稀世珍寶。

夏，以不聽朝廷指揮，擅行止散秋料青苗錢及罷俵秋料青苗錢之奏議不合聖旨，上表請罪，言：「雖具奏陳，乃先擅止，掘茲專輒，合被譴呵。」表奏書啓奏書四六集卷五謝擅止散青苗錢放罪表。）

秋，因在青州擅止散發「青苗錢」，被朝廷詰責，退休之念，遂愈加迫切。

七月三日（辛卯）改知蔡州。

公來到蔡州，離潁州不遠，朝著歸老致仕目標，又進一步，「寄答王仲儀太尉素」云：「豐樂山前一醉翁，余齡有幾百憂攻，平心自恃心無愧，直道誠知世不容，換骨莫求丹九轉，榮名豈在稱千鐘，有年今日如尋我，潁水東西問老農。」作品概括自己一生行爲大節志趣情懷，抒發急切則望歸潁養老心情。

九月二十七日（甲寅）至蔡州。（今河南汝南縣），自抵蔡州起，即自號「六一居士」，於蔡州作「六一居士傳」、「思潁詩後序」（居士集卷第四十四），始署號「六一居士」，自謂藏書一萬卷，集錄三代以來金石遺文一千卷，有琴一張、棋一局、酒一壺，及樂與此五物偕歸田廬老翁一個。

陸子履曾以公從南郡至在中書所詩十三篇，集爲思潁詩，以刻於石，到蔡州後，公又將其在亳州青州所作十七篇附於其後，並言將歸老於潁的夙願：「而復蔡潁連疆，因得以爲歸老之漸，冀少償其

夙願，茲又莫之幸焉。」（續思潁詩序）

歐陽文忠在蔡州，屢乞致仕。門下生蔡承禧因間言曰：「公德望爲朝廷所種，且未及引年，豈容遽去也？」答曰：「某平生名節爲後生描畫盡，惟有速退以全節，豈可更俟驅逐乎？」《類苑》引《倦遊雜錄》《清波雜志》略同。

四月十五日，公父親逝後一個甲子（六十年），因作瀧岡阡表」立碑紀念（居士集卷第二十五，墓表）

（按）此表是在「先君墓表」的基礎上所作。（先君墓表在居士外集卷第十二）是公碑志傳記中最優秀代表作品，它打破一般墓表先列功德慣例，而先敘一兩件先父往事來表現父母的淳眞品質及其遺訓，語言質樸無華，極富人情味。

兩府例得墳院。歐公既參大政，以素惡釋氏，久而不請。韓公爲言之，乃請瀧岡之道觀。又以崇公之諱，因奏改爲西陽宮。（一作青陽宮）。韓魏公戲曰：「道家以超昇不死爲貴，公乃使在丘隴之側，老君無乃卻辭行乎？」《避暑錄話》後公罷政出守青社，自爲阡表，刻碑以歸。江行過采石，舟裂碑沉，舟人曰：「神如有知，石將出。」有頃，石果見，遂得以歸立於其宮。（《鶴林玉露》云：石綠色，高丈餘，光可鑑。）紹興乙卯宮焚，不餘一瓦，碑亭獨無恙。（《獨醒雜誌》《棗林雜俎》云：吉安永豐縣有瀧陵阡，即歐公葬祖父處。國朝□□間忽失處，落廣信永豐縣，人怪之，後又還吉安永豐縣，時有謠曰：吉永豐移廣永豐，永豐二字適相同，人民城郭依然是，只少當年六一翁。）

瀧岡阡表成，勒諸石，遣吏齎之歸，並檄郡守董墓。渡江，風濤大作，有龍蜿蜒夾舟。舟欲覆，篙師呼曰：「客有懷寶者乎？請投之以禳此厄。」客曰：「無之，惟碑在焉。」因共擠之江，龍乃冉冉去，波亦平，遂得竟渡。吏持檄以實告郡守，守訝之，令吏祭墓，且以告，則碑已巋然植於其側矣。守墓者曰：「昨夜震電發土，碑於是出，薄視之，見表文內獨以朱圈祭而豐不如養之薄八字，滴水淋漓，自額及趺不絕，硃跡炳然，閱數百載如新。（《江西通志》《筠廊隨筆》云：歐陽文忠公《瀧岡阡表》為龍神借觀，事甚奇。黃魯直《檄龍神文》云：臣黃魯直謹言，臣聞天子詔修永叔以三月三日趨朝，欽承皇上寵錫以重爵，推以峻位，加恩三世，著褒辭以贈修，命石氏鐫之，故刻瀧岡阡表世次。碑乃雇舟載回，五月十三日至鄱陽湖，泊舟廬山之下。是夜一叟同五人青衣大帶，來舟揖而言曰：聞公之文章蓋世，水府願借一觀。自謂龍也。請碑入水，遂不見焉。惟陰風怒號，淡月映空，修為驚悼不已，坐以待旦，黎明起諭。直時知泰和令，以同邦之誼，命直為文以檄：恭維洞天水府之宮，震澤主者，潤濟王闕下：福地陰陽，龍池歲月。星斗芒寒，受穹質於上界；雲津變化，膺顯號於人間。廟食吳中，官民均賴。茲有河神之玩法，敢將表石以沈淪，妙畫雄文，自應呵護，豫章玉冊，孰敢誰何。雖龍宮之幽元，而雷神之慧徹，巽風震雷，駭虯奔鯨，地裂水竭，淵泉俱滅，既已各司其職，胡不永保其身。以汝上天功也，驤首雲霄，德配庭毒，乾道之性，厥位六焉。鼎成以升，實汝之神，下地利也，淵源潭洞。養身遁性，坤絕妖魔，其德元焉，禹舟之負，實汝之功。今汝不然，乃罹茲禁，萬一株連，五龍盡滅。書畢，投檄湖內，忽空際語曰：吾乃天丁也，押服驪龍往，而送至永豐沙溪，敕賜文儒讀書堂之南，龍泉坑而交也。文忠公歸家掃墓，但見坑內雲霧濛蔽，虹光爍空，往視一大龜負碑而出，倏忽不見，惟碑上龍涎宛然在崇國公墓前。熙寧三年庚戌七月望日，黃魯直謹識。靖按此事殊誕，文亦不知所本，魯直自稱字，已可見其不經，且是年歐公未歸，碑乃遣吏齎回，《金石粹編》已正其失矣。

應襄陽知府中輝之請，作「峴山亭記」（居士集卷四十，記）。

作有「跋醉翁吟」、「題青州山齋」（居士外集卷第二十三，雜題跋），詩譜補亡後序（居士集卷第四十一，序）

時代背景及名人生卒

正月乙卯，詔令諸路散青苗錢，禁抑配。

二月，河北安撫使韓琦請罷青苗法，不久，韓琦因罷青苗法，被解除河北安撫使職。

十二月乙丑，立保甲法。

彭思永卒，年七十一。

6.神宗熙寧四年辛庚（公元一〇七一年）六十五歲，潁州。

春，王安石拜相，致書相賀。（表奏書啓四六集卷第七）

三月，於江鄰幾家中得其遺文集，並爲之作序，稱頌江公：「其學問通博，文辭雅正深粹，而論議多所發明，詩尤清淡閑肆可喜。」（居士集卷第四十四，序）江鄰幾文集序）。

（按）江鄰幾，陳留人，天聖中與梅聖俞，蘇子美交游，知名當時，後又與梅聖俞同時而卒，享年五十六歲，著有唐宣鑑十五卷，春秋世論三十卷，文集二十卷。

江鄰幾與公契不疏，晚著雜志，詆公尤力。梅聖俞以爲言，公終不問鄰幾死，公往弔，哭之慟，且告其子曰：「先公埋石，修當任其責矣。」故公敘鄰幾無一字貶之。前輩云：「非特見公能容，又使天下後世讀公之文，知公與鄰幾始終如一，且將不信其所詆矣。」《能改齋漫錄》

公在蔡，爲淋渴，目疾久纏，體力益衰，累章告老。

四月，於蔡任上進一表札，以病老爲由，請賜一近潁州差遣終老。

五月，接上第二表札，具陳自己從熙寧元年迄今四年之間，凡八上表章，五具札子，懇切之至，言語反復，一再堅持請准退休。

五月二十日，接樞密院傳來詔書一道，退休表札之請未獲批准，再上第三表。

（表奏書啓四六集，卷五）

五月，爲薛簡肅公文集序（居士集卷四十四，序）

寄詩韓子華，頃敘歸潁上由衷：「藨蒙恩寵，世故多艱，歷仕三朝，備位二府，已過限七年，方能乞身歸老，俗諺云：也賣弄得過裏。（居士外集卷第七，律詩，寄韓子華）

六月十七日，進奏院送來敕文，除公太子少師，依前觀文殿學士致仕，許歸田廬，爲此上表進謝。（表奏書烈四六集卷四，謝致仕表）

七月，退居潁州。

八月二日，接詔書，令明堂大禮赴闕陪位，以行履跪拜艱難，請辭。（表奏書烈四六集卷四，乞免明堂陪位劄子，謝免明堂陪位表）。

九月十二日，神宗派右班殿直王昌賜衣一件，金腰帶一條，銀器一五〇兩，以及絹、米、麵、酒等物。（表奏書烈四六集卷四，謝明堂禮畢宣賜表）

七月歸潁後，始編撰歸田錄，六一詩話（一卷）（文忠公全集）。

（按）詩話公集平生所記所見詩歌創作逸事，以短小精悍題記議論品評，行文生動別致，其中「狀難寫之景，如在目前，合不盡之意，見于言外，斯爲至矣。」常爲世所稱引，此「詩話」的著成，標誌著中國文學理論新體的形成，開後世詩話」之濫觴。

作有「致仕謝兩府書」，（表奏書啓四六集卷第七），「謝景平挽詞」（居士集卷第十四，律詩）等。

時代背景及名人生卒

蘇軾因反對王安石新法，貶謫杭州通判，十一月二十八日到任。

富弼以司空致仕歸洛，時年六十六歲。

唐庚生，呂誨卒，年五十八。

7. **神宗熙寧五年壬子**（**公元一〇七二年**），**六十六歲**，**潁州**。

暮春時節，趙概由南京應天府（今河南商丘），遠道拿舟來訪。居留一個多月，與公縱游作詩賦文，公此時作有「采桑子」十三首，（近體樂府卷一樂語，長短句採桑子），其中十首是歌詠潁州西湖風景，後三首均談自己身世感慨，詞成，又在宴席上請官伎唱以佐清飲。

後來潁州太守，翰林學士呂公著特設宴于會老堂，宴請公和趙槩，公作會老堂致語：「欲知盛集繼荀陳，請看當筵主與賓，金馬玉堂三學士，清風明月兩閑人，紅芳已盡鶯猶囀，青杏初嘗酒正醇，美景難並良會少，乘歡舉白莫辭頻。」（近體樂府、樂語長短句、會老堂致語）

初歐陽文忠與趙少師槩同在政府，嘗約還政後，再相會。及告老，趙自南京訪文忠公於潁上。文忠所居之西堂曰會老，仍賦詩以志一時盛事。時翰林呂學士公著方牧潁，特置酒於堂宴二公。文忠作口號云：「金馬玉堂三學士，清風明月兩閒人。」《澠水燕談錄》《青箱雜記》略同

閏七月二十三日（公元一〇七二年九月八日）就近處寺院向蜀僧祖秀借「華嚴經」，讀至六卷時，倏然長逝，享年六十六歲。

（按）公早年孤貧，體質素弱，中年以後，罹目疾二十餘年，加以憂患既多精神耗盡，晚年又苦於牙疼及淋渴，乃終生不治。

歐公素不信釋氏之說。既登二府，一日被病，夢至一所，見十人冠冕環坐，一人云：「參政安得至此，宜速返舍。」公出門數步，復往問之，曰：「公等豈非釋氏所謂十王乎？」曰：「然。」因問：「世人造經飯僧，爲亡人追福，果有益乎？」答云：「安得無益？」既寤，病良已，自是遂信佛法。《詩話總龜》

歐陽子孫奉釋氏嚴。余在汝陰，嘗訪公子棐於其家，入門，聞歌唄鐘磬聲。棐出，手猶持數珠諷

佛名，具謝今日適齋日，與家人共爲佛事方畢。問之，云公無恙時，薛夫人已自爾，不禁也。汝陰有老書生，猶及從公遊，爲予言，晚聞富韓公得道於淨慈本老，執禮甚恭。以爲富公非苟下人者，因時與法師住薦福寺所謂顒華嚴者，本之高弟，公稍從聞其說。顒使華嚴，讀未終而公薨。《避暑錄話》

八月丁庚，神宗贈公太子少師。

作「跋帖」（居士外集卷第二十三，雜題跋），「擬剝啄行寄趙少師」（居士外集卷第四，古詩），「會老堂」、「叔平少師去後會老堂獨坐偶成」，（居士外集卷第七，律詩）等。

四月，跋前澤雁足鐙銘，（集古錄跋尾，卷一），此爲集古錄目之絕筆。

七月，公子發等編定居士集五十卷。

（按）此爲公晚年自定之稿。

八月十一日，神宗詔潁州令公家上公所撰五代史，以王安石謂其「文辭多不合義理」，遂擱之，及至熙寧十年五月十一日（庚申）始詔藏秘閣，付國子監開雕。

王辟之爲亳及蒙城主簿，聞贊縣北睢水之北，漢太丘陳實廟前有蔡中郎太丘碑，與邑令丹陽姚存訪得之，後又在其東數里地方，獲漢富丞張君墓碑二塊，遂讓吏人模拓，一併送給公，以助集古，未成，聞公已逝世。

時代背景及名人生卒

八月甲辰，頒「方田均稅法」。

樞密院乞復置武學，神宗詔于武成王廟置學。

蘇過生。

鄭獬卒，年五十一。

身後榮典。

宋神宗熙寧七年甲寅（公元一〇七四年）八月謚文忠。

歐陽文忠初但謚文，蓋以配韓文公。常夷甫兼太常，晚與文忠相失，乃獨謂公有定策功，當以忠字，實抑之也。李邦直作議，不能固執，公論非之，當時士大夫相謂曰：「永叔不得謚文公，此謚必留與介甫耳。」其後信然。《老學庵筆記》

熙寧八年乙卯（公元一〇七五年）葬開封府新鄭縣旌賢鄉今鄭州市新鄭縣歐陽寺村。

歐陽公之崇公與母韓國太夫人皆葬沙溪瀧岡。胥、楊兩夫人之喪，亦歸祔葬。公辭政日，屢乞豫章，欲歸省墳墓，竟不得請。鄉里父老至今相傳，云公葬太夫人時，嘗指其山曰：「此處當葬老夫。」後葬新鄭，非公意也。《獨醒雜志》

公葬母夫人於瀧岡，蓋終公之身，未嘗再至也。後葬於潁，子孫遂爲潁人。洪景廬謂歐陽氏以一代顯達，而墳墓乃隔爲他壤，且公無一語及於松楸，爲之太息。瀧岡有西陽宮，宮之道士，歲時省展，如其子孫。《聽雨記談》

元豐三年庚申（公元一〇八〇年）十二月，以子升朝，遇大禮，贈太尉。

元豐八年乙丑（公元一〇八五年）十一月，贈太師，追封康國公。
宋哲宗紹聖三年丙子（公元一〇九六年）五月追封兗國公。
宋徽宗崇寧三年甲申（公元一一〇四年）追封秦國公（以子棐遇郊恩）。
政和三年癸巳（公元一一一三年）追封楚國公（以子棐遇郊恩）。
明世宗嘉靖九年庚寅（公元一五三〇年）從祀文廟。

附錄四　歐陽文忠公著述表

部別	書	卷數	存佚	編撰紀要	成書時間
經	易童子問	三卷	存	此書乃公設爲問答，以明己意之作，其第三卷專言《繫辭》以下非孔子所作，實開宋人辨僞之風。	約作於慶曆年間。
	詩本義	十六卷	存	自唐定《五經正義》以後，與毛、鄭立異同者，自此書始。《本義》之作，在於「求詩人之意，達聖人之志。」「志鄭學之妄，益毛氏疏略而不至者，合之於經。」	據華孳亨《增訂歐陽文忠公年譜》，此書成於嘉祐四年（一〇五九）
	景祐廣樂記	八十一卷	佚	據宋志，此書爲馮元、宋郊撰，胡柯《廬陵歐陽文忠公年譜》云公所刪定。	嘉祐四年（一〇五九）六月十日刪定。
	左傳節文	十五卷	存僞	取《左傳》之文，略爲刊削，爲明汪道昆編《	明萬曆年間編。

			《廬陵縣志》、《江西通志》，誤爲公所編。	
史部				
新唐書	二二五卷	存	本紀、志、表，公所定；列傳，宋祁所定。大旨以事增文省，求勝舊書；多用古文，增削駢儷。	始於慶曆五年（一〇四五），成於嘉祐五年（一〇六〇），凡歷時十七年。按公於至和元年（一〇五四）預修。
五代史記	七十四卷	存	以《薛史》繁猥失實，乃慨然自任，而作此書，大旨以《春秋》書法爲宗，嘗自云：「昔孔子作《春秋》，因亂世而立法，余爲本紀，以治法而正亂君，發論必以嗚呼，曰此亂世之書也。」又曰：「予於《五代書》，竊有善善惡惡之志。」	始於景祐三年（一〇三六），皇祐五年（一〇五三），草稿粗具。嘉祐五年（一〇六〇），有詔進呈，公以「銓次未成」、「未成次第」力辭。熙寧五年（一〇七二），公卒後，神宗乃詔其家人進上。
嘉祐編敕	十二卷	佚	《續通鑑》六十：「夏，四月，壬午，宰臣韓琦等上所修《嘉祐編敕》，起慶曆四年，盡嘉祐三年，凡十二卷；其元降敕但行約束而不立刑名者，又析爲《續附令敕》，凡五卷，詔頒行。」	嘉祐七年（一〇六二年）四月五日上。
樞密院時政記		佚		嘉祐五年（一〇六〇）十一月二十九日預修。

中書時政記		佚		嘉祐六年（一〇六一）九月十一日預修。以上三書，皆據胡柯《廬陵歐陽文忠公年譜》
外制集	三卷	存	慶曆三年（一〇四三）春，公在諫職，盡聞天子所以更張庶事，憂憫元元而勞心求治之意，退而載于制書。	編於慶曆五年（一〇五四）春。
內制集	八卷	存	此書爲公在翰林六年中之直草，所記上自朝廷，內及官禁，下暨蠻夷海外，以日次之，得四百餘篇。	編於嘉祐六年（一〇六一）。
表奏書啓四六集	七卷	存	卷一至卷五爲狀、表、箚子，或附有御札，卷六、卷七爲書、啓。	公生前編有《四六集》七卷，猶非定本，此爲南宋時周必大所編。
奏議集	十八卷	存	《宋志》有公《從諫集》八卷，周必大編公集時，以《從諫集》併入《奏議集》中，二者總爲十八卷，仍以公歷官先後爲序。	南宋時周必大編。
河東奉使奏章	二卷	存	公奉使河東時所上奏章。	作於慶曆四年（一〇四四）四月至七月。

河北奉使奏章	二卷	存	公奉使河北時所上奏章。	作於慶曆四年（一〇四四）八月至五年（一〇四五）八月。
北使語錄		佚	至和二年（一〇五五）八月，公奉使契丹時之紀錄。	嘉祐元年（一〇五六）二月進呈。
奏事錄	一卷	存	公在政府時，手錄對語，凡八事。	所記自治平二年（一〇六五）六月十一日以後。
濮議	四卷	存	此書乃記治平時議論濮王典禮始末，指陳「三數任言職之臣，挾他事，發於憤恨，厚誣朝廷，而歸惡人主，借爲奇貨以買名」。	治平三年（一〇六六）十月撰，不曾進呈，及治平四年（一〇六七）三月始進。
歐陽氏譜圖	不著卷數	存	公慨嘆當時譜牒亡失，因采太史公《史記》表、鄭玄《詩譜》，略依其上下旁行，作爲譜圖，以五世爲限，五世以後，格盡別起，世經人緯，每人下僅著生幾子，其事跡之見於史傳及家譜者，附於圖後。	成於熙寧二年（一〇六九）。
太常因革禮	一百卷	存	此書纂輯太祖建隆以來，至於英宗治平，歷朝之典禮，其書採擇自《開寶通禮》、《禮閣新編》、《太常新禮》等書，頗爲賅備。是書雖	成於治平二年（一〇六五）九月。

			為公所上，其體裁出於蘇洵者居多。	
部				
太常禮院祀儀	三十四卷	佚	《宋志》著錄，題歐陽修撰，今佚。	
三朝太平寶訓	二十卷	佚	或題《三朝典故》、《祖宗故事》、《太平故事》。此書由富弼主其事，公及王洙、余靖、孫甫等同編，備記太祖、太宗、眞宗三朝政要，始於賞罰，終於延諫臣，凡九十六門，以為後世遵守。	慶曆三年（一〇四三）九月預修，慶曆四年（一〇四四）九月進呈。
崇文總目	六十六卷	輯	此書由王堯臣領銜，公等預修。景祐元年（一〇三四）以三館、祕閣所藏書多脫謬，乃詔委官編定，倣開元四部，約國史藝文志，著為目錄。原著已佚，今存清錢東垣輯本。	始於景祐元年，成於慶曆元（一〇四七），凡七年。
集古錄跋尾	十卷	存	原題《集古錄目》。公嘗集錄前世金石遺文一千卷（始集於慶曆五年，完成於嘉祐七年，凡十八年），恐聚多而終必散，乃撮其大要，別為錄目。並載夫可與史傳正其闕謬者，以傳後學，庶益於多聞。	始於至和元（一〇五四），止於熙寧五年（一〇七二）。按此書多跋於嘉祐八年（一〇六三）、治平元年（一〇六四）。
洛陽牡丹記	一卷	存	凡三篇：一曰花品，敘所列凡二十四種；二曰花釋名，述得名之由；三曰風俗記，首略敘游	作於天聖九年（一〇三一）三月至景祐元年（一〇三四）三

			宴及貢花，餘皆種植之事。	月，公任西京留守推官時。

子

試筆	一卷	存	後人雜集公手書墨跡，錄而成編，與《六一詩話》、《歸田錄》，語相出入。	
筆說	一卷	存	說郛題《六一筆說》，蓋亦如《試筆》，雜錄公手書墨跡，錄而成編。	
州名急就章	一卷	存	公於學士兼職史館時，每自娛文字筆墨之間，因戲集州名，作急就章一篇，以示兒女曹。	作於至和元年（一〇五四）。
雜書	一卷	佚	張邦基《墨莊漫錄》卷八謂公有《雜書》一卷，不載集中，嘗見於京師貴人家，尚存九事，愛而錄之。所記或見《六一詩話》、《歸田錄》、《試筆》、《筆說》中，而其言略有不同。	當作於嘉祐五年（一〇六〇）十一月至六年（一〇六一）八月之間。
于役志	一卷	存	此篇記公於景祐三年（一〇三六）五月自京師沿汴絕淮泝江，奉母赴夷陵貶所，經過之地，及沿途之行事。	作於景祐三年。
歸田錄	二卷	存	作於致仕居潁之後，故曰歸田。多記朝廷舊事，及士大夫諧謔之言。自序謂以李肇《國史補	作於熙寧四年（一〇七一）歸潁之後。

				》爲法，而小異於肇者，不書人之過也。	
部	刪正黃庭經	不著卷數	佚	此書舊題無仙子撰，今佚，僅存公序在《居士外集》卷十五，或疑即公所自爲，而隱其名耳，觀其序言，蓋欲破神仙之說，曉世以無仙而止人之學者。	
集	歐陽文忠公全集	一五三卷	存	周必大等人編定，其簡目如下： 卷一至卷五十　《居士集》五十卷 卷五十一卷七十五　《居士外集》二十五卷 卷七十六至卷七十八　《易童子問》三卷 卷七十九至卷八十一　《外制集》三卷 卷八十二至卷八十九　《內制集》八卷 卷九十至九十六《表奏書啓四六集》七卷 卷九十七至卷一百一十四《奏議集》十八卷 卷一百一十五至卷一百三十三　雜著述十九卷 卷一百一十五卷一百一十六　《河東奉使奏草上下 卷一百一十七至卷一百一十六　《河北奉使奏草上下 卷一百一十九　奏事錄 卷一百二十至卷一百二十三　《濮議》四卷 卷一百二十四　《崇文總目敘釋》	始編於南宋光宗紹熙二年（一一九一）春，寧宗慶元二年（一一九六）夏編成。

			卷一百二十五　《于役志》 卷一百二十六至卷一百二十七　《歸田錄》上下 卷一百二十八　《詩話》 卷一百二十九　《筆說》 卷一百三十　《試筆》 卷一百三十一至卷一百三十三　《近體樂府》三卷 卷一百三十四卷一百四十三　《集古錄跋尾》十卷 卷一百四十四至卷一百五十三　《書簡》十卷 附錄五卷 卷一　祭文、行狀、謚誥 卷二　墓誌銘、神道碑 卷三至卷四，本傳 卷五　事跡	
居士集	五十卷	存	公晚年取平生所爲文自編次。	熙寧五年（一〇七二）編定。
居士外集	二十五卷	存	汝陰王樂道與其子性之，得公家集所不載者，集爲二十卷，周必大重新編次，定爲二十五卷。	

書簡	十卷	存	集錄公平生所爲書牘。	南宋時周必大編。
禮部唱和詩集	三卷	存	嘉祐二年春，公與韓子華、王禹玉、范景仁、梅公儀、梅聖俞同知禮部貢舉，時則相與相唱和，記詩一百七十三篇，集爲是書，其書今佚，有序存《居士集》卷四十三。	作於嘉祐二年（一〇五七）。
紹聖三公詩	三卷	佚	《宋志》著錄，題司馬光、歐陽修、馮京著，今未之見。	
六一詩話	一卷	存	詩話莫盛於宋，其傳於世者，以公此編爲最古。其書以論文爲主，而兼記本事。諸家詩話之體例，亦創於是書。	熙寧四年（一〇七一）七月致仕後，退居汝陰所作。
部				
六一詞	一卷	存	公之詞攝取《花間》、南唐詞風而溶化之，其風格婉約風流，與馮延已爲近。	